novas buscas
em comunicação

# VOL. 32

CB024945

Dados Internacionais de Catalogação na Publicação (CIP)
(Câmara Brasileira do Livro, SP, Brasil)

Lopes, Dirceu Fernandes
  Jornal-laboratório: do exercício escolar ao compromisso
com o público leitor / Dirceu Fernandes Lopes. — São Paulo:
Summus, 1989. (Coleção Novas buscas em comunicação; v. 32)

  Bibliografia.

  1. Jornalismo  2. Jornalismo – Aspectos políticos – Brasil
3. Jornalismo – Estudo e ensino  I. Título  II. Série.

                                         CDD-070
                                          -070.4
                                          -070.449320981
89-0746                                   -070.7

Índices para catálogo sistemático:

1. Brasil: Jornalismo político    070.449320981
2. Jornalismo                     070
3. Jornalismo: Estudo e ensino    070.7
4. Jornalismo opinativo           070.4

# Jornal-laboratório

## Do exercício escolar ao compromisso com o público leitor

### Dirceu Fernandes Lopes

**summus editorial**

*JORNAL-LABORATÓRIO*
*Do exercício escolar ao compromisso com o público leitor*
Copyright © 1989 by Dirceu Fernandes Lopes
Direitos desta edição reservados por Summus Editorial

Capa: **Roberto Strauss**
Impressão: **Sumago Gráfica Editorial Ltda.**

## Summus Editorial

Departamento editorial:
Rua Itapicuru, 613 – 7º andar
05006-000 – São Paulo – SP
Fone: (11) 3872-3322
Fax: (11) 3872-7476
http://www.summus.com.br
e-mail: summus@summus.com.br

Atendimento ao consumidor:
Summus Editorial
Fone: (11) 3865-9890

Vendas por atacado:
Fone: (11) 3873-8638
Fax: (11) 3873-7085
e-mail: vendas@summus.com.br

Impresso no Brasil

# NOVAS BUSCAS EM COMUNICAÇÃO

O extraordinário progresso experimentado pelas técnicas de comunicação de 1970 para cá representa para a Humanidade uma conquista e um desafio. Conquista, na medida em que propicia possibilidades de difusão de conhecimentos e de informações numa escala antes inimaginável. Desafio, na medida em que o avanço tecnológico impõe uma séria revisão e reestruturação dos pressupostos teóricos de tudo que se entende por comunicação.

Em outras palavras, não basta o progresso das telecomunicações, o emprego de métodos ultra-sofisticados de armazenagem e reprodução de conhecimentos. É preciso repensar cada setor, cada modalidade, mas analisando e potencializando a comunicação como um processo total. E, em tudo, a dicotomia teórica e prática está presente. Impossível analisar, avançar, aproveitar as tecnologias, os recursos, sem levar em conta sua ética, sua operacionalidade, o benefício para todas as pessoas em todos os setores profissionais. E, também, o benefício na própria vida doméstica e no lazer.

O jornalismo, o rádio, a televisão, as relações públicas, o cinema, a edição — enfim, todas e cada uma das modalidades de comunicação —, estão a exigir instrumentos teóricos e práticos, consolidados neste velho e sempre novo recurso que é o livro, para que se possa chegar a um consenso, ou, pelo menos, para se ter uma base sobre a qual discutir, firmar ou rever conceitos. *Novas Buscas em Comunicação* visa trazer para o público — que já se habituou a ver na Summus uma editora de renovação, de formação e de debate — textos sobre todos os campos da Comunicação, para que o leitor ainda no curso universitário, o profissional que já passou pela Faculdade e o público em geral possam ter balizas para debate, aprimoramento profissional e, sobretudo, informação.

## AGRADECIMENTOS

Ao professor doutor José Marques de Melo
pela orientação precisa, segura e dedicada,
enriquecendo este estudo.

Aos meus pais, Joaquim e Alzira,
pela educação e formação.
Aos meus amigos, pela incentivo.
À minha esposa Terezinha e meu
filho Diogo, pela força e compreensão nos momentos difíceis.

# ÍNDICE

# PREFÁCIO

A formação de jornalistas na Universidade enfrentou, durante muitos anos, o desafio da interação teoria-prática. As primeiras gerações de profissionais diplomados para as tarefas noticiosas acumularam conhecimentos sobre as rotinas jornalísticas, mas não os exercitaram durante a vida acadêmica. Faltaram às pioneiras escolas de Jornalismo os laboratórios didáticos capazes de propiciar treinamento para os processos de captação, redação e edição dos fatos cotidianos.

A renovação do ensino de Jornalismo se dá pela introdução de atividades práticas que reproduzem na Universidade os modos de produção peculiares à comunicação de atualidades. E que preparam os futuros repórteres e editores para a vivência integral dos mecanismos de geração da notícia ou dos comentários, bem como a dos impactos provocados junto a uma audiência concreta. Sem dúvida alguma, essa alteração pedagógica ocorre a partir da implantação do jornal-laboratório como trabalho sistemático, continuado e veraz dentro dos cursos de Jornalismo.

Ao jornal-laboratório pode-se creditar uma mudança significativa na apreensão da competência profissional pelos jovens estudantes que optaram pelo ingresso no Jornalismo através dos bancos universitários. Trata-se de uma experiência pouco conhecida fora do mundo acadêmico, cuja repercussão sociocultural começa a ganhar terreno em função de iniciativas duradouras realizadas pelas principais universidades brasileiras.

Este livro do professor Dirceu Fernandes Lopes constitui um registro oportuno sobre a problemática do jornal-laboratório no Brasil e seus avanços metodológicos. O autor realizou um inventário das questões fundantes que caracterizam a formação universitária dos jornalistas e situou com argúcia e sensibilidade o papel desempenhado pelos veículos impressos que viabilizam o aprendizado prático da futura profissão.

Trata-se a um só tempo de uma reflexão sobre a trilha seguida pela Universidade brasileira no treinamento vocacional dos agentes da comunicação impressa e de um inventário crítico sobre os principais modelos desenvolvidos no país, atingindo comprovado sucesso.

O interesse suscitado pelo presente trabalho advém das peculiaridades que o autor identifica na edição do jornal-laboratório e da complexa engrenagem que marca o seu ritmo produtivo em confronto com a estrutura burocrática das nossas universidades. A pesquisa revela facetas singulares da vida acadêmica brasileira, seja na sua integração com as comunidades locais a que pertencem, seja nas tensões criadas pela transparência que emerge dos processos jornalísticos gestados dentro dos *campi*.

Os casos estudados demonstram a maturidade que os nossos cursos superiores de jornalismo atingem paulatinamente. O jornal-laboratório deixou de ser um mero exercício escolar, confinado às paredes da sala de aula ou realizado para atender à auto-afirmação literária dos estudantes, e se converteu numa atividade pedagógica socialmente relevante. Ultrapassa a noção de ensaio experimental para se tornar uma iniciativa factível de serviço comunitário, prestando informações ou veiculando opiniões úteis para o comportamento do público leitor.

Ademais de ser uma análise acadêmica de bom nível sobre a pedagogia brasileira do Jornalismo, este livro foi escrito em linguagem jornalística, refletindo assim a coerência do autor em relação ao seu modo singular de expressão pública, alicerçado em quase trinta anos de efetivo trabalho profissional na imprensa diária.

Dirceu Fernandes Lopes faz parte daquela geração acadêmica que se forjou jornalisticamente na Universidade, tendo abraçado a vida profissional com perseverança, entusiasmo e dedicação, retornando depois ao mundo universitário para transmitir aos jovens estudantes de Jornalismo toda a vivência acumulada criativamente no dia-a-dia das redações. Sua experiência docente foi iniciada na Faculdade de Comunicação de Santos e sedimentada no Departamento de Jornalismo da ECA-USP, onde completou sua carreira de Pesquisador, obtendo os títulos de mestre e doutor em Jornalismo.

Espero que a publicação deste trabalho, originalmente preparado como tese de doutorado, venha a servir como estímulo à melhoria da qualidade de ensino em nossos cursos de Jornalismo. O desafio maior com que se defrontam as escolas de Comunicação, nesta conjuntura da vida brasileira, é a formação de profissionais competentes. Para tanto, Dirceu Fernandes Lopes traz a sua contribuição, motivando alunos e professores de Jornalismo a batalharem para que a interação teoria-prática seja uma constante na sua convivência universitária.

São Paulo, 10 de novembro de 1988.
*Prof. Dr. José Marques de Melo*
Chefe do Departamento de Jornalismo e Editoração
da ECA-USP

# INTRODUÇÃO

Formar bons profissionais destinados às empresas jornalísticas continua sendo um desafio para as faculdades de Comunicação do país, embora os sucessivos encontros a níveis municipal, estadual e até nacional venham propondo soluções de natureza conceitual, didática e operacional para melhorar a qualidade dos cursos. As seguidas mudanças curriculares, na realidade, resultaram em muito pouco de concreto no sentido de, pelo menos, aliviar as tensões presentes no relacionamento escola-mercado e, com o correr dos tempos, as críticas ganham maior amplitude.

Os meios de comunicação, salvo raras exceções, consideram os profissionais formados na Universidade despreparados para enfrentar o mercado de trabalho. Os alunos alinham uma série de reclamações que vão desde a dicotomia dos cursos Básico e Profissionalizante, da falta de condições técnicas das escolas, até o despreparo dos docentes.

O que geralmente se verifica é a estanquização do curso de Jornalismo em dois compartimentos, onde, num primeiro, o denominado Básico, os estudantes reclamam da excessiva teorização e da falta de projetos práticos e, no Profissionalizante, emerge a carência de análise crítica e reflexão teórica sobre o material produzido, gerando um pragmatismo, às vezes até inconseqüente, sem qualquer sistematização.

Essas e outras deficiências de formação do futuro profissional foram detectadas no "Seminário sobre la Formación Profesional del Comunicador" (1), realizado em junho de 1973, na Costa Rica, com a participação de diretores das escolas de Jornalismo da América Latina. Temas como relação entre comunicação e sociedade, currículos das escolas de Comunicação, realidade do mercado de trabalho, conteúdo dos meios de comunicação desvinculado da necessidade social e dependência dos meios dos sistemas político e econômico estiveram presentes durante o seminário.

Na década de 50, Raymond Nixon (2) já demonstrava preocupação em relacionar o ensino de Jornalismo ao estudo dos meios de comunicação e exame da sociedade. Essa inquietação permanece atual e está presente nos temários dos encontros de Jornalismo realizados pelas faculdades de Comunicação e nos textos que examinam a polêmica questão.

Algumas inquietações já fazem parte da rotina dos estudiosos da Comunicação: que tipo de profissional está sendo formado? A que mercado se destina o profissional egresso das faculdades? O futuro jornalista necessita de maior formação humanística ou técnico-profissional? Onde estão as falhas mais acentuadas das faculdades de Comunicação: nos currículos, no despreparo do corpo docente, no baixo nível dos alunos ou na estrutura geral do ensino?

Luiz Beltrão (3) lembra que as escolas têm como objetivo cumprir três funções primordiais: a) formar profissionais ministrando-lhes conhecimentos de coleta, redação, interpretação, seleção e apresentação gráfica da notícia, com a utilização de métodos e processos racionais e práticos e, simultaneamente, das ciências e das artes, que lhes elevam o nível cultural; b) promover e desenvolver investigações e análises sobre os meios de comunicação coletiva, embasadas nos modernos métodos de investigação e com o emprego do instrumental adequado, controlando não apenas a melhoria dos padrões técnicos da imprensa de sua região ou país, como também sua maior influência na formação da opinião pública; c) funcionar como um núcleo de renovação dos processos jornalísticos servindo de laboratório para experiências morfológicas e de conteúdo (de redação) das matérias, ações e serviços que a comunidade espera encontrar nesses meios.

Para Beltrão, todas as matérias do curso devem ser ministradas harmoniosamente com o programa de Técnica de Jornal (parte prática). Nesse caso estão Economia, Ética, Literatura, História e Geografia, que devem ser integradas com a prática ensinada no Jornalismo.

A realidade é que, desde seu início no Brasil, os cursos de Jornalismo têm-se revelado incompetentes na tarefa de manter órgãos laboratoriais capazes de proporcionar aos seus estudantes o contato com a prática profissional. José Marques de Melo (4) explica esse desvio sistemático dos cursos pioneiros (com exceção da Casper Líbero), pelo fato de que a maior parte deles estava, no início, ligada à estrutura das faculdades de Filosofia, oferecendo um tipo de ensino mais discursivo e voltado para a formação humanística.

No final da década de 50 o diagnóstico de Danton Jobim (5) já destacava que, de um modo geral, o ensino de Jornalismo pecava pela deficiência do trabalho prático realizado pelos alunos. De lá para cá esse diagnóstico não sofreu muitas mudanças, com raras exceções. Entre elas estão a Faculdade de Comunicação Social Cas-

per Líbero, que há 35 anos edita o jornal-laboratório *Imprensa*; Faculdade de Comunicação de Santos, que há 16 anos mantém o jornal *Entrevista*, mensal, sem atrasos significativos e, há 12 anos, o boletim *Agência Facos*, semanal.

Além dessas faculdades, o Instituto Metodista de Ensino Superior mantém várias publicações, entre elas o jornal *Rudge Ramos*; a Pontifícia Universidade Católica de Minas Gerais publica o *Marco* e a Universidade de Brasília edita o *Campus*, jornais destinados à comunidade com periodicidade regular, e a ECA/USP, que no início dos anos 70 iniciou a experiência da *Agência Universitária de Notícias* (AUN) e em 1984 começou o *Jornal do Campus*, dirigido à comunidade da Cidade Universitária.

Essas mesmas preocupações vêm sendo debatidas sistematicamente nos encontros específicos de órgãos laboratoriais, como aconteceu nos Encontros Regionais realizados em Santos, em 1982; Campinas, 1983; no I Encontro Nacional de Órgãos Laboratoriais dos Cursos de Jornalismo (I ENOL-CJ), na ECA/USP, em 1984; e II ENOL-CJ, nas Faculdades Integradas de Uberaba, em 1985. Em todos eles ficaram evidenciados os problemas de ordem conceitual, didática e operacional enfrentados pelos órgãos laboratoriais nos cursos do país.

Em 1978, alunos no 6.º semestre de Jornalismo, noturno, da ECA/USP editavam uma publicação chamada *Jornal* (6), onde relatavam os problemas que cercavam os jornais-laboratório em vários cursos. Entre as questões levantadas nas entrevistas com alunos de várias faculdades de São Paulo, foram detectadas deficiências que iam desde falta de verbas e de professores até excesso de burocracia. Nas Faculdades Integradas Alcântara Machado, por exemplo, os alunos constataram a inexistência de um jornal-laboratório. Encontraram um jornal, com circulação esporádica e mais características empresariais do que propriamente laboratoriais, organizado pela própria direção da escola sem participação discente efetiva.

Contudo, essas situações jamais foram aceitas por professores e alunos que têm reivindicado com persistência, não apenas nos Encontros, mas também junto às direções das instituições, que as escolas sejam dotadas de órgãos laboratoriais sistemáticos. Já em 1970, o I Encontro Nacional das Escolas de Comunicação, em Salvador (7), recomendava em suas conclusões que os departamentos de Comunicação empenhassem esforços para que fossem dotados de aparelhagem necessária ao ensino prático de Jornalismo, Rádio, Televisão e demais disciplinas de cultura técnica.

O relatório final da IV Semana de Estudos de Jornalismo (8) realizada na ECA/USP, em 1972, ressaltava: "É preciso lutar para que elas (as exigências de equipamentos laboratoriais feitas pelo Parecer n.° 631/69) se tornem realidade, pois, sem infra-estrutura baseada em órgão laboratório eficientemente equipado, o ensino de Jornalismo não atingirá o nível desejado".

Essa luta não esmoreceria ao longo dos anos. Foi reforçada pela VI Semana de Estudos de Jornalismo sobre Teoria e Prática no Ensino de Jornalismo, realizada na ECA/USP, em 1974, e revigorada quatro anos depois, em Piracicaba, pelo Seminário sobre Ensino de Jornalismo e Realidade Profissional, promovido pelo Sindicato dos Jornalistas Profissionais no Estado de São Paulo, que redundaria numa comissão para melhoria do ensino de Jornalismo formada por estudantes, professores e profissionais que, apesar da curta existência, batalhou para que as escolas viessem a ser dotadas de órgãos laboratoriais.

Sob o ponto de vista pedagógico parece não haver dúvidas da imprescindibilidade do jornal-laboratório para o aprendizado de Jornalismo, principalmente em países como o Brasil, onde a legislação trabalhista veta o estágio em empresas jornalísticas (9), além da consciência histórica citada por José Marques de Melo em seu artigo "Laboratórios de Jornalismo: Conceitos e Preconceitos" (10), sobre a necessidade dos laboratórios como espaços fundamentais de pesquisa, a reprodução ou a inovação da prática jornalística. E como diz Carlos Rizzini (11): "Ninguém aprende a fazer reportagem ou entrevista por devaneio ou imaginação; e fazendo-as, a rigor ao vivo, delas não tirará fruto apreciável se não as vir publicadas".

Não basta, no entanto, publicar um jornal apenas para satisfazer a vaidade pessoal do aluno ou cumprir uma tarefa determinada pelo professor. É fundamental que um jornal-laboratório seja dirigido a uma determinada comunidade para ter um público definido e ser um veículo com todas as características de um jornal profissional. Uma publicação que leve a comunidade a tomar consciência de seus problemas e a organizar-se para resolvê-los. Dessa forma o estudante de Jornalismo poderá ser realmente habilitado para o mercado de trabalho.

Pesquisas recentes com estudantes da PUC de Minas Gerais, que editam o jornal *Marco*, e do Instituto Metodista de Ensino Superior, que publicam o *Rudge Ramos Jornal*, atestam a importância para o aluno do veículo ser dirigido para uma determinada comunidade. Eles confirmaram que se sentem mais motivados quando sabem que o jornal que fazem interfere positivamente na vida da comunidade e até serve de ponte entre os líderes comunitários e as autoridades competentes para reivindicar soluções a velhos problemas de seus bairros. Alunos e jornais pesquisados avalizam isso.

# NOTAS E REFERÊNCIAS BIBLIOGRÁFICAS

1. "Seminário sobre La Formación Profesional del Comunicador", realizado pelo CIESPAL em São José, Costa Rica, de 11 a 16 de junho de 1973, Quito, CIESPAL, 1974.
2. Nixon, Raymond. "La Enseñanza, los Medios de Comunicacion y la Sociedad", *in Cadernos de Jornalismo e Editoração*, n.º 3, São Paulo, ECA/USP, 1971.
3. Beltrão, Luiz. *Métodos en la Enseñanza de la Técnica del Periodismo*, Quito, CIESPAL, 1963.
4. Marques de Melo, José. "Por uma Política Pedagógica para os Órgãos Laboratoriais dos Cursos de Jornalismo", palestra realizada no I Encontro Nacional de Órgãos Laboratoriais dos Cursos de Jornalismo, na ECA/USP, em abril de 1983.
5. Jobim, Danton. *Pedagogia del Periodismo*, Quito, CIESPAL, 1964.
6. *Jornal*, n.º 1, órgão laboratorial dos alunos do 6.º semestre noturno do curso de Jornalismo da ECA/USP, São Paulo, junho de 1978.
7. Marques de Melo, José. *Contribuições para uma Pedagogia da Comunicação*, São Paulo, Ed. Paulinas, 1974, p. 177.
8. *O Ensino de Jornalismo*, Documentos da IV Semana de Estudos de Jornalismo, São Paulo, ECA/USP, 1972.
9. *Estatuto e a Legislação Profissional*, publicação do Sindicato dos Jornalistas Profissionais no Estado de São Paulo, 1981. O artigo 19, do Decreto n.º 83.284, de 13 de março de 1979, proíbe o estágio profissional para jornalistas com este texto: "Constitui fraude a prestação de serviços profissionais gratuitos ou com pagamentos simbólicos, sob pretexto de estágio, bolsa de estudo, bolsa de complementação, convênio ou qualquer outra modalidade, em desrespeito à legislação trabalhista e a este regulamento".
10. Marques de Melo, José. "Laboratórios de Jornalismo: Conceitos e Preconceitos", *in Cadernos de Jornalismo e Editoração*, n.º 14, São Paulo, ECA/USP, 1984.
11. Rizzini, Carlos. *O Ensino de Jornalismo*, Rio de Janeiro, MEC, 1953.

# CAPÍTULO I

## 1. A QUESTÃO DO ENSINO DE JORNALISMO: ARTICULAÇÃO TEÓRICO-PRÁTICA

Para se abordar o ensino de Jornalismo em sua articulação teórico-prática é necessário resgatar as iniciativas pioneiras que influenciaram a formação do jornalista em nível universitário. Desde a norteamericana com a Universidade de Missouri, até a luta incessante da Associação Brasileira de Imprensa para criar um curso de Jornalismo no país, com nítidas influências dos Estados Unidos, sem esquecer, contudo, as experiências européias mais voltadas para desenvolver os valores éticos nos futuros profissionais.

No Brasil, Celso Kelly (1) defendia a formação ética e moral do profissional com a implantação da disciplina Ética e Legislação de Imprensa nos currículos, além de Sociologia, Economia, Política e outras disciplinas fundamentais para a formação cultural do jornalista, possibilitando que tivesse condições de interpretar os fatos do nosso tempo. Achava que o compromisso com a verdade e o autêntico era um dos problemas fundamentais na formação do profissional de Jornalismo.

Desde a criação do primeiro curso superior de Jornalismo na Universidade do Distrito Federal, fundada em 1935, por iniciativa de Anísio Teixeira (2), já ficava clara a preocupação em ministrar o ensino prático aos alunos sem, no entanto, esquecer da formação humanística. Redações e oficinas sempre caminharam paralelamente a disciplinas teóricas como Literatura, Política e História na formação dos profissionais, apesar da influência dos cursos de Filosofia a que as escolas de Jornalismo estiveram atreladas por diretrizes governamentais na fase inicial.

Aos poucos, com a fundação da Escola de Jornalismo Casper Líbero, em 1947, em São Paulo, os cursos de Jornalismo foram adquirindo identidade própria, apesar da oposição dos proprietários das empresas jornalísticas e dos profissionais formados no dia-a-dia das redações. Mesmo com a deficiência das escolas que não dispunham de equipamentos para a prática nos cursos, pioneiros como Luiz Beltrão, na Universidade Católica de Pernambuco, criaram estratégias para possibilitar o treinamento necessário aos alunos. Conhecedor das deficiências dos cursos e mesmo de suas limitações, Beltrão implantou o jornal-cobaia, procurando simular situações profissionalizantes na sala de aula.

A criatividade de Beltrão, entretanto, não era imitada em outras escolas. Para se ter uma idéia da carência de atividades práticas, podemos citar nossa experiência pessoal como aluno no curso de Jornalismo da Faculdade de Filosofia, Ciências e Letras de Santos, na década de 60. Apesar de contarmos com um laboratório fotográfico razoavelmente equipado para a época, só fomos redigir a primeira matéria no curso depois de três anos, justamente no dia do exame final da disciplina "Técnicas de Jornal". Até então, todo conhecimento sobre técnicas de redação, como *lead* ou mesmo "pirâmide invertida" ficava limitado aos escassos manuais de Jornalismo.

Neste resgate é fundamental citar a influência do Centro Internacional de Estudios Superiores de Periodismo para a América Latina (CIESPAL) na atualização das escolas de Jornalismo com seus seminários que abordavam o ensino de Comunicação (3). A própria pesquisa que a Faculdade Casper Líbero realizou em 1967 para analisar a experiência de 20 anos dos cursos de Jornalismo foi uma contribuição valiosa para formar um quadro sobre a situação do ensino nesse campo (4). Um quadro negro com críticas principalmente direcionadas à falta de aulas práticas, excesso de teoria e até uma avaliação negativa dos cursos por parte dos donos das empresas jornalísticas. Numa pesquisa mais ampla, abordando os cursos de Jornalismo na América Latina, Raymond Nixon constatou a baixa qualidade dos cursos (5).

Essas contribuições esbarravam na falta de infra-estrutura dos cursos que não estavam aparelhados para enfrentar uma linha de trabalho mais profissionalizante. A isso somava-se a contínua pressão enfrentada pelos formandos nas redações. Com formação apenas teórica, na maioria dos casos, eles enfrentavam a ironia e o desprezo dos profissionais formados nos jornais.

## JORNALISMO NA UNIVERSIDADE

O professor José Marques de Melo configura a presença do Jornalismo nas universidades brasileiras em quatro momentos distintos: ético-social, técnico-editorial, político-ideológico e crítico-profissional (6).

Tomando como referência essa classificação, vamos reproduzir uma síntese do que está no texto consultado. "As primeiras experiências destinadas a preparar pessoal para atividades noticiosas em instituições universitárias ocorrem no final da década de 40, com o funcionamento dos cursos de Jornalismo da Fundação Casper Líbero, em São Paulo e pela então Universidade do Brasil, no Rio de Janeiro. Esses dois cursos revelariam uma inclinação acentuada para questões de natureza deontológica, que marcaria o perfil de seus graduados e orientaria o padrão da produção acadêmica pelo corpo docente". Segundo Marques de Melo, "a explicação da ênfase a esses aspectos éticos, jurídicos e filosóficos está no panorama político e social do Brasil em 1945 com o fim do Estado Novo, processo de redemocratização e o alinhamento nacional com as forças antifascistas que saíram fortalecidas da II Guerra Mundial".

"A reorganização política, com a realização de eleições e desobstrução de canais de comunicação pública, produziu um clima de transformações nas atividades jornalísticas e gerou um debate sobre a criação de mecanismos de defesa das empresas noticiosas e mesmo dos profissionais para superar os traumas da censura getulista e evitar a corrosão dos novos instrumentos legais que restauravam a liberdade de imprensa. Nascendo no meio desses acontecimentos, é normal que os cursos de Jornalismo incorporassem as inquietações correntes na sociedade. A estrutura curricular dos cursos na década de 50 e meados de 60 contava com a corrente deontológica e jurídico-social nos seus programas de ensino. Até os professores que orientaram as primeiras gerações de jornalistas eram oriundos das faculdades de Direito com a natural tendência para questões de ordem ético-social."

"A Revolução de 64 passa a ser a fronteira histórica entre o momento ético-social e o técnico-editorial ao estabelecer uma descontinuidade na trajetória constitucional e reintroduzir na política as variáveis autoritárias que marcaram o Estado Novo. A volta da censura, cassação de autoridades políticas, militarização da administração pública, além do controle das atividades intelectuais e as dificuldades ao exercício da liberdade de imprensa e ainda o processo modernizador implantado nas empresas de comunicação, com a importação de novas tecnologias para a imprensa, traz para as redações um surto de preocupação com a prática jornalística. Com isso, emerge uma corrente voltada para a técnica jornalística, com a melhoria dos padrões editoriais."

"Esse novo rumo fica evidenciado com o aparecimento das publicações periódicas editadas pelas próprias empresas destinadas a seus profissionais e aos jornalistas em geral, sugerindo, analisando e debatendo as novas formas de produção da notícia e dos comentários. O *Jornal do Brasil* lança os Cadernos de Jornalismo e a Bloch Editores entra no mercado com a Bloch Comunicação, além de outras publicações de jornais de várias cidades do país."

"Logo essas publicações despertam interesse de professores e alunos dos cursos de Jornalismo que concentram suas atenções nos aspectos técnico-editoriais da área, correspondendo à tendência dos meios profissionais, pelos docentes que trabalhavam nas redações e por intermédio dos alunos que faziam estágios."

"As eleições parlamentares de 74, consagrando os candidatos oposicionistas nos grandes centros metropolitanos, abrem perspectivas para o retorno do país à vida democrática. Um dos primeiros sintomas da transição é o abrandamento da censura à imprensa. Esse período marca o início dos cursos de pós-graduação na área e as teses defendidas nesses cursos procuravam desvendar as teias da engrenagem implantada nas indústrias de comunicação. Essa produção é quantitativamente mais significativa em outros segmentos da comunicação, mas também se manifesta no âmbito do Jornalismo, criando uma tendência no sentido de resgatar a trama político-ideológica que orienta e determina o processo de captação, codificação e difusão da notícia."

"Nessa linha de reflexão e pesquisa surge um fato novo que faz eclodir um momento distinto os estudos de Jornalismo. A abertura política permite o mais amplo desempenho dos movimentos sociais e culturais, mas também abre possibilidades para a revisão e contestação de muitas conquistas, como, por exemplo, a regulamentação da profissão de jornalista."

"Alegando que os cursos não dispunham de infra-estrutura para formar jornalistas que não correspondiam às expectativas das empresas, os principais jornais do país iniciaram uma campanha contra os cursos de Jornalismo e, por tabela, contra a regulamentação da profissão. Contudo, a resistência é muito grande, envolvendo desde entidades estudantis vinculadas àquelas escolas, até associações de pesquisadores de Comunicação, sindicatos de jornalistas, respaldados por organizações políticas e culturais de todo o país."

Em meio a toda essa polêmica, a comissão do Conselho Federal de Educação, acusada de pretender o fechamento dos cursos, assumia outra postura: a melhoria dos cursos de Comunicação. Ficou claro, entretanto, desde o início, que a defesa dos cursos dependia fundamentalmente das melhorias que a própria Universidade pudesse implantar. Paralelamente, estudantes e professores passaram a debater diferentes medidas para melhorar os cursos. Isso vem delinear, segundo Marques, um momento novo nas reflexões sobre Jornalismo, que assume um caráter crítico-profissional.

"Nasce também nessa etapa a estrutura de redações-modelo melhor equipadas, com ênfase para o aspecto prático, para acabar com o estigma, criado por jornalistas formados nas redações, de que os bacharéis de Jornalismo chegam nos meios de comunicação cheios de teoria na cabeça mas sem nenhuma prática. A ênfase dada aos órgãos laboratoriais visa preparar melhor o estudante para enfrentar a prática nas redações."

Os órgãos laboratoriais começam uma mudança nos cursos dando início à articulação teórico-prática, fundamental na formação do jornalista. O avanço do ensino profissionalizante, calcado mais na prática, embora embasado em fundamentação teórica, teve seu ponto alto na Resolução n.º 03/78 (7), aprovada pelo Conselho Federal de Educação, estabelecendo que as escolas tivessem órgãos laboratoriais. Essa Resolução que fixa o currículo mínimo para o curso de Comunicação Social determina em seu artigo 4.º: "A aplicação prática dos conhecimentos obtidos pelos alunos nas diferentes áreas de formação se fará através de: a) projetos experimentais realizados nos laboratórios pela própria escola; b) estágios profissionais realizados em empresas privadas ou órgãos públicos que mantenham atividades vinculadas à natureza da respectiva habilitação". De acordo com o anexo II da Resolução, "para a realização dos trabalhos laboratoriais requeridos nas disciplinas profissionais, bem como para a manutenção dos projetos experimentais previstos na resolução, cada estabelecimento mantenedor de curso de Comunicação Social deve possuir os equipamentos mínimos a seguir discriminados: a) Para a habilitação de Jornalismo: redação modelo, oficina gráfica, sala de diagramação, laboratório fotográfico, laboratório de rádio, tele e cinejornalismo, hemeroteca".

Essa conquista da área profissionalizante veio acirrar ainda mais a polêmica entre os defensores de uma formação mais humanística e os que lutavam por uma formação mais prática. Mesmo assim, os órgãos laboratoriais foram ganhando espaço com a realização de vários encontros, alguns a nível nacional, cujas conclusões invariavelmente tendiam para um crescimento na luta destinada a aperfeiçoar esses veículos, apesar das deficiências constatadas nas escolas, principalmente no tocante a equipamentos.

A Resolução do CFE, instrumento detonador da imprescindibilidade dos órgãos laboratoriais, foi reforçada pela Resolução n.º 2/84 que dispõe sobre o novo currículo mínimo para os cursos de Comunicação Social e faz exigências laboratoriais, determinando um prazo de três anos para sua implantação.

Essas exigências estão especificadas no Parecer n.º 480/83 (8), que trata de instalações e laboratórios. A redação deve ter uma máquina de escrever por aluno, com o máximo de 45 máquinas por sala. Material de consumo constituído de papéis padronizados para meios impressos e eletrônicos. Um ramal telefônico por sala e um teletipo de agência de notícias.

No tocante ao planejamento gráfico, deve existir uma prancheta ou mesa de diagramação por aluno em aula. Material de consumo constituído de papel de diagramação, tabelas de conversão de medidas gráficas, catálogos de tipos e o mais que seja necessário para a confecção de diagramas. Uma mesa luminosa por sala, para visão de transparências.

O laboratório fotográfico deverá ter uma máquina fotográfica formato 135, lente cambiável, objetiva normal, objetiva grande angular, teleobjetiva e *flash* eletrônico (um conjunto desses por 3 alunos em aula). Além disso, ampliador, tanques de lavagem, secadeira-estufa e outros equipamentos de uso coletivo, incluindo um projetor de diapositivos e arquivo fotográfico.

## CONEJ ENTRA NA LUTA

Uma das resoluções do I Encontro Nacional de Órgãos Laboratoriais dos Cursos de Jornalismo, realizado na Escola de Comunicações e Artes da Universidade de São Paulo, de 16 a 18 de abril de 1984, foi criar uma Comissão Nacional de Luta pela Melhoria da Qualidade do Ensino de Jornalismo (CONEJ) (9). Durante o II Encontro Nacional de Órgãos Laboratoriais dos Cursos de Jornalismo, realizado em Uberaba, na primeira semana de abril de 1985, foi eleita por unanimidade essa comissão integrada por personalidades representativas das associações profissionais, empresas jornalísticas e comunidade acadêmica, bem como professores e alunos nos cursos de Jornalismo.

A finalidade da CONEJ é fiscalizar a aplicação dos dispositivos do novo currículo mínimo, principalmente no que se refere à implantação dos laboratórios e ao cumprimento das exigências relacionadas com a habilitação profissional dos docentes da área específica. Deverá igualmente atuar no sentido de que as instituições universitárias incentivem a pesquisa e a investigação jornalística através dos projetos experimentais dos órgãos laboratoriais e de outros núcleos de trabalho acadêmico.

## PANORAMA HISTÓRICO

A preparação de jornalistas na universidade surgiu em 1908, nos Estados Unidos, com a Escola de Jornalismo da Universidade de Missouri (10), que apresentava em seu currículo, paralelamente às disciplinas de formação humanística, como Língua e Literatura, Sociologia, História e Política, a parte prática envolvendo reportagem, secretaria, chefia de redação e oficinas. As aulas práticas eram ministradas de modo a reproduzir o funcionamento de uma redação, com os professores como diretores e chefes de redação e os alunos nas funções de redatores, repórteres, subsecretários e secretários.

Era publicado um jornal vespertino com 4 páginas, diariamente, o *University Missourian*, totalmente redigido pelos alunos. Em seu primeiro número, o jornal denominava-se "o laboratório, a clínica, a escola prática do novo departamento". Destinava-se aos universitários e à população da cidade de Colúmbia, sede da universidade.

Esse curso de Jornalismo acabaria servindo de inspiração 10 anos mais tarde para a criação de uma escola de Jornalismo no Brasil (11). Foi durante o I Congresso Nacional de Jornalistas, promovido pela Associação Brasileira de Imprensa (ABI) no Rio de Janeiro, em 1918. De acordo com o regulamento, a escola proporcionaria aos alunos o ensino de disciplinas consideradas essenciais à prática da profissão. Ministraria o ensino prático ao lado das aulas do curso teórico.

Seria criado um jornal para que os alunos pudessem desenvolver seus conhecimentos de sintaxe e ortografia da língua. O jornal funcionaria como a escola de aplicação onde os estudantes completariam seus estudos, redigindo reportagens que poderiam ser mundanas, artísticas, policiais ou sociais. Escreveriam artigos de política e finanças e fariam críticas de música, pintura, teatro e letras. A escola, no entanto, não chegou a ser implantada.

Foi somente em 1935 que surgiu a primeira iniciativa prática, com o curso superior de Jornalismo da Universidade do Distrito Federal (12), destinando-se principalmente a oferecer conhecimentos de assuntos sociais e de deontologia da profissão, nos mesmos moldes das experiências européias que buscavam valorizar a formação humanística do profissional, incutindo-lhe também valores éticos. Contudo, a experiência teve vida curta, já que o Estado Novo liquidou a estrutura universitária da Universidade do Distrito Federal.

Atendendo a apelos da ABI, o próprio governo de Getúlio Vargas, que havia acabado com a experiência de Anísio Teixeira, fechando a Universidade do Distrito Federal, instituiu o curso de Jornalismo da Faculdade Nacional de Filosofia, pelo Decreto n. 5.480, de maio de 1943, que funcionaria na Universidade do Brasil somente em 1948. Essa demora refletia a oposição à formação de jornalistas em nível universitário tanto nos meios empresariais quanto entre os profissionais nas redações. Os empresários temiam a valorização do trabalho de agentes qualificados com título superior e os outros receavam a concorrência caso os cursos se estruturassem para uma formação profissional de bom nível.

O ensino de Jornalismo, entretanto, só teria suas diretrizes pedagógicas estabelecidas em 1946, quando o ministro da Educação, Ernesto de Souza Campos, fixou uma estrutura curricular e definiu outras providências de natureza didática (13).

Um ano depois começava a funcionar o curso de Jornalismo da Casper Líbero junto à Faculdade de Filosofia, Ciências e Letras de São Bento, da Fundação São Paulo, mantenedora da Pontifícia Universidade Católica de São Paulo. Somente em 1958 o curso adquiriu autonomia, quando o Decreto n.º 43.839, de 6 de junho daquele ano, permitiu que fosse ministrado o ensino de Jornalismo em entidade autônoma, surgindo a Faculdade de Jornalismo Casper Líbero. A iniciativa de criação do curso foi de Casper Líbero, proprietário do jornal *A Gazeta*, seguindo o exemplo de Pulitzer, empresário do jornalismo norte-americano que efetuou uma doação à Columbia University para a fundação de uma escola destinada à formação de jornalistas.

Em 1948, instalava-se o curso de Jornalismo da Universidade do Brasil. Em três anos, a Casper Líbero formou 49 alunos, apresentando vantagens em relação ao curso do Rio de Janeiro: treino técnico-profissional, conferências e cursos complementares de extensão, com um jornal-laboratório mensal. A orientação pedagógica mantida pelo curso da Casper Líbero foi assim descrita por Carlos Rizzini: "(...) Fiel ao princípio que o aluno deve ver impresso aquilo que escreve, a Escola Casper Líbero mantém desde os seus albores, o mensário *A Imprensa*, a cargo de estudantes" (14).

Esse ensino prático mencionado por Rizzini, contudo, talvez tenha caracterizado apenas os primeiros anos do curso. Em 1956, os alunos encaminharam memorial à Fundação Casper Líbero reclamando do treinamento profissional. Mais tarde, ao assumir a direção da escola, Rizzini afirmava, ao se dirigir aos participantes do seminário promovido pelo Centro Internacional de Estudios Superiores de Periodismo para a América Latina (CIESPAL), no Rio de Janeiro, em 1965, ao generalizar a situação do ensino de Jornalismo no país, incluindo a entidade sob sua direção, "que as escolas brasileiras satisfazem os seus fins culturais e não aos seus fins profissionais" (15).

O curso de Jornalismo da Faculdade Nacional de Filosofia (Universidade do Brasil), instalado em 1948, tinha predominância das matérias culturais sobre as técnicas. Em 1951, o paraninfo da segunda turma da Faculdade, Fernando Tule de Souza (16), criticou em seu discurso de formatura a falta de prática na escola. "(...) Faltam-nos os instrumentos para um curso prático e objetivo". Esse quadro não sofreria mudanças fundamentais nos anos seguintes. No ensaio "O Ensino de Jornalismo", Rizzini ressaltava que "o maior defeito dos cursos de Jornalismo está na origem preponderantemente cultural em detrimento do profissional", e completava que "o bacharel em Jornalismo não deve saber como se faz jornal, deve saber fazê-lo".

Em 1961, a Universidade Católica de Pernambuco criava o curso de Jornalismo sob a direção de Beltrão, autor do livro *Introdução à Filosofia do Jornalismo*. Antes de assumir, ele já tinha idéias claras a respeito da problemática do ensino de Jornalismo. Em julho de 1960, em trabalho apresentado à IV Conferência Nacional de Jornalistas, em Manaus, sugeriu uma reestruturação de emergência para os cursos de Jornalismo (17). Sua tese central residia na autonomia desses órgãos. Essa posição foi incorporada ao programa estabelecido para a formação de jornalistas na Universidade Católica de Pernambuco, com os seguintes objetivos: a) formar profisisonais capacitados para o exercício de todas as funções do processo de comunicação de atualidades; b) realização de pesquisas com a finalidade de atualizar os padrões técnicos da imprensa e observar a sua influência junto à opinião pública; c) implantar laboratórios experimentais que pudessem funcionar como centros de renovação dos padrões jornalísticos vigentes.

## JORNAL-COBAIA

Como não contava com equipamento próprio para treinamento dos profissionais, paralelamente instituiu uma metodologia especial para o ensino de técnicas jornalísticas, realizando um trabalho de comparação sistemática entre a realidade profissional e as teorias divulgadas nos manuais de Jornalismo. Para isso utilizou o jornal-cobaia, usando o próprio jornal que circulava na cidade e era levado à sala de aula para simular situações profissionalizantes (18).

Cada aluno adquiria dois exemplares para análise em sala de aula e como base para todos os trabalhos práticos de reportagem, redação, classificação de originais, diagramação e revisão de provas tipográficas. Durante todo um semestre o jornal serviu de modelo sendo substituído por outro no semestre seguinte. Funcionava como se o tempo se detivesse na véspera daquela edição e era necessário informar ao público no dia seguinte os acontecimentos de interesse e importância registrados no mundo, em qualquer setor de atividade humana, interpretados e comentados no periódico da cidade, que aos poucos seria elaborado na aula como em uma redação.

Beltrão comunicava aos alunos com 48 horas de antecedência a edição que seria utilizada, para que todos pudessem adquirir os exemplares necessários para seu trabalho. Junto à direção do jornal utilizado como jornal-laboratório, conseguia os originais, provas tipográficas devidamente revisadas, fotografias, espelhos de diagramação, enfim, todo o material utilizado pelo pessoal da redação que era entregue aos alunos para ser estudado. Com esses elementos, Beltrão podia selecionar as matérias publicadas que serviriam para ilustrar as aulas e eram distribuídas aos alunos de cada ano, de acordo com o desenvolvimento de cada curso.

Todo o noticiário comum, como serviços públicos, associações, registros sociais, queixas e reclamações, festividades, serviços telegráficos nacional e internacional transformavam-se em material de análise, apreciação, debate e revisão pelos alunos do 1.º ano. Gradualmente, em exercícios sucessivos, eles reescreviam as matérias para o jornal hipotético da escola, de acordo com as técnicas fixadas nos livros e na política editorial adotada. Se uma matéria estava redigida em pirâmide invertida, sua redação era mudada para pirâmide normal.

Os alunos do 2.º ano ficavam com toda a parte de reportagens externas, cobertura de polícia, esportes, política, economia, sindical etc. Eles tinham que examinar e reescrever essas matérias, realizar entrevistas sobre os assuntos localizados naquele dia, redigir histórias de interesse humano com toques de atualidade, recolher dados, nos períodos de treinamentos que faziam nas instituições públicas para a preparação de grandes reportagens. Estas eram revisadas e selecionadas por Beltrão e oferecidas para a imprensa local, através da agência (hipotética) UCPPress.

Entre as formas de trabalhar as matérias do jornal-laboratório estavam as de transformar os artigos de colaboradores em entrevistas, dar redação jornalística a editoriais, proclamas, cópias de acordos judiciais, realizar o levantamento e previsão de acontecimentos locais e regionais.

Para os alunos do último ano ficava reservada a redação das opiniões: eram os editorialistas, colunistas, comentaristas e organizadores das seções especializadas, chefes de reportagem, secretários de redação, diagramadores, ocupando todos os postos de direção do jornal-laboratório (hipotético). Também ficavam encarregados de acompanhar as operações mecânicas complementares para a edição do jornal.

Todo esse trabalho era complementado com visitas para a fixação da aprendizagem pelos alunos ou promovendo seminários, com a participação de todos os estudantes do curso, sob a direção de Beltrão.

Em 1963, a Universidade de Brasília surgiu com um projeto revolucionário com a instalação da Faculdade de Comunicação de

Massa (19), sob a direção do jornalista Pompeu de Souza, onde figurava o curso de Jornalismo iniciado em 1963. Tratava-se de uma orientação pedagógica voltada para o treinamento de especialistas nas atividades básicas dos *mass media* pressupondo uma formação anterior obtida através de pré-requisitos nos Institutos de Letras, Ciências Humanas e Artes.

No entanto, a crise que atingiu a Universidade de Brasília, a partir da Revolução de 1964, esvaziando grande parte de seu conteúdo original, se antepôs como barreira a esse projeto. Com a demissão de Pompeu e do corpo docente da universidade em 1965, Luiz Beltrão assumiu a direção da Faculdade de Comunicação de Massa, conseguindo com algumas modificações introduzir muitas das idéias construídas na Universidade Católica de Pernambuco.

Em 1966, a Universidade de São Paulo criava a Escola de Comunicações Culturais, atualmente Escola de Comunicações e Artes, que começou a funcionar um ano depois, idealizada pelo professor Julio Garcia Morejón, com Jornalismo e várias outras áreas de ensino e aprendizagem.

Até 1967, o panorama dos cursos permaneceu praticamente inalterado, quando o Decreto-Lei n. 60.455-A instituiu a reforma universitária na Universidade Federal do Rio de Janeiro (nova denominação da Universidade do Brasil) criando a Escola de Comunicação, tendo como núcleo o curso de Jornalismo da Faculdade de Filosofia, com a instituição de seis cursos: Comunicação, Jornalismo, Jornalismo Audiovisual, Editoração, Publicidade e Relações Públicas.

## INFLUÊNCIA DO CIESPAL

A influência do CIESPAL foi fundamental para a renovação das escolas de Jornalismo na América Latina que passaram a orientar seus programas de ensino em função de diretrizes emanadas daquele órgão. Essa contribuição surgiu principalmente por meio de seminários sobre a problemática do ensino de Comunicação.

Depois de quatro seminários, o CIESPAL, baseado em suas conclusões, propôs que a formação de jornalistas habilitados para a interpretação correta dos fatos se fizesse em três sentidos: a) fenomenológico — pelo conhecimento da natureza dos efeitos psicossociais determinados por sua tarefa; b) instrumental — pelo manejo adequado da linguagem e das práticas que aperfeiçoam sua expressão; c) cultural — por uma formação básica, atualizada, fundada nas humanidades (20).

As conclusões do seminário patrocinado pelo órgão e pela ABI, em 1965, no Rio de Janeiro, foram colocadas em prática pelas universidades e pelo governo federal, que introduziria mudanças no currículo mínimo desse setor educacional. O professor Celso Kelly, dirigente da ABI, que presidiu o seminário, levou as sugestões ao Conselho Federal de Educação, o que resultou num currículo mínimo de Comunicação em 1969.

## 20 ANOS DE ENSINO

Paralelamente às contribuições do CIESPAL, outras iniciativas eram tomadas para aperfeiçoar os cursos de Jornalismo. Em 1967, a Casper Líbero realizava uma pesquisa por todo o país, objetivando analisar a experiência de 20 anos dos cursos de Jornalismo, visando adquirir subsídios para um projeto de reestruturação pedagógica de seu curso. A pesquisa constatou uma forte resistência aos cursos de Jornalismo pela classe empresarial dos meios de comunicação. Mesmo assim, surgiram mais sete cursos em outras universidades até o fim da década de 50: seis em universidades católicas: Rio de Janeiro, Porto Alegre, Curitiba, Santos, Pelotas e João Pessoa, e um em universidade federal (Salvador). Esse número continuou a crescer na década de 60.

Essa pesquisa (21), realizada por uma comissão presidida pelo professor José Marques de Melo, constatou que os cursos de Jornalismo estavam divorciados das inovações tecnológicas da sociedade contemporânea, limitando-se a formar profissionais sem adestramento para as tarefas de ordem técnica. Ofereciam uma cultura instrumental puramente teórica, prescindindo de aulas práticas, não dispondo de oficinas experimentais (laboratórios) ou de veículos-laboratórios.

Entrevistados durante a pesquisa, ex-alunos da Casper Líbero demonstravam frustração ao sentirem-se despreparados para enfrentar tarefas profissionais, em decorrência de um treinamento ineficaz durante o curso. Reclamavam principalmente da falta de aulas práticas e das matérias técnicas ministradas de modo teórico. Queixavam-se da falta de laboratórios e de experimentação prática. A maioria dos que conseguiram emprego tinha dificuldades em redigir rapidamente, não sabia fazer entrevistas, reportagens, nem condensar matérias. Tudo isso era indicativo da falta de prática em laboratórios.

Durante a análise dos cursos de Jornalismo abordados na pesquisa, destacavam-se as queixas de que as matérias técnicas eram transmitidas de modo muito teórico, além do grande número de aulas de cultura geral, em detrimento do pequeno número de aulas de matérias técnicas.

Para os dirigentes das empresas jornalísticas entrevistados na pesquisa, as escolas formavam maus profissionais porque não os preparavam para o jornal. Entre as principais críticas dos empresários estava a falta de laboratórios para as experiências práticas dos estudantes.

Com base nessas informações, a comissão propôs à Casper Líbero uma mudança profunda em vários setores da escola, principalmente na estrutura didática com a criação de órgãos complementares destinados à experimentação, à pesquisa e ao treinamento profissional.

Dois anos depois, em 1969, Raymond Nixon fez uma pesquisa sobre os cursos de Jornalismo na América Latina, constatando durante entrevistas com alunos que "os cursos eram todos de forma pouco real, utilizando sistemas de conferências, faltavam laboratórios, pesquisa e oportunidade para obter experiência prática" (22).

Nas entrevistas com o setor patronal de Jornalismo, Nixon constatou que não tinha objeções às escolas dessa área, mas mostrava-se alarmado com a baixa qualidade dos cursos, citando três pontos que eram responsáveis por isso: a pouca relação entre o produto das escolas e o mercado profissional, a falta de prática dos estudantes e a natureza teórica da maior parte dos cursos.

## DITADURA DA TEORIA

A integração dos cursos de Jornalismo às faculdades de Filosofia imprimiu à formação dos futuros profissionais uma orientação teórica e humanista. Preparavam-se homens de letras, eruditos e estilistas da pena no lugar de homens de imprensa. Isso levou, durante muito tempo, os cursos a terem natureza discursiva. Assim, os profissionais formados nos cursos de Jornalismo voltados para essa tendência não levavam para as redações dos jornais a experiência prática ou o conhecimento teórico de sua profissão, embora tivessem um bom embasamento humanístico.

Coube a Casper Líbero o início da reação contra esse ensino puramente teórico-humanista, com a edição de notas de aulas de jornalistas e professores, como Carlos Rizzini. No Recife, o Instituto de Ciências da Informação, fundado por Luiz Beltrão, lançava um volume com as aulas de seu fundador sobre técnica de jornal, paralelamente ao livro *Jornalismo, História e Técnica* que o jornalista e professor do curso de Jornalismo, da Faculdade de Filosofia, Ciências e Letras de Santos, Juarez Bahia, lançava naquela cidade. Além disso, surgia a revista *Comunicações & Problemas* sobre ensino e exercício profissional, também editada pelo Instituto de Ciências da Informação de Pernambuco, seguida dos *Cadernos de Jornalismo* do *Jornal do Brasil* (23).

Essas publicações refletiam a consciência dos mestres pioneiros no ensino de Jornalismo em nível universitário, buscando caminhos inspirados na realidade do jornalismo brasileiro.

Contudo, todos esses esforços para sistematizar os problemas vivenciais e técnicos do ensino da profissão esbarravam na falta de infra-estrutura dos cursos que não estavam aparelhados com redações-modelo, laboratórios fotográficos e outros equipamentos indispensáveis ao treinamento do futuro profissional. Normalmente o estudante estagiava nas redações mediante convênio das escolas com as empresas jornalísticas. No entanto, os profissionais que não tinham formação universitária, na maioria dos casos, não aceitavam os estagiários, procurando ridicularizá-los. Mesmo a prática nas escolas que dispunham de oficinas e laboratórios deixava muito a desejar. Os jornais eram meros exercícios escolares, sem periodicidade, dirigidos no máximo aos próprios alunos, sem que tivessem condições de refletir e analisá-los sob o espírito crítico de um futuro profissional.

Dessa forma, relegados a segundo plano pelos jornalistas formados nas redações, os estudantes não conseguiam adquirir a prática necessária para enfrentar o dia-a-dia dos jornais. Saíam das faculdades quando muito apenas teóricos, sabendo o que é *lead*, "pirâmide invertida" e outros conceitos, mas sem noção de como transformar essas informações num texto jornalístico. Nossa experiência como estagiário no jornal *A Tribuna*, de Santos, na década de 60, quando cursávamos Jornalismo na Faculdade de Filosofia, Ciências e Letras de Santos, pode exemplificar bem essas deficiências e o desinteresse dos profissionais em contribuir para melhorar nossa formação. Durante pelo menos três meses ficamos lendo e, no máximo, dependendo da boa vontade do então editor de Esportes, "cozinhando" telegramas enviados pelas agências. Depois de muita insistência, conseguimos substituir um profissional que trabalhava no Setor de Artes e ficamos um mês fazendo notinhas recebidas de entidades e instituições da área. Mais do que isso não nos era permitido. Na maior parte do estágio ficávamos apenas lendo jornal.

No entanto, apesar das pressões, aos poucos as empresas foram sentindo que não dependiam apenas de máquinas e de uma tecnologia cada vez mais rápida e perfeita. Tinham necessidade de pessoal habilitado a desempenhar funções de captar o fato, interpretá-lo e avaliar as diversas trajetórias de seu desenrolar, preparando e oferecendo mensagens que seriam consumidas pelos leitores.

Desse modo, a histórica rejeição aos profissionais formados em universidades acabou esvaziada pelos próprios donos das empresas jornalísticas. Em 1969, surgia a regulamentação da profissão, exigindo o diploma para ingresso em empresa de comunicação.

De acordo com o Decreto-Lei n.º 972, de 17 de outubro de 1969, em seu artigo 4.º, o exercício da profissão de jornalista requer prévio registro no órgão regional competente do Ministério do Trabalho e Previdência Social, que se fará mediante a apresentação de: I — prova de nacionalidade brasileira; II — folha corrida; III — carteira profissional; IV — declaração de cumprimento de estágio em empresa jornalística; V — diploma de curso superior de Jornalismo, oficial ou reconhecido, registrado no Ministério de Educação e Cultura ou em instituição por esse credenciada (24).

Aos poucos, os cursos de Jornalismo vão conseguindo sua autonomia das faculdades de Filosofia e se transformam em faculdades de Comunicação com introdução de outras áreas de ensino como Publicidade e Propaganda e Relações Públicas.

## ÓRGÃOS LABORATORIAIS

A introdução dos órgãos laboratoriais provocou o início de mudança nos cursos de Jornalismo, iniciando a articulação teórico-prática, indispensável na formação do profissional. O ensino discursivo foi cedendo lugar a uma aprendizagem prática. O ponto fundamental do avanço foi a aprovação pelo Conselho Federal de Educação da resolução que determinava que as escolas deveriam contar também com órgãos laboratoriais.

José Marques de Melo ressaltou a importância dos laboratórios quando vaticinou: "Formar jornalistas, sem que lhes desperte o interesse pela análise crítica dos padrões vigentes na sociedade e sem que lhes ofereça oportunidade de testar tais modelos em laboratórios e de criar alternativas inovadoras, é motivo de frustração generalizada na área desde a década de 50" (25). Existe, portanto, uma consciência histórica sobre a necessidade dos laboratórios como espaços fundamentais para a pesquisa e a reprodução ou inovação da prática jornalística.

Mas se defende os órgãos laboratoriais, Marques também alerta para a introdução das salas de redação como responsáveis por um ensino excessivamente tecnicizante, excessivamente praticizante, o que considera uma distorção nessa aprendizagem prática. Como se fosse possível prática sem teoria. Para ele, algumas escolas caem nessa prática estreita, induzindo o aluno a fazer notícias, reportagens, comentários e até editoriais sem ter um embasamento teórico para poder exercitar o texto jornalístico e compreender por que é feito um determinado texto. É levado apenas a reproduzir o modelo vigente e não raciocina sobre suas estruturas, suas implicações políticas.

O importante, segundo Marques, não é a mera demonstração de como fazer, mas de experimentação crítica dos modelos jornalísticos dominantes e criação de modelos alternativos suscetíveis de difusão social.

"É fundamental que os laboratórios sejam entendidos como espaço de aprendizagem e de pesquisa e não como complementos da estrutura burocrática que em muitos casos os têm administrado de forma distorcida, transformando-os em núcleos de produção industrial e só subsidiariamente permitindo sua utilização pedagógica. É o caso das gráficas das escolas de Comunicação utilizadas para serviços externos, deixando em segundo plano os órgãos laboratoriais elaborados durante os cursos. Isso prejudica a periodicidade do veículo e colabora de forma negativa para a frustração dos alunos e professores que os elaboram, tirando a motivação para outras experimentações, além de prejudicar o aspecto pedagógico dos cursos (26)."

Se por um lado, com esse tipo de aprendizado, o formando consegue boas chances no mercado de trabalho, porque foi programado para fazer aquilo que o jornal muitas vezes quer, nem sempre tem a capacidade de se comportar criticamente na atividade profissional e não é capaz de criar, porque reproduz mecanicamente o modelo.

Esse raciocínio provoca uma questão fundamental: o órgão laboratorial é um instrumento de reprodução da prática jornalística vigente ou um veículo para a criação de alternativas em relação ao que existe na sociedade? As duas opções são fundamentais: reproduzir a realidade, criar inovações. É importante manter as duas formas combinando-as, intercalando-as e integrando-as. Nos próprios exercícios didáticos que se realizam nos laboratórios é possível contrabalançar a reprodução dos padrões jornalísticos dominantes com a criação de novos modelos que possam constituir alternativas viáveis.

Outra questão levantada por Marques de Melo (27) refere-se a professores das disciplinas técnicas que passaram ou estão no mercado de trabalho e tendem a reproduzir nos órgãos laboratoriais os modelos das empresas em que trabalham. Assim os órgãos laboratoriais acabam estruturados com essas características, transformando-se em verdadeiras cópias do que ocorre nas empresas.

Patrícia Mollo Menandro concorda com essa colocação de Marques de Melo, lembrando que "essa tendência do professor de formação essencialmente profissional de reproduzir na universidade a sala de redação da empresa jornalística na qual trabalha, leva-o a podar qualquer iniciativa criadora que não se enquadre nos modelos utilizados pela imprensa tradicional" (28).

Já Ouhydes Fonseca (29) recomenda que os professores mantenham um mínimo de atividade profissional paralela às atividades práticas na sala de aula, "para que possa fazer a 'ponte' atual e necessária entre a escola e o mercado de trabalho. E, como estamos num momento de especializações, não se deve prescindir do oferecimento das oportunidades de contato entre os alunos e os profissionais, seja na escola ou no local de trabalho'.

## TECNICISMO vs. HUMANISMO

Tecnicismo ou humanismo? Essa questão vem sendo exaustivamente debatida nos cursos de Jornalismo pelos defensores das duas posturas. Danton Jobim (30) acha que as escolas de Jornalismo devem orientar para a melhor observação e compreensão dos fenômenos sociais, devem dar condições ao futuro jornalista de observar e interpretar os acontecimentos. Para ele, as finalidades do ensino de Jornalismo são: a) formação cultural, ética e profissional do jornalista; b) análise e revisão das técnicas jornalísticas através de pesquisa (investigação) metódica; c) estudo do fenômeno social da informação.

Ele defende três funções importantes das escolas: descobrimento de caminhos novos; enriquecimento do acervo de conhecimentos sobre as matérias estudadas; revisão permanente, por meio de pesquisa, das noções e processos conhecidos. Jobim afirma ainda que o professor desses cursos não pode esquecer os fins das escolas de Jornalismo: proporcionar aprendizagem de jornalismo como parte do amplo campo de estudos da Comunicação de vários pontos de vista: sociológico, histórico, político, econômico etc. Esses campos são instrumentos utilizados para alcançar ampla compreensão do fenômeno jornalístico. Ele acrescenta que as técnicas só não bastam para formar um jornalista, destacando a importância da articulação teórico-prática: "É importante procurar a coordenação dos elementos culturais e técnicos do ensino de Jornalismo".

Na formação humanística (Curso Básico) deve ser dada preferência ao ensino formativo destacando aquelas matérias que ensinam a pensar e ordenar idéias, a conhecer e penetrar na realidade nacional e internacional, a interpretar o sentimento coletivo e consolidar as normas de moral que regem o exercício da profissão. Essa postura defendida por Jobim durante o "Seminário sobre la

Formación de Periodistas", realizado no CIESPAL, em Quito, Equador, em 1958, é exemplificada por ele: "É mais fácil fazer um bom jornalista de uma pessoa culta que nunca tenha entrado em uma redação do que fazer um profissional razoável de alguém que conhece técnicas e tenha prática, mas não tenha um bom grau de instrução".

Anamaria Fadul (31) questiona o ensino da prática específica como simples repetição de modelos, deixando o professor com a mera função de um técnico ou mesmo de um profissional. Ela acha que o ensino das técnicas como uma mera transmissão de práticas válidas hoje pode ficar superado com a revolução tecnológica. A única forma desse ensino manter-se atualizado é transmitir aos alunos uma formação ao mesmo tempo teórica e prática, possibilitando-lhe uma reciclagem frente às novas tecnologias.

Para operacionalizar sua posição, Fadul propõe a criação de um projeto interdisciplinar para superar a dicotomia entre os cursos Básico e Profissionalizante e o hiato entre a teoria e a prática, acabando com a incomunicação entre as disciplinas. "Nas escolas de Comunicação a teoria e a prática é pensada como uma instância separada", acrescenta.

O professor Francisco Gaudêncio Torquato do Rego, que considera o jornalista um agente de transformação e integração social, lembra que é importante que os alunos ao saírem dos cursos tenham, do ponto de vista técnico, condições semelhantes às dos que aprenderam somente nas redações, mas também é fundamental que possuam uma visão universal que lhes possibilite refletir sobre a sociedade, compreender suas funções e importância de sua atuação.

Os professores Paulo Roberto Lobo Leandro e Cremilda Medina acham que o importante para desenvolver um bom trabalho nos cursos de Jornalismo é superar barreiras. Uma delas é a articulação das disciplinas humanistas com as técnicas a fim de sustentar os laboratórios com conteúdos de comunicação e não apenas práticas formais. Para isso é necessário o revestimento das disciplinas técnicas de uma base operacional teórica, o que pressupõe um corpo docente especializado e não a simples presença de técnicos profissionais que levam para os laboratórios experiências particulares.

Os próprios órgãos laboratoriais podem ser utilizados para essa articulação teórico-prática. Nesses veículos, ao se fazer jornalismo, já estamos aplicando aquele conjunto de aptidões e atividades que a formação universitária deve desenvolver. Como a atividade culminante e integrada, o órgão laboratorial não é apenas prática, mas teoria-prática em movimento. Por exemplo: quando se está debatendo a pauta da edição com os alunos, copidescando as matérias, escolhendo fotos ou mesmo diagramando o jornal está-se operacionalizando conceitos teóricos ministrados paralelamente às atividades práticas durante o curso. Os órgãos laboratoriais, numa concepção dinâmica, envolvem o quadro total da formação do jornalista, deixando de ser apenas prática, técnica ou tecnicismo, para se transformar num aparato de aprendizagem total.

Cremilda e Paulo Roberto (32) afirmam que os órgãos laboratoriais, por exigirem uma filosofia de trabalho, um corpo docente especializado e integrado numa organização sistemática de trabalho, além de necessitar infra-estrutura técnica como sala de redação, máquinas etc., acabam se reportando a uma sólida concepção do ensino-aprendizagem.

Para eles, cadeira técnica é aquela que fornece aos alunos informação e conseqüentemente formação sobre aspectos teóricos da profissão que irá enfrentar ao final de seus estudos. É nesse nível que se manifestaria o aprendizado sobre os problemas fundamentais da técnica jornalística. Os órgãos laboratoriais se encarregariam de complementar essa formação teórica, diferindo assim do mero treinamento específico.

Outro exemplo que poderia ilustrar esse procedimento é a edição desses órgãos laboratoriais que exige toda uma preparação com aulas teóricas sobre o jornal como produto mercadológico, linha editorial da empresa jornalística, a intenção de quem edita até conceituações envolvendo os filtros internos e externos que interferem na edição, como pauta, repórter, copidesque, dono do jornal, o próprio editor, anunciante e mesmo a fonte de informação. A importância do órgão laboratorial está principalmente em não apenas fazer, mas refletir sobre o fazer. Essa reflexão e crítica sobre a prática profissionalizante contribui para a articulação teoria-prática desenvolvida nos órgãos laboratoriais.

## NOTAS E REFERÊNCIAS BIBLIOGRÁFICAS

1. Kelly, Celso. *As Novas Dimensões do Jornalismo*, Rio de Janeiro, Agir, 1966.
2. Marques de Melo, José. "Os Projetos Pioneiros", *in Contribuições para uma Pedagogia da Comunicação*, São Paulo, Ed. Paulinas, 1974.
3. Nixon, Raymond. "Influências do CIESPAL", *in Cadernos de Jornalismo e Editoração*, n.º 3, do curso de Jornalismo e Editoração da ECA/USP, 1971.
4. Conclusões da pesquisa orientada pelo professor José Marques de Melo estão no capítulo "O Curso da Fundação Casper Líbero", em seu livro *Contribuições para uma Pedagogia da Comunicação.*
5. Nixon, Raymond publica os resultados da pesquisa nos *Cadernos de Jornalismo e Editoração*, n.º 3, editados em 1971 pela ECA/USP.

6. Marques de Melo, José. "Jornalismo Brasileiro: a Pesquisa e a Conjuntura Política", *in Comunicação: Teoria e Política*, São Paulo, Summus, 1985, pp. 59-69.

7. A Resolução n.º 03/78 está publicada no capítulo "O Texto Homologado pelo MEC", do livro *Ideologia e Poder no Ensino de Comunicação*, organizado pelos professores José Marques de Melo, Anamaria Fadul e Carlos Eduardo Lins da Silva, São Paulo, Cortez & Moraes-Intercom, 1979.

8. *Imprensa*, n.º 254, maio de 1985, órgão laboratorial da Faculdade de Comunicação Social Casper Líbero.

9. "Documento Final do I Encontro Nacional de Órgãos Laboratoriais dos Cursos de Jornalismo", *in Cadernos de Jornalismo e Editoração*, n.º 14, ECA/USP, 1984.

10. Rizzini, Carlos. *O Ensino de Jornalismo*, Rio de Janeiro, MEC, 1953, p. 25.

11. Marques de Melo, José. "Pedagogia da Comunicação: as Experiências Brasileiras", *in Contribuições para uma Pedagogia da Comunicação*, 1.º capítulo.

12. *Idem*, "Introdução", p. 17.

13. *Idem*, p. 19.

14. Beltrão, Luiz. "Teoria e Prática do Ensino de Jornalismo — Panorama Histórico", *in Teoria e Prática no Ensino de Jornalismo*, São Paulo, COMARTE, ECA/USP, 1974.

15. Rizzini, Carlos. *Op. cit.*

16. *Idem*.

17. Marques de Melo, José. "Renovação Metodológica: a Contribuição de Pernambuco", *in Contribuições para uma Pedagogia da Comunicação*, p. 40.

18. Beltrão, Luiz. *Métodos de la Enseñanza de la Técnica del Periodismo*, Quito, CIESPAL, 1963.

19. Marques de Melo, José. "O Projeto Revolucionário da Universidade de Brasília", *in Contribuições para uma Pedagogia da Comunicação*, pp. 45-52.

20. *Idem, A Influências do CIESPAL*, pp. 52-55.

21. Marques de Melo, José. "20 Anos de Ensino de Jornalismo", *in Comunicações & Problemas*, vol. 3, n.º 2/3, Recife, 1968.

22. Nixon, Raymond. "O Ensino de Jornalismo na América Latina", *in Cadernos de Jornalismo e Editoração*, n.º 3.

23. Beltrão, Luiz. "Teoria e Prática do Ensino de Jornalismo: Panorama Histórico", *in Teoria e Prática no Ensino de Jornalismo*, p. 188.

24. *Estatuto e a Legislação Profissional*, São Paulo, Sindicato dos Jornalistas Profissionais no Estado de São Paulo, 1981.

25. Marques de Melo, José. "Laboratórios de Jornalismo: Conceitos e Preconceitos", *in Cadernos de Jornalismo e Editoração*, n.º 14, São Paulo, Departamento de Jornalismo e Editoração, ECA/USP, 1984.

26. *Idem*.

27. *Idem*, "Por uma Política Pedagógica para os Órgãos Laboratoriais dos Cursos de Jornalismo", *in Comunicação: Teoria e Política*, pp. 118-127.

28. Menandro, Patrícia Mollo. "Laboratórios de Jornalismo: Questões Didáticas", *in Cadernos de Jornalismo e Editoração*, n.º 14, São Paulo, ECA/USP, 1984.

29. Fonseca, Ouhydes. "Questões Operacionais", trabalho apresentado no I Encontro Nacional de Órgãos Laboratoriais dos Cursos de Jornalismo,

publicado nos *Cadernos de Jornalismo e Editoração*, n.º 14, São Paulo, ECA/USP, 1984.

30. Jobim, Danton. *Pedagogia del Periodismo*, Quito, CIESPAL, 1964.

31. Fadul, Anamaria. "A Ação Pedagógica na Escola de Comunicação (Notas para uma Reflexão)", *in Ideologia e Poder no Ensino de Comunicação*, São Paulo, Cortez & Moraes-Intercom, 1979, pp. 50-58.

32. Medina, Cremilda e Leandro, Paulo Roberto. "Um Tema em Ensaio há 15 Anos", *in Teoria e Prática no Ensino de Jornalismo*, pp. 57-74.

## 2. A QUESTÃO DA POLÍTICA EDITORIAL NO JORNALISMO: QUEM DECIDE O QUE EDITAR

A história da imprensa é a própria história do desenvolvimento capitalista, como demonstra Nélson Werneck Sodré na *História da Imprensa no Brasil* (1). Há uma relação dialética entre o desenvolvimento de um e de outro. As transformações na imprensa acompanham de perto o desenvolvimento da sociedade: refletem a maneira como os homens produzem seus bens e se relacionam e, por sua vez, concorrem para promover mudanças na estrutura social. O desenvolvimento dos meios de produção torna mais complexa a empresa jornalística que hoje precisa de grandes somas de capital para se manter e enfrentar a concorrência.

Basicamente "uma empresa jornalística é uma empresa como qualquer outra. A grande diferença, no entanto, está na mercadoria produzida e no papel exercido pelo jornal na formação da opinião pública" (2). A empresa que fabrica um jornal trabalha com idéias, um produto de natureza cultural. Os processos de ler, coletar e manusear informações são puramente intelectuais e, sendo assim, os valores que regem suas linhas de montagem são diversos daqueles aplicados em outras empresas.

Os jornais são empresas privadas que requerem grandes capitais devido à tecnologia cada vez mais refinada que exige um pessoal altamente especializado. As máquinas tipográficas, impressoras, terminais de vídeo e computadores significam aumento nos custos de operação e investimentos constantes.

Como todo investimento pressupõe um retorno, qualquer discussão sobre "independência" fica limitada pela própria natureza da empresa jornalística que, como qualquer outra num regime capitalista, vê-se condicionada ao lucro para sobreviver, ficando, em conseqüência, exposta a todos os tipos de pressão, desde os anunciantes, até eventualmente do governo legal, que, dependendo do momento político que se atravessa, tem meios de lançar mãos de um grande número de restrições, como a recusa em conceder empréstimos, retirada de publicidade e até a censura. A essas limitações juntam-se outras determinadas pelo fato de as grandes empresas jornalísticas estarem, como quaisquer outras, sujeitas às leis do mercado. Toda tentativa de contestação a estas leis ou ao sistema que as gera implicaria uma contradição com as próprias condições de existência desta empresa.

Alberto Dines (3) apresenta um lado mais positivo quando afirma que o ponto de equilíbrio entre o sucesso econômico e o êxito jornalístico só pode ser notado por aqueles que, no comando de uma empresa de comunicação, além do treinamento específico e objetivo para tomar decisões de cunho comercial e financeiro, têm incorporada atitude subjetiva de preservar os valores da instituição. Segundo ele, pode-se montar uma empresa lucrativa sob um jornal independente e vigoroso.

Normalmente as empresas jornalísticas se manifestam indignadas contra o centralismo político, contra o monopólio do poder, mas são, em alguns casos, tão autoritárias e centralizadas quanto as instituições que se esforçam em criticar. Na grande imprensa, principalmente, a divisão do poder é bem clara: de um lado o grupo de redatores e repórteres que se preocupam com os fatos, que colhem as informações, e, de outro, a direção da empresa muitas vezes não composta por jornalistas, mas que determina a linha política do jornal. Os empresários estão cada vez mais preocupados com o lucro e a informação é transformada em mercadoria. Dines acha que a presença de um jornalista na direção do jornal representa para a redação a tranqüilidade de que os critérios de julgamento são sempre os pertinentes à profissão. Para ele, a contradição jornal/empresa deixa de existir se esta for dirigida por um jornalista (4).

O que acontece é que a maioria dos jornais brasileiros foi fundada ou é dirigida por homens que se lançaram à empresa jornalística supondo que, para ganhar dinheiro, bastava apenas "comprar papel branco e vendê-lo em preto" (5).

## "INDÚSTRIA DE CONSCIÊNCIA"

Para José Marques de Melo (6) os meios de comunicação atuam como "Indústrias de Consciência", influenciando pessoas, comovendo grupos, mobilizando comunidades, dentro das contradições que marcam a sociedade. São veículos que se movem na direção que lhes é dada pelas forças sociais que os controlam e que refletem também as contradições inerentes às estruturas societárias em que existem.

Em vista desse controle, o processo de edição nos meios de comunicação passa por diversos filtros, já que é fundamental o aspecto político no jornalismo: quem decide o que deve editar, para quem. Essa filtragem pode ser feita por omissão, quando se deixa de publicar um determinado fato, dando preferência a outro ou mesmo por projeção ou redução desse fato, ou seja, um maior número de linhas, um título maior, um espaço privilegiado na página, uma chamada na primeira página em contraposição a uma matéria pequena, inexpressiva, com um título pequeno, jogada num canto de uma página.

Clóvis Rossi (7) explica bem essas distorções, divididas em filtros internos e externos. Ele começa citando o que considera o primeiro filtro interno: a pauta, que reflete parcialmente o que está acontecendo, na visão de uma pessoa, o pauteiro que interpreta a linha editorial do jornal, quase sempre dirigida à cobertura de organismos oficiais e não do povo. Muitas vezes a pauta é feita com a utilização de *press-releases*, normalmente enviados por órgãos oficiais ou empresas, ou seja, o poder. Na maioria dos casos, a pauta é feita em um círculo fechado pelo pauteiro que direciona o repórter para ouvir determinadas fontes de interesse do jornal. Além disso, a pauta faz a triagem dos acontecimentos, dando maior destaque para determinados assuntos, deixando outros de lado, principalmente aqueles que não interessam à linha do jornal.

A pauta, por sua estrutura, principalmente na grande imprensa, condiciona o repórter, limitando a sua criatividade, levando-o a seguir os quesitos estabelecidos pelo pauteiro, sob o risco de cair no desagrado da chefia. Como nas redações prevalece uma estrutura vertical, o repórter acaba seguindo aquilo que pode não ser o mais correto para ele, mas é para seu editor. A pauta acaba sendo, na maioria dos casos, uma receita completa de como o repórter deve fazer a matéria. Normalmente a pauta indica não só as pessoas que devem ser ouvidas sobre determinados fatos, mas até mesmo as perguntas que devem ser feitas.

O copidesque é o primeiro filtro pelo qual passa a produção do repórter, o que ocasiona uma distorção entre a narrativa do que aconteceu, na visão do repórter, e o que será publicado. O copidesque adapta o texto à linha editorial e muitas vezes aos interesses da empresa. Cumpre um papel de microfiltro, já que verifica o conteúdo e a forma da matéria antes que seja difundida. Deveria ser um recurso editorial para unificação da linguagem utilizada e para correção de eventuais deslizes gramaticais. No entanto, acaba adaptando a matéria aos interesses da empresa, em muitos casos transformando-se em filtro ideológico, funcionando como peneira para barrar as filigranas da argumentação discursiva que não convenham à linha da organização jornalística. É um dos principais mecanismos de que dispõe a empresa para exercer a vigilância sobre o que se publica. Como observa Clóvis Rossi: "É mais provável que chegue aos leitores a visão dos diretores de cada publicação e não a dos repórteres que cobrem um determinado acontecimento" (8).

Um dos filtros internos mais característicos dos meios de comunicação é o editor, elemento de confiança dos donos da empresa, que decide desde o enfoque que o repórter deve dar à matéria, até seu tamanho, dando mais ou menos destaque ao acontecimento, tamanho do título e espaço que ocupará na página. Se o enfoque dado pelo repórter não for correto, de acordo com a linha editorial da empresa, o editor encaminha o texto ao copidesque, que procura adaptá-lo aos interesses empresariais. É ele quem dita se a matéria terá 30 ou 60 linhas, independente da importância jornalística que possa ter dentro de um determinado contexto econômico, social ou político. Muitas vezes o repórter vai cobrir o acontecimento com um número determinado de linhas para a matéria que já tem espaço definido na página.

Essa matéria certamente pode ser destacada ou não, dependendo da diagramação, um outro filtro que pode projetar ou deixar no obscurantismo determinado assunto. O editor interfere quando determina ao diagramador que destaque um assunto em detrimento do outro. Uma reportagem diagramada no alto de uma página atrai mais atenção do que outra escondida num canto dessa mesma página.

O título é outro filtro importante utilizado para destacar ou não a matéria. Um título forte, grande, evidentemente chama mais atenção do que outro obscuro, pequeno. É uma forma de motivar, indicar a importância da notícia ou mesmo desmotivar o leitor, segundo Joaquim Douglas (9). Alguns títulos emitem claramente um ponto de vista, enquanto outros dissimulam o conteúdo verdadeiro. Muitas vezes, através do título conseguimos destacar um acontecimento, deixando outros em segundo plano. O título pode aumentar o valor ou o impacto efetivo de um texto, ou mesmo diminuí-lo, tornando-o desinteressante para o leitor.

Acima dos editores há a cúpula da redação que influi decisivamente em todo o processo, desde a pauta até a edição final, representada pelo editor-chefe. Quando o assunto faz parte da rotina do dia-a-dia, isto é, não é considerado importante ou não fere a linha editorial da empresa, entra em ação o chamado critério jornalístico na edição, mas se o tema é de grande relevância entra em ação o segundo critério que se sobrepõe ao primeiro: o julgamento político em função das posições que a organização jornalística adota. Alguns jornais são mais influenciados pelo critério jornalístico, outros pelo critério editorial ou político. No primeiro caso está a revista *Veja*, segundo seu redator-chefe, Augusto Nunes, que garante ser o maior critério na edição o interesse do leitor. Justifica dizendo que a revista não sofre qualquer influência, principalmente dos anunciantes, já que está em situação privilegiada, devido ao seu grande número de assinantes e sua solidez financeira que permite resistir a qualquer tipo de pressão.

Marques de Melo (10) cita outro filtro que interfere na produção jornalística: o sistema de cobertura que privilegia certas organizações ou núcleos da sociedade e omite outras, marginalizando do fluxo noticioso vastos setores da vida social. Na maioria das vezes, os jornais estruturam suas coberturas nos núcleos de poder (Prefeituras, Câmaras, Ministérios, Secretarias, Estatais, Congresso, Poder Judiciário) sem ouvir o povo, normalmente o maior interessado no processo. O fluxo noticioso acaba regido pela atuação de instituições hegemônicas e marginaliza os núcleos de arregimentação comunitária. Os meios de comunicação deviam ouvir mais o povo, segmento que está mais envolvido no processo social, econômico e político. Afinal, é o povo que enfrenta os problemas gerados pelos transportes, custo de vida, educação, saúde e outros enfocados no dia-a-dia dos jornais pelo poder. O povo só aparece nos jornais quando surgem greves, acidentes ou catástrofes de grande repercussão (como aconteceu durante os terremotos no México, em setembro de 1985).

Com isso, o jornalismo brasileiro assume um caráter elitista tratando predominantemente de assuntos que interessam a uma minoria, deixando de lado as questões que afetam o cotidiano da população. Assim, a massa acaba se afastando dos jornais em decorrência do desinteresse gerado pela estrutura noticiosa calcada no poder.

Um dos principais filtros externos que interfere nos jornais é a fonte que ganha seu espaço, muitas vezes, por meio de *press-releases*, publicados na íntegra sem mudar uma palavra. Em alguns casos, as fontes são apontadas pelas próprias direções da empresa ou pelos editores que determinam aos pauteiros sejam relacionadas nas pautas para serem ouvidas pelos repórteres. Se o jornal não tem suas fontes próprias — correspondentes, sucursais e reportagem local —, pode ser manipulado por fontes externas formadas por núcleos de interesse que atuam como grupos de pressão social, caso dos partidos políticos, sociedades de bairros, clubes de servir etc. Há também as fontes contratadas, que são as agências noticiosas, nacionais ou internacionais. Normalmente os pequenos jornais ficam na dependência de uma só agência nacional ou internacional, que controla e manipula a informação, centralizando o noticiário nos grandes centros, deixando de lado o que ocorre nas pequenas comunidades onde as agências não mantêm correspondentes. Outro aspecto negativo de trabalhar com apenas uma agência é que o leitor terá informações provenientes de uma só ótica, sem conhecer outros ângulos do fato, dificultando sua interpretação e um posicionamento.

A própria escolha da fonte já é um filtro. Há também as fontes consideradas voluntárias, que são os serviços de relações públicas e assessorias de comunicação ou mesmo de imprensa que, via de regra, divulgam só o que interessa a seus patrões. Segundo Gerson Moreira Lima (11), que estudou recentemente a "releasemania" que se estabeleceu no jornalismo brasileiro, essas fontes de informação são usadas como referencial para confecção da pauta. Na maioria dos casos, principalmente na pequena imprensa, que tem um quadro profissional reduzido, o *press-release* é aproveitado integralmente.

Isso vai aproveitar as brechas editoriais dentro de uma política deliberada das empresas que preferem usar o *press-release* a contratar profissionais. Além disso, em muitos casos, esses mesmos *releases* são provenientes de empresas economicamente fortes, anunciantes dos jornais. Nesses casos, dificilmente os *releases* deixam de ser aproveitados. O manejo das fontes tem importância decisiva na orientação dos fatos a serem noticiados e comentados.

Os anunciantes também influenciam na edição, na maioria dos casos, porque os jornais dependem deles para sobreviver. Normalmente esse tipo de interferência aparece quando a notícia contraria o ponto de vista ou prejudica a imagem do anunciante, ou mesmo envolve parentes ou seus amigos mais próximos. O anunciante provoca uma dependência na empresa ao espaço publicitário que vende. Para se medir a importância dos anúncios é só lembrar que no processo jornalístico o diagrama chega à redação com o espaço dos anúncios já determinado em cada página. O que sobra é preenchido pelo material jornalístico, entendido como notícias, reportagens, editoriais, ilustrações etc. Ou como se comenta nos meios jornalísticos: as notícias servem para preencher os espaços deixados pelos anúncios. Isso fica comprovado com esta sistemática adotada pelos jornais: se precisar abrir um espaço na página para entrar uma matéria importante de última hora, o editor manda retirar outra matéria que considera de menor relevância e nunca um anúncio.

Além da *Veja*, que, segundo seu redator-chefe, já não depende de anunciantes, talvez só o jornal *Notícias Populares* não sofra esse tipo de distorção, já que a fatia maior de seu faturamento provém da venda avulsa que alcançava em outubro de 1985 — cerca de 150 mil exemplares diários, de acordo com um de seus editores, José Luís Proença. Segundo ele, toda a intenção na edição do jornal é voltada para o interesse do leitor, já que é ele quem vai se interessar ou não pela manchete do jornal e, em decorrência disso, comprar um exemplar, colaborando para que o *Notícias Populares* não dependa de seus poucos anunciantes, constituídos, em sua maioria, pelo cinema nacional, que anuncia pornochanchadas.

É por meio de todo esse processo de seleção que se aplica na prática a linha editorial. A seleção é a ótica através da qual a empresa jornalística vê o mundo. Essa visão decorre do que decide publicar em cada edição, privilegiando certos assuntos, destacando determinados personagens, obscurecendo alguns ou ainda omitindo outros.

## CONTROLE DE INFORMAÇÕES

Sob a alegação de que os donos de jornais não têm condições técnicas para controlar tudo o que se publica em seus veículos, o ex-ministro da Comunicação Social, Said Farhat, propôs uma lei de responsabilidade para os jornalistas, atribuindo a estes um poder significativo no processo de edição. Para ele, muitas vezes são publicadas matérias que não coincidem com a linha editorial do jornal, porque os proprietários das empresas não têm condições de acompanhar a ação de seus funcionários (12).

Esse controle do que vai ser publicado foi bem equacionado na pesquisa realizada pelo sociólogo Orlando Miranda (13), durante levantamentos sobre a postura dos jornalistas na redação de uma matéria sobre greve de trabalhadores, nos jornais de São Paulo. Indagou aos jornalistas como escreveriam uma determinada notícia e que orientação assumiria o texto final a ser publicado — se a ótica da empresa ou a do próprio jornalista — e constatou que a versão final seria produto de negociação entre as partes.

Apesar dessa solução negociada e da certeza de Orlando Miranda de que o jornalista dispõe de armas sutis para modificar o conteúdo das matérias, a despeito das opiniões patronais, não há dúvida sobre o controle que a instituição jornalística exerce no que vai ser publicado em cada edição. A estrutura vertical vigente nas redações, com as decisões fluindo de cima para baixo, desde o editor-chefe até os editores e repórteres, já caracteriza uma forma de a empresa controlar a seleção de informações. Os editores são pessoas de confiança da empresa e decidem o que seus subordinados vão fazer de acordo com a linha editorial do veículo. São normalmente profissionais que se afinam com a opinião da empresa, ou se divergem, comprometem-se a seguir a orientação vigente. Na maioria dos casos, os que se recusam a seguir essa orientação são despedidos.

Tanto na grande como na pequena imprensa essas normas são seguidas, obedecendo aos critérios de cada uma. No jornal *A Tribuna*, em que trabalhamos, por exemplo, os editores mantêm os subsecretários informados sobre a produção diária. Conteúdo e mesmo a forma dessa produção setorial são conferidos na reunião realizada no fim da tarde para definir as edições da primeira e última páginas. Quando o conteúdo de determinada matéria envolve a política editorial do jornal ou tem relação com anunciantes ou mesmo amigos dos proprietários, passa primeiro pelo crivo do editor-chefe que procura adaptá-los aos interesses da empresa ou simplesmente vetá-lo. Isso não significa, em nosso modo de ver, que o profissional deve se acomodar, se autocensurar para garantir seu emprego. Pelo contrário, deve sempre lutar pela publicação de seu texto, assumindo seu conteúdo e forma e, se for o caso, utilizar sua experiência na elaboração dos textos para passar ao leitor a veracidade dos fatos, mesmo que não se enquadre totalmente na linha editorial da empresa.

## NOTAS E REFERÊNCIAS BIBLIOGRÁFICAS

1. Sodré, Nélson Werneck. *História da Imprensa no Brasil*, 2.ª ed., Rio de Janeiro, Graal, 1977.

2. Medina, Cremilda de Araújo. Ao estudar o fenômeno jornalístico, Cremilda se preocupa com algumas características básicas da empresa jornalística que a diferencia das demais organizações. Ela procura ainda elucidar vários aspectos do processamento da notícia como produto final de diferentes níveis de relações sociais, levando em consideração todas as transformações que a atividade jornalística sofreu nesta segunda metade do século XX. *In Notícia: um Produto à Venda — Jornalismo na Sociedade Urbana e Industrial*, 2.ª ed., São Paulo, Summus Editorial, 1988.

3. Dines, Alberto. No capítulo X de seu estudo sobre o papel do jornal como função e matéria-prima, Dines defende a convivência entre a empresa e a imprensa. No texto "Um Dilema que Não Existe", ele enfatizava a possibilidade de um jornalismo criativo e independente convivendo numa empresa voltada para o lucro. *In O Papel do Jornal — Uma Releitura*, 4.ª ed., São Paulo, Summus Editorial, 1986.

4. Nesse mesmo capítulo, Dines afirma que se um jornalista dirigir a empresa deixará de existir a contradição entre o jornal e a organização.

5. Marcelino, Gileno Fernandes. *Papel da Empresa na Economia e na Sociedade. Características Especiais de um Empresa Jornalística*, São Paulo, ECA/USP, p. 7., s.d.

6. Marques de Melo, José. No capítulo IV, com o título "Expressão Opinativa: Mecanismos", de sua tese de livre-docência sobre Gêneros Opinativos no Jornalismo Brasileiro, Marques levanta os diversos filtros que influenciam os processos de edição nos meios de comunicação. *In Gêneros Opinativos no Jornalismo Brasileiro.* São Paulo, ECA/USP, 1984.

7. Rossi, Clóvis. Abordando as batalhas por dentro e por fora nos meios de comunicação, Rossi explica com detalhes esses filtros internos e externos que considera distorções, começando pela pauta, passando pelo copidesque, editor e as influências da fonte e do anunciante. *In O que é Jornalismo*, São Paulo, Brasiliense, 1980.

8. Ainda nesse estudo, Rossi acredita que os leitores acabam recebendo a informação sob a ótica dos proprietários dos meios de comunicação e não dos jornalistas que coletam os dados e redigem as matérias.

9. Douglas, Joaquim. A importância dos títulos para destacar ou não uma determinada matéria, suas regras, funções, formulações e estruturas são analisadas por Douglas in *Jornalismo: a Técnica do Título*, Rio de Janeiro, Agir, 1966.

10. Marques de Melo, José. Em sua tese de livre-docência, Marques acha que a cobertura jornalística também funciona como um filtro no momento em que privilegia os núcleos de poder deixando à margem o povo, que representa vastos setores da vida social.

11. Lima, Gerson Moreira. Em sua dissertação de mestrado defendida no Instituto Metodista de Ensino Superior, em 1983, Gerson fez um amplo levantamento sobre a "releasemania" que assola o país, com centenas de assessorias de comunicação, imprensa e relações públicas enviando diariamente *press-releases* para os meios de comunicação. Ele propôs em seu trabalho transformado em livro que o *release* seja utilizado como pauta e não aproveitado na íntegra como acontece em muitos jornais, principalmente da chamada pequena imprensa. *In Releasemania — uma Contribuição para o Estudo do Press-Release no Brasil*, São Paulo, Summus, 1985.

12. Marques de Melo, José. Citado na página 91 do capítulo IV, "Expressão Opinativa: Mecanismos", da tese de livre-docência *Gêneros Opinativos no Jornalismo Brasileiro*, São Paulo, ECA/USP, 1984.

13. Miranda, Orlando. No capítulo V, "Indústria Cultural: a Mensagem de Duas Cabeças", Miranda pesquisa até que ponto a seleção de informações reflete exatamente a opinião da empresa e até onde os dirigentes de uma organização jornalística controlam o que vai ser publicado. *In Tio Patinhas e os Mitos da Comunicação*, São Paulo, Summus, 1976.

# 3. A QUESTÃO EDITORIAL NOS JORNAIS-LABORATÓRIO

Instrumento fundamental de um curso de Jornalismo, o jornal-laboratório dá condições ao estudante de realizar treinamento na própria escola, possibilitando que coloque em execução, ainda que experimentalmente, os conhecimentos teóricos adquiridos nas disciplinas da área técnico-profissionalizante. Integra os alunos na problemática da futura profissão, tornando possível que obtenham uma visão global do processo jornalístico, não apenas no aspecto conceitual, mas também na prática do dia-a-dia das redações.

A pesquisa para a confecção da pauta, a triagem na escolha das fontes que detenham dados mais precisos para melhor informar e orientar o leitor, a elaboração do texto claro, conciso, e a programação visual mais adequada para esses textos e ilustrações são passos decisivos para conscientizar o futuro jornalista de sua função social, reforçando seu compromisso com a verdade e com os padrões éticos vigentes na profissão.

Francisco Gaudêncio Torquato do Rego afirma que só se entende um sentido prático para o curso de Jornalismo à luz de uma realidade instrumental, responsável pelos laboratórios de aprendizagem (1).

Para Luiz Beltrão (2), o jornal-laboratório é o instrumento didático básico, sempre que usado apropriadamente, com um planejamento racional, que se transforma no substituto da prática de treinamento nas redações. Permite que o aprendiz de Jornalismo se exercite na capacitação e análise dos problemas de sua comunidade, de seu país e da civilização contemporânea, ao mesmo tempo que desperta interesse pela especialização, fazendo-o descobrir qual dos aspectos e atividades da profissão o seduzem mais. Esse processo dá margem ao desenvolvimento de experiências para a renovação dos processos jornalísticos, tanto na redação quanto na parte gráfica, que serão submetidos à apreciação dos orientadores dos veículos de imprensa locais para uma possível adoção em seus meios de informação.

Além disso, o jornal-laboratório familiariza o aluno com a forma gráfica, dando-lhe conhecimento razoável da arte tipográfica e dos sistemas de impressão, de diagramação e do uso de ilustrações e cores, melhorando-os na parte estética. Cria no estudante aquela disposição psicológica de ver em letras garrafais, editado, o jornal hipotético para o qual trabalhou na escola e de sentir a aceitação do leitor à sua consciente atividade periodística. Essas aspirações serão satisfeitas com o lançamento de seu jornal na edição experimental, quando poderemos verificar o rendimento da aprendizagem, bem melhor do que através das clássicas provas e exames exigidos pelas leis educacionais.

A publicação de um jornal, segundo Carlos Rizzini (3), traz as seguintes vantagens imediatas: transforma as aulas técnicas em profissionais; permite a aplicação dos conhecimentos hauridos nas demais aulas; classifica as tendências, dos alunos oferecendo-lhes oportunidade para experimentá-las e conferi-las; cria e apura neles a responsabilidade, desenvolvendo-lhes a autocrítica e submete-a à censura dos companheiros, dos mestres e do público; familiariza-os com os problemas de organização e de administração, que enfeixam os de promoção, circulação e publicidade; desembaraça-os, pondo-os em contato com as rodas intelectuais, as classes dominantes e as personalidades do governo e da política, que são as fontes perenes de informação da imprensa, além de adestrar o aluno para empregar-se.

## CONCEITO DE JORNAL-LABORATÓRIO

É fundamental, para melhor compreensão da problemática, que se estabeleça o conceito de jornal-laboratório. Após dois dias de debates, a Comissão de Conceituação que discutiu o assunto durante o VII Encontro de Jornalismo Regional sobre órgãos laboratoriais impressos (4), realizado na Faculdade de Comunicação de Santos, em outubro de 1982, chegou ao seguinte conceito de jornal-laboratório: "O jornal-laboratório é um veículo que deve ser feito a partir de um conjunto de técnicas específicas para um público também específico, com base em pesquisas sistemáticas em todos os âmbitos, o que inclui a experimentação constante de novas formas de linguagem, conteúdo e apresentação gráfica. Eventualmente, seu público pode ser interno, desde que não tenha caráter institucional".

A Comissão concluiu ainda que é necessária a existência de múltiplos veículos em uma mesma escola, que proporcionem a prática das diferentes técnicas jornalísticas. E que os projetos como um todo (linhas gráficas e editoriais) devem contar com a participação de alunos e professores, desde a sua formulação até o acabamento gráfico.

Para José Marques de Melo (5), "o jornal-laboratório constitui o instrumento básico de um curso de Jornalismo, no sentido de integrar os estudantes na problemática da futura profissão. A sua finalidade é a de permitir um treinamento adequado na própria escola, de modo que os alunos tenham oportunidade de colocar em execução, ainda que experimentalmente, o acervo de conhecimentos teóricos adquiridos nas diversas disciplinas de natureza técnico-profissionalizante".

Como o próprio nome diz (jornal-laboratório), deve servir como elemento experimental, seja em termos de linguagem, conteúdo editorial ou mesmo aspecto gráfico. Alguns pontos importantes devem ser levados em consideração para a implantação de um jornal-laboratório: quem faz, para quem, como fazer, o papel do professor, o papel do aluno, condições materiais, a abordagem, os temas, a forma, censura, circulação, distribuição, arquivo e pesquisa, discussão do trabalho realizado e dinamização da redação, entre outros.

Contudo, o ponto nevrálgico da elaboração do jornal-laboratório continua sendo a *questão editorial*. É justamente aí que crescem as discussões a respeito da questão: quem determina a linha editorial? Em qualquer jornal isso fica equacionado, na maioria das vezes, de forma convincente: quem define é o dono, por meio de seus prepostos nos postos de direção na redação. No jornal-laboratório a questão é bem mais complexa, mesmo levando-se em consideração que quem arca com as despesas do veículo é a escola. Qual seria então o procedimento: a faculdade ou o professor determinarem a linha? Deixar em aberto para a discussão entre alunos? E se houver divergências entre eles?

Em vista dessas questões, há algumas perguntas que são fundamentais: 1) Seria melhor mostrar aos alunos todos os tipos de definição editorial, deixando a seu critério optar por um deles? 2) Seria preferível colocar em prática, sob forma de rodízio, cada um desses tipos? A criação de um conselho editorial só de alunos, renovável, não daria maior responsabilidade e eficiência a esse campo? A constituição de um conselho editorial com participação de professores, alunos e até dos leitores não seria ideal? É possível estabelecer uma linha editorial rígida, considerando que as classes são formadas por alunos de várias tendências e que não seria democrático impor a nenhum desses segmentos uma determinação rigorosa?

## DEFINIÇÃO EDITORIAL NAS PESQUISAS

As respostas a essas questões ficam evidenciadas nos resultados das três pesquisas sobre jornal-laboratório que realizamos com professores de vários cursos de Jornalismo do país, com utilização de questionários, durante o I Encontro Nacional de Órgãos Laboratoriais (I ENOL-CJ), em 1984, na ECA/USP, em São Paulo; no I Curso de Aperfeiçoamento para Professores de Jornalismo, promovido pela Editora Abril, *Gazeta Mercantil* e Departamento de Jornalismo e Editoração da ECA/USP, em dezembro de 1984, e no II Encontro Nacional de Órgãos Laboratoriais (II ENOL-CJ), em abril de 1985, nas Faculdades Integradas de Uberaba, deixaram claro que, na maioria dos casos, professores e alunos dividem a responsabilidade pela definição editorial.

No primeiro levantamento efetuado durante o I ENOL-CJ, ficou constatado entre professores de 18 faculdades e escolas de Jornalismo que todos tinham órgãos laboratoriais, prevalecendo o jornal sobre o boletim e a revista. Todas as escolas possuíam jornais impressos, a maioria (52,3%) com periodicidade mensal, com uma tiragem média de 2.000 exemplares (23,8%) vindo em seguida (19%), com mil exemplares. Das faculdades consultadas, 38% tiram jornais com 8 páginas, seguidas de 23,8% com 12 páginas. Dezesseis delas declararam que a impressão de seus jornais era *off-set* sendo 95,4% em preto e branco.

Das 18 pesquisadas, 17 utilizavam o formato tablóide e apenas 10 possuíam arquivo ou departamento de pesquisa. Dezesseis escolas ·possuíam gráfica própria. Quanto à linha editorial, 6 garantiram que era indefinida; 5, jornal comunitário; e 4, de assuntos gerais. Treze faculdades consultadas responderam que alunos e professores determinavam o conteúdo e a forma da publicação, prevalecendo como conteúdo temas gerais de interesse da comunidade em 8 delas, seguida de informações acadêmicas nas 5 outras.

Entre as escolas foi constatado que, na maioria (86,3%), quem editava eram professores e alunos, e, em sete, o público-alvo era a comunidade. Pelas respostas foi constatado que participavam, em média, 20 a 30 alunos de cada projeto laboratorial, utilizando cerca de 8 horas semanais para os projetos.

Entre os objetivos das publicações prevalecem atividades práticas; respondidas por sete faculdades, todas as pesquisadas garantiram que dispunham de máquinas de escrever e a grande maioria (86,3%) também contava com máquinas fotográficas. Uma delas tinha até telefone na redação do jornal.

Quatorze faculdades responderam que seus órgãos laboratoriais imitavam os modelos vigentes na grande imprensa. Cerca de 45% dos entrevistados declararam que os principais obstáculos para que os órgãos laboratoriais fossem desenvolvidos eram recursos financeiros, humanos e materiais. Das faculdades pesquisadas, 31,8% declararam que a distribuição dos jornais era feita pelos alunos; e do total de publicações levantadas, 15 possuíam Seção Editorial.

Foram pesquisados cursos de Jornalismo das seguintes instituições, divididas por sua natureza: *Confessionais*: Faculdade de Comunicação de Santos, Instituto Metodista de Ensino Superior de São Bernardo do Campo, Pontifícia Universidade Católica de Minas Gerais, Unisinos de São Leopoldo, Universidade Metodista de Piracicaba, Pontifícia Universidade Católica de Campinas, Pontifícia Universidade Católica de São Paulo, Pontifícia Universidade Católica do Rio Grande do Sul; *Públicas*: Universidade Federal do Espírito Santo, Universidade de Brasília, Universidade Federal de Goiás, Universidade Federal de Juiz de Fora, Universidade Federal do Pará, Universidade Federal de Minas Gerais, Fundação Universidade do Amazonas e Universidade de São Paulo; *Particulares*: União da Associação de Ensino de Ribeirão Preto; *Fundação*: Fundação Educacional de Bauru.

A segunda pesquisa, efetuada durante o I Curso de Aperfeiçoamento para Professores de Jornalismo, incluiu escolas de Jornalismo que não haviam participado do I ENOL-CJ e outras 7 que estiveram presentes no encontro, num total de 18. Ficou confirmado que quem determinava o conteúdo e forma das publicações eram professores e alunos, em 10 das 18 escolas pesquisadas. Cerca de 71% das escolas responderam que o público dos veículos era a comunidade universitária, prevalecia a periodicidade mensal e a tiragem de 2 mil exemplares, em média. Nove escolas mantinham jornais-laboratório com 8 páginas, predominando o tipo de composição *off-set*, em preto e branco. Também prevaleceram alunos e professores como editores dos jornais e quem determinava o conteúdo e forma das publicações. Das escolas questionadas, 14 responderam que a proposta das publicações era desenvolver a prática dos alunos e 42,8% do total pesquisado imitavam os modelos da grande imprensa. A grande maioria (15) possuía Seção Editorial e apenas uma não utilizava lauda na elaboração das publicações. Todas tinham máquinas de escrever e 76,1% também possuíam máquinas fotográficas. A média de numeros editados por ano era de 2 jornais, de acordo com a maioria dos entrevistados (33,3%). No item referente a outras considerações sobre o jornal-laboratório, o Instituto Metodista respondeu que os responsáveis pelos órgãos laboratoriais começavam a se preocupar com pesquisas de opinião junto ao público leitor dos jornais-laboratório. Um dos entrevistados acrescentou que pretendia mudar o objetivo da publicação que deixaria de ser um jornal para o curso, passando a dirigir-se à comunidade de modo geral. Outro especificou que a pretensão dos editores era fazer os comerciantes do bairro financiarem o jornal, paralelamente à criação de um conselho editorial formado por membros da comunidade.

Responderam aos questionários os cursos de Jornalismo destas instituições: *Confessionais*: Instituto Metodista de Ensino Superior, Pontifícia Universidade Católica do Rio Grande do Sul e Pontifícia Universidade Católica de Campinas. *Públicas*: Fundação Universidade do Amazonas, Universidade Federal do Espírito Santo, Universidade Federal da Paraíba, Universidade Federal de Alagoas, Universidade Federal do Maranhão, Universidade de São Paulo e Universidade Federal do Ceará; *Particulares*: União da Associação de Ensino de Ribeirão Preto, Universidade de Caxias do Sul, Faculdades Integradas Tiradentes, Faculdades Integradas Augusto Motta do Rio de Janeiro, Faculdade de Comunicações Brás Cubas de Mogi das Cruzes, Faculdades Integradas Estácio de Sá, Instituto Cultural Newton de Paiva e Centro Unificado de Ensino de Brasília.

O último levantamento, no II ENOL-CJ, em Uberaba, quase um ano depois da primeira pesquisa realizada na ECA/USP, durante o I ENOL-CJ, atingiu 13 escolas de Jornalismo e confirmou alguns dados das pesquisas anteriores: a comunidade universitária era o público-alvo da maioria das publicações, prevalecia a periodicidade mensal e a tiragem média de 2 mil exemplares para 8 páginas. Continuava a predominar a impressão *off-set* e em preto e branco.

A distribuição era feita em sua maioria por alunos, prevalecia o formato tablóide para os jornais e 80% deles eram editados por professores e alunos que também determinavam o conteúdo e a forma da publicação. Continuava prevalecendo a proposta da publicação voltada para o treinamento dos alunos, mas 53,3% não imitavam a grande imprensa, ao contrário das respostas às duas primeiras pesquisas, onde predominava o modelo da grande imprensa nas publicações. Dos 13 entrevistados, 9 responderam que havia relação da publicação com a comunidade, envolvendo desde indicação de pautas e assuntos pelos moradores da área atingida pelo jornal, até com a comunidade funcionando como fonte de informação. Todas as escolas ouvidas dispunham de máquinas de escrever e fotográficas.

Na última pesquisa foram levantados dados das seguintes instituições: *Confessionais*: Instituto Metodista de Ensino Superior e Faculdade de Comunicação de Santos; *Públicas*: Universidade Federal do Ceará, Universidade Federal do Pará, Universidade Federal de Goiás, Universidade Federal de Juiz de Fora e Universidade de São Paulo; *Particulares*: Centro de Ensino Unificado de Brasília, União da Associação de Ensino de Ribeirão Preto, Faculdades Integradas de Uberaba, Faculdades Integradas Augusto Motta; *Fundações*: Faculdade de Comunicação Social Casper Líbero e Fundação Educacional de Bauru.

# CAVALO DE TRÓIA

Conforme alertou o professor José Marques de Melo, durante palestra de abertura do II ENOL-CJ, em Uberaba, Minas Gerais, sobre o tema "A Questão da Manipulação dos Órgãos Laboratoriais de Jornalismo" (6), o jornal-laboratório, em alguns casos, pode se converter em *cavalo de tróia*, privilegiando interesses da comunidade docente, da própria comunidade estudantil e quase sempre das administrações universitárias. Muitas vezes, segundo ele, confundem-se órgãos laboratoriais com órgãos que devem ser politicamente organizados a partir de uma visão ideológica determinada. É fundamental que o jornal-laboratório não seja tomado de assalto pelas tendências estudantis nem pelas associações de docentes ou de eventuais correntes ideológicas que possam existir entre professores e funcionários.

O próprio Marques de Melo mostra a solução em seu artigo "Por uma Política Pedagógica para os Órgãos Laboratoriais dos Cursos de Jornalismo" (7): "É preciso que esses órgãos sejam entendidos como espaços pedagógicos, espaços que devem ser vinculados a uma comunidade à qual eles se dirigem. E sendo espaço de criação livre, que eles tenham a sua própria política".

O professor lembra que a linha política do órgão laboratorial tem que ser estabelecida a partir da comunidade à qual ela se dirige, a partir do eventual consenso que possa existir entre aqueles que produzem e aqueles que recebem. Os veículos devem ouvir as comunidades às quais se dirigem para fixar suas diretrizes editoriais, ou seja, levar também em consideração a participação dos leitores, dos receptores, porque só isso garantirá a independência das administrações universitárias, das tendências estudantis ou dos interesses das corporações dos docentes. "É preciso fazer jornalismo participativo, combativo e politicamente conseqüente", frisa.

Essa definição de público e as formas do relacionamento com ele foram destacadas por uma das comissões que atuou no VII Encontro de Jornalismo Regional sobre Órgãos Laboratoriais Impressos, realizado na Faculdade de Comunicação de Santos, em 1982 (8). O grupo de trabalho que preparou um texto sobre órgãos laboratoriais e a comunidade destacou que a definição do público e o modo do jornal-laboratório se relacionar com ele são providências fundamentais no seu planejamento e produção. O trabalho define três tipos de comunidade-receptora dos jornais-laboratório: *interna* — público formado pela população acadêmica da própria escola, ou seja, alunos, professores, dirigentes e funcionários; *externa* — público formado pela população de uma região, bairro ou grupo mais específico de pessoas; e *mista* — quando atinge parcial ou totalmente segmentos das duas primeiras.

Anamaria Fadul acha indispensável que os órgãos laboratoriais sejam feitos em cima das necessidades dos diferentes movimentos sociais, como sindicatos, empresas e comunidades (9). Para ela, os órgãos laboratoriais pretendem reproduzir a complexidade do movimento real da sociedade. Fadul completa: "A escola deve e pode ter uma relação vital com a comunidade num trabalho com jornais. Isso completa o laço teórico-prático do ensino de Jornalismo" (10).

Esse trabalho está bem especificado nos objetivos do *Jornal do Campus*, de acordo com projeto elaborado pelo professor Carlos Eduardo Lins da Silva: "O *Jornal do Campus* terá como público o universo formado por alunos, professores e funcionários da Cidade Universitária, procurando orientar-se, editorialmente, por critérios ditados pelo interesse geral da comunidade, formada por esses três segmentos" (11).

Não basta, entretanto, definir ou mesmo conhecer a comunidade na qual o jornal vai atuar. Mais importante é desenvolver formas de relacionamento com essa comunidade. A própria Faculdade de Comunicação de Santos desenvolveu uma experiência em 1981, com uma edição do órgão laboratorial *Agência Facos*, dedicada à favela da Vila Alemoa, em Santos. Com uma particularidade: a pauta foi feita na sede da Sociedade de Melhoramentos da favela com a participação de moradores, alunos e professores responsáveis pela publicação. Outra experiência marcante é o jornal *Marco*, editado na PUC de Minas Gerais, com temática e linha editorial voltadas para os moradores dos bairros próximos da escola.

Outras experiências comunitárias têm sido feitas pelo Instituto Metodista de Ensino Superior, com o *Rudge Ramos Jornal*, voltado para um bairro da cidade e com a publicação *Campus*, da Universidade de Brasília, dirigida aos estudantes do próprio *campus*. Na experiência desenvolvida pela Metodista um fator que merece registro: as pesquisas de opinião realizadas junto ao público-alvo do jornal. Outro projeto que tem atingido seus objetivos é a AUN, agência de notícias editada na ECA/USP destinada à imprensa local, estadual e nacional.

O professor Antonio Cerveira de Moura, do Instituto Metodista de Ensino, ressaltou a importância dos jornais-laboratório partirem de um público definido e os alunos estarem vinculados com os receptores, para sentirem o retorno das matérias. Segundo ele, é generalizada a ausência da preocupação com a linguagem do público leitor. "Objetiva-se quase que unicamente a codificação e a emissão da mensagem (12)".

A estudante Clélia Maria Garcia, em seu trabalho de conclusão de curso, realizado em 1983, no curso de Jornalismo da Faculdade de Comunicação de Santos (13), também defende um jornal-laboratório com público definido, periodicidade efetiva, para que os alunos se motivem para sua elaboração e os leitores criem o hábito de ler a publicação. Ela também acha necessário que seja definida a comunidade para a qual o jornal se destina, ressalvando que não deve ser exclusivamente constituída de alunos e professores que o elaboram para evitar o narcisismo intelectual que em nada contribui para a aprendizagem jornalística ou para a sociedade.

Dessa forma só um jornal-laboratório com público definido e fora das salas de aula será capaz de vencer um dos problemas mais comuns nesta atividade: a interrupção a cada período de férias (o que descaracteriza o órgão como periódico) ou as bruscas mudanças da linha editorial e conteudística que sofre com a mudança das turmas discentes. O jornal fora da sala de aula exigirá uma integração de turmas que vencerá barreiras da serialização do curso. Não será interrompido no período de férias, trará material para ser editado, tanto na parte da redação como na parte fotográfica e na de diagramação e serão os próprios alunos que cobrarão a periodicidade do jornal, além de oferecer ao estudante a existência de um público real. Somente um jornal-laboratório comunitário é capaz de ser um trabalho em que o estudante possa, de fato, ter todas as características que definem um jornal de verdade. Só dessa forma poderá treinar e tornar-se realmente habilitado para a profissão que escolheu.

Embora seja relativamente pequena, a experiência dos jornais dirigidos a determinadas comunidades pode ser considerada significativa no Brasil. Inclui projetos como o jornal para a favela Mãe Luzia, realizado pela Universidade Federal do Rio Grande do Norte, no início dos anos 70, e os jornais para o Morro de São Bento e Vila Progresso, no Morro da Nova Cintra, pela Faculdade de Comunicação de Santos, em 1981 e 1985, respectivamente. Essa mesma escola publicou um jornal para os sindicatos santistas em 1976 e a ECA/USP, nesse mesmo ano, editou uma publicação para Carapicuíba, em São Paulo. Boa parte dessas experiências não deu resultado por falta de continuidade dos projetos que, na maioria dos casos, ficaram em edições isoladas ou pararam durante as férias escolares.

Um projeto que continua sendo levado com resultados satisfatórios é o *Jornal do Campus*, editado pelo Departamento de Jornalismo e Editoração da ECA/USP, dirigido à comunidade da Cidade Universitária. O veículo, sob a responsabilidade do professor Manuel Chaparro (14), já faz parte da vida do *campus* e tem recebido muitas cartas dos leitores, demonstrando que aos poucos vai atingindo os objetivos para o qual foi criado.

# "JORNAL DO CAMPUS"

Em 1968, José Marques de Melo publicava em uma apostila (15) a estrutura básica para um jornal-laboratório da Escola de Comunicações Culturais, da USP. Recomendava que a publicação adotasse a estrutura de um jornal comunitário, dirigindo-se a um público específico — no caso, a comunidade universitária da USP: estudantes, professores e funcionários.

Defendia a elaboração do jornal totalmente pelos alunos, com orientação e apoio dos professores das disciplinas instrumentais e fenomenológicas, fazendo com que cada estudante tivesse oportunidade de participar das diversas etapas de execução de um periódico, da busca das informações nas fontes primárias à distribuição.

Em 1983, com base nesse trabalho, o professor Carlos Eduardo Lins da Silva elaborou o projeto para o *Jornal do Campus* (16) com os seguintes objetivos didáticos: permitir o teste de regras e normas jornalísticas acumuladas ao longo dos anos; integrar as disciplinas técnicas e, principalmente, fornecer aos estudantes as condições de infra-estrutura material e de conhecimentos teóricos, de modo a que eles possam exercitar-se nas mais variadas funções do universo jornalístico; preparar os alunos efetivamente para o exercício da profissão no final do curso.

Num plano mais amplo, o *Jornal do Campus* pretende atingir três objetivos de extensão universitária: *ação transformadora*, na medida em que o exercício do jornal-laboratório ajuda a comunidade a tomar consciência de seus problemas e organizar-se para que sejam resolvidos; *ação dinâmica*, na medida em que o jornal-laboratório permita a atuação livre, em seu interior, de todos os segmentos que nele tenham interesse, daqueles que o confeccionarão àqueles que o consumirão, neste último caso, por meio de cartas e outras contribuições; *ação permanente*, na medida em que o jornal-laboratório não será interrompido nos períodos de férias dos estudantes e de professores, já que a Cidade Universitária não encerra suas atividades em nenhum momento do ano e sobrevive às turmas que se diplomam.

Além disso, o *Jornal do Campus* terá três objetivos de pesquisa: descobrir características da linguagem jornalística que facilitem a leiturabilidade do veículo, atingindo todos os segmentos culturais e sociais da comunidade universitária; investigar as possibilidades do jornal como agente persuasivo e formador de opiniões; pesquisar até que ponto o jornal pode ser um meio eficiente na integração de uma determinada comunidade.

Para que todos esses objetivos sejam alcançados, propõe-se que o *Jornal do Campus* assuma o papel de veículo interno da Cidade

Universitária, com periodicidade regular, público definido, tiragem adequada e distribuição eficiente.

Os resultados satisfatórios do *Jornal do Campus*, contudo, só começaram a ser alcançados em 1985, já que nos dois primeiros anos de funcionamento (1983 e 1984) foi considerado um autêntico fracasso por seu orientador, o professor Carlos Eduardo Lins da Silva.

No primeiro semestre de 1985, Lins da Silva fez uma avaliação sob o título "A Experiência de Implantação do *Jornal do Campus*" (17), concluindo que o projeto havia fracassado pelo menos até o início do primeiro semestre de 1985, quando sofreu uma mudança radical sob a responsabilidade do professor Manuel Chaparro.

Depois de fazer um histórico sobre o projeto, de levantar os problemas administrativos que o atingiram, os problemas jornalísticos e didáticos, Lins da Silva analisou o conteúdo da publicação, a linguagem e concluiu:

> "A conclusão mais óbvia e importante é que o projeto do *Jornal do Campus* até aqui é um fracasso. Um produto que não cumpriu seus objetivos mais elementares, que tem como resultado final um veículo de baixa credibilidade e desempenho de sofrível para ruim mesmo que se leve em consideração todas as circunstâncias atenuantes."
>
> "As causas do fracasso são muitas, mas podem ser resumidas na falta de recursos materiais, nos obstáculos burocráticos e no boicote mesmo que não consciente e voluntário que o projeto sofreu da parte de professores, estudantes e setores administrativos que não concordaram com a linha programática que o projeto acabou assumindo. Outra razão desse resultado pobre reside na imprevidência dos primeiros responsáveis pelo projeto entre os quais eu me incluo, é claro, que não tiveram o bom senso de definir através dos canais existentes no CJE uma concepção jornalística e pedagógica que pudesse ser aceitável se não por toda a comunidade do Departamento, ao menos pela maioria dos presentes aos órgãos colegiados. Se isso tivesse sido feito, as resistências internas ao projeto teriam sido menores e as chances de um resultado mais razoável, maiores."
>
> "Se essa concepção jornalística e pedagógica ainda for alcançada e se o instituto de pesquisa em vias de criação se concretizar e tiver êxito na tentativa de captação de recursos publicitários, este projeto ainda tem esperanças. Se continuar sendo dirigido ao sabor das circunstâncias e permanecer na dependência de verbas e da estrutura da ECA e da Universidade, não tem nenhuma chance de dar certo e o melhor, para os estudantes, para a comunidade da Cidade Universitária e para o jornalismo brasileiro é que se desista dele. A se ter um jornal comunitário que não tem periodicidade definida, linha editorial permanente ou credibilidade junto ao público, é preferível voltar-se ao esquema tradicional do CJE de jornaizinhos dirigidos aos próprios estudantes e com temática dirigida ao umbigo de professores e alunos: estes podem não ser mais produtivos do que o *Jornal do Campus*, mas com certeza fazem mal a menos gente."

Realmente, participamos do projeto e concordamos com a avaliação do professor Carlos Eduardo Lins da Silva. Queremos ressaltar, no entanto, que parte das deficiências citadas podem ser creditadas à falta de integração dos professores que orientaram a publicação, em decorrência, principalmente, das dificuldades de contato, já que dificilmente tinham oportunidade de se encontrar para criticar o projeto. Em segundo lugar, como o jornal era elaborado pelas turmas da manhã e noite, divididas em editorias, os alunos tinham apenas uma visão parcial da publicação, pelas dificuldades de reunir os grupos. Essa falta de integração entre professores e alunos prejudicou sensivelmente os objetivos do projeto, já que nenhum dos dois segmentos tinha uma visão global do processo.

Contudo, essas deficiências foram aos poucos sanadas, a partir de 1985, quando o professor Manuel Chaparro assumiu a direção do projeto e o número de professores que orientava o jornal diminuiu, possibilitando que se integrassem, e cada período (matutino e noturno) passou a editar sua publicação. Com a composição no jornal *O Estado de S. Paulo* e uma certa prioridade para impressão na gráfica da ECA, o jornal passou a sair quinzenalmente, recuperando a credibilidade.

A postura profissional implantada pelo professor Chaparro durante a elaboração das pautas, coleta de dados, redação das matérias e discussões de avaliação do produto final levou os alunos a se conscientizarem da importância e função social do jornal para a comunidade universitária da USP. Sentindo que os professores estavam integrados no projeto, percebendo que o *Jornal do Campus* não era um mero exercício escolar, os estudantes se empolgaram e passaram a ter uma participação efetiva na publicação.

Essa mudança na postura da publicação aumentou a credibilidade, levando os leitores a uma participação indireta por meio de cartas à redação, cujo número aumentava semanalmente. A edição especial sobre a pesquisa na Universidade da eleição para prefeito de São Paulo, o debate dos reitoráveis promovido pelo *Jornal do Campus* e as edições enfocando as eleições para reitor da USP fortaleceram ainda mais essa credibilidade, a ponto de surgirem empresas interessadas em anunciar na publicação.

As experiências comunitárias acabam contrariando os órgãos laboratoriais que se articulam a partir da produção da mensagem (forma e conteúdo) satisfazendo apenas as expectativas dos participantes, sem se preocupar com a recepção. Segundo Marques de Melo (18), essa postura evidencia uma lacuna no processo de aprendizagem jornalística. "O Jornalismo só adquire significado enquanto atividade de informação coletiva na medida em que se estrutura a partir de necessidades existentes numa comunidade, numa sociedade, e busca atender a essas aspirações ou tenta influir na sua configuração". Ele complementa: "O processo jornalístico origina-se nas expectativas de um público determinado e completa-se quando as notícias e seus comentários chegam àquele contingente humano e provocam reações. Alimentar esse fluxo interativo junto ao público receptor e alimentar-se dele é uma contingência de qualquer processo jornalístico que se pretenda dinâmico".

"Experiências que se esgotam na etapa de produção ficam pela metade, pois não se configurou plenamente um processo de informação, na medida em que os conflitos foram escamoteados. Quando editamos jornais, telejornais ou boletins nos cursos de Jornalismo sem ter um público definido, real, corremos o risco de realizar experiências à nossa imagem e semelhança, quer dizer, fazemos jornalismo para nós mesmos, segundo nossos interesses e motivações ou então imaginando o que seria desejável para os outros. É fundamental elaborar órgãos laboratoriais que sejam produzidos e orientados visando a uma parcela da sociedade, capaz de dar vida, provocar movimentação e motivação às tarefas didáticas dos alunos e à orientação dos professores."

Marques de Melo acredita que um dos maiores defeitos dos órgãos laboratoriais (19) está nos veículos estruturados de forma a se distanciar da realidade, ou seja, distantes da realidade do processo de comunicação. "São os jornais que fazemos para nós mesmos, presos aos nossos limites, sem a avaliação do processo como um todo. Procuramos sempre, como docentes, avaliar as formas e conteúdos das publicações, sem conhecer o retorno da mensagem. São poucos os jornais que exercitam essa prática. São veículos que circulam nas comunidades próximas às escolas, alguns com pesquisas freqüentes junto aos receptores para checar como decodificam a mensagem e como se comportam diante do veículo produzido".

"Normalmente o processo de comunicação não é atingido em sua globalidade pelos jornais-laboratório, tornando-os pedagogicamente vazios. Não podemos esquecer que essas publicações são, antes de tudo, espaços de aprendizagem, de pesquisa, de observação científica e precisam ter embasamento pedagógico."

Além disso, há professores que procuram suprir suas deficiências cultivando a vaidade dos alunos, publicando qualquer tipo de trabalho, sem avaliar a qualidade, sem aplicar a metodologia necessária para trabalhos laboratoriais. Da mesma forma como acontece no dia-a-dia das redações, onde é feita uma triagem prévia das matérias produzidas pelas editorias, os professores devem fazer uma seleção prévia do material, correção e orientação dos textos.

Não basta apenas pautar a edição, as matérias e depois publicá-las. Cabe também ao professor uma avaliação periódica dos trabalhos dos alunos, num acompanhamento que pode ser por meio de fichas, a fim de estabelecer um diagnóstico e corrigir suas deficiências. Uma forma de sanar essas dificuldades é justamente registrar os problemas apresentados pelos estudantes nessas fichas. Essa experiência foi realizada com relativo sucesso por nós no ano de 1985, quando editávamos o boletim *Agência Facos*, órgão laboratorial do curso de Jornalismo da Faculdade de Comunicação de Santos, para os alunos do 5.º semestre.

Durante as discussões de pauta, depois da coleta de dados e na copidescagem das matérias, ficavam registradas em fichas individuais as deficiências apresentadas pelos alunos-repórteres. Esses problemas eram corrigidos, posteriormente, por meio de exercícios dirigidos à melhoria na elaboração das pautas, coleta de dados e redação dos textos.

Todo esse trabalho sistematizado visa levar o aluno a não encarar o jornal-laboratório apenas como um instrumento de treinamento, mas como uma publicação profissional com público e objetivos definidos.

## NOTAS E REFERÊNCIAS BIBLIOGRÁFICAS

1. Rego, Francisco Gaudêncio Torquato do. "Formação do Jornalista", *in Ideologia e Poder no Ensino de Comunicação*, São Paulo, Cortez/Intercom, 1979, p. 159.
2. Beltrão, Luiz. *Métodos en la Enseñanza de la Técnica del Periodismo*, Quito, CIESPAL, 1963.
3. Rizzini, Carlos. *O Ensino de Jornalismo*, Rio de Janeiro, MEC, 1953.
4. A Comissão de Conceituação foi formada para pesquisar e estabelecer um conceito de jornal-laboratório, a fim de fundamentar os debates realizados durante o VII Encontro de Jornalismo Regional sobre Órgãos Laboratoriais Impressos, na Faculdade de Comunicação de Santos. O conceito está publicado no boletim *Agência Facos*, n.º 28, de outubro de 1982, p. 13. O *Agência Facos* é órgão laboratorial da Faculdade de Comunicação de Santos.
5. Marques de Melo, José. *Diretrizes para um Jornal-Laboratório*, São Paulo, Escola de Comunicações Culturais/USP, Departamento de Jornalismo, 1968.
6. A cobertura da conferência está publicada no *Jornal do II ENOL*, edição especial do *Jornal do Campus*, editado em maio de 1985 pelo Departamento de Jornalismo e Editoração da ECA/USP.
7. Marques de Melo, José. *Comunicação: Teoria e Política*, São Paulo, Summus, 1985, cap. 11, p. 118.
8. Documento Final do VII Encontro de Jornalismo Regional sobre Órgãos Laboratoriais Impressos, realizado de 8 a 10 de outubro de 1982, na Faculdade de Comunicação de Santos, *in Cadernos de Jornalismo e Editoração*, n.º 13, São Paulo, ECA/USP, 1984, p. 94.
9. Fadul, Anamaria. "A Ação Pedagógica na Escola de Comunicação", *in Ideologia e Poder no Ensino de Comunicação*, São Paulo, Cortez/Intercom, 1979, p. 50.

10. Fadul, Anamaria. "Dilema do Ensino de Comunicação — o Laço Prático-Teórico", *in Comunicação & Sociedade*, n.º 2, São Paulo, Cortez, IMS, 1979.
11. Lins da Silva, Carlos Eduardo. "Projeto de Implantação do Jornal-Laboratório", *in Cadernos de Jornalismo e Editoração*, n.º 13, São Paulo, ECA/USP, 1984, p. 31.
12. Afirmação feita durante o VII Encontro de Jornalismo Regional sobre Órgãos Laboratoriais Impressos, em 1982, na Faculdade de Comunicação de Santos, publicada no boletim *Agência Facos*, n.º 28, outubro de 1982.
13. Trabalho de conclusão de curso sob o tema "Jornal-Laboratório", apresentado ao Departamento de Jornalismo da Faculdade de Comunicação de Santos, em novembro de 1983.
14. Professor do Departamento de Jornalismo da ECA/USP, Manuel Chaparro assumiu o *Jornal do Campus* no primeiro semestre de 1985 e sistematizou os trabalhos, dando uma nova dinâmica ao veículo.
15. Marques de Melo, José. *Diretrizes para um Jornal-Laboratório*, pp. 6-7.
16. Lins da Silva, Carlos Eduardo — responsável pela elaboração do projeto do *Jornal do Campus*.
17. Lins da Silva, Carlos Eduardo. *A Experiência da Implantação do "Jornal do Campus"*, São Paulo, Documentos CJE/1, ECA/USP, 1985.
18. Marques de Melo, José. "Laboratórios de Jornalismo: Conceitos e Preconceitos", *in Cadernos de Jornalismo e Editoração*, n.º 14, São Paulo, ECA/USP, 1984, p. 1.
19. Marques de Melo, José. "Por uma Política Pedagógica para os Órgãos Laboratoriais dos Cursos de Jornalismo", *in Comunicação: Teoria e Política*, São Paulo, Summus, 1985, p. 118.

# CAPÍTULO II

# 1. PESQUISA

Depois de levantar o referencial teórico, resultado de uma ampla consulta bibliográfica, de nossa vivência como professor de Jornalismo e orientador de jornais-laboratório ao longo dos últimos anos e participação em encontros, congressos, simpósios e debates sobre órgãos laboratoriais, partimos para checar *in loco* algumas premissas detectadas no desenvolvimento de nosso projeto. Uma delas era justamente a falta de definição dos jornais-laboratório quanto à *questão editorial*, principalmente no tocante à postura de professores e alunos durante as etapas de planejamento e edição das publicações.

A experiência nos mostrou que, muitas vezes, esses veículos se transformam em meros exercícios escolares com o objetivo específico de avaliação e presença na sala de aula ou ainda de uma publicação utilizada para divulgar a faculdade ou difundir determinadas ideologias políticas, despida de qualquer técnica inerente ao Jornalismo. Uma utilização que, sem dúvida, descaracteriza o jornal-laboratório como instrumento básico de treinamento dos estudantes de Jornalismo.

Tomando como referencial as três pesquisas sobre jornal-laboratório que realizamos com professores de vários cursos de Jornalismo do país, cujos resultados já foram analisados no referencial teórico, optamos por três jornais, de zonas geográficas distintas, que atendiam nossas preocupações enquanto pesquisadores e se enquadravam no bojo de nossas premissas. E fomos investigar o fenômeno definido em nosso projeto junto aos emissores desses jornais-laboratório nos cursos de Jornalismo. A definição por esses jornais surgiu com a análise dos dados apurados na pesquisa.

Com base nisso, fomos à Universidade de Brasília entrevistar alunos e professores que participam da elaboração do jornal *Campus*, voltado para a comunidade da própria universidade. O segundo veículo foi o jornal *Marco*, editado pelos alunos da Pontifícia Universidade Católica de Minas Gerais. E o terceiro, o *Rudge Ramos Jornal*, elaborado pelos estudantes do Instituto Metodista de Ensino, de São Bernardo do Campo.

Nessas três universidades, entrevistamos professores e alunos responsáveis pelos projetos e pesquisamos a coleção desses jornais, obtendo subsídios que reforçam nossa proposta: um jornal-laboratório dirigido à comunidade, com público próprio e objetivos específicos. Tanto os professores que orientaram esses jornais desde suas implantações, como os alunos que participam dos projetos atualmente, concordaram que um veículo com público definido resulta numa postura profissional durante as etapas do processo jornalístico. Ficou clara, em nossas pesquisas, a motivação dos alunos ao saberem que suas matérias eram lidas pelo público-alvo e que até conseguiam ajudar a solucionar problemas dessas comunidades.

# 2. OBJETIVOS, METODOLOGIA E UNIVERSO PESQUISADO

## OBJETIVOS

O objetivo fundamental da pesquisa consiste em posicionar o jornal-laboratório quanto à questão editorial, visando levantar quem dita a linha editorial, para quem e quais os fatores que determinam o fenômeno.

Entre os objetivos específicos podemos citar:

a) detectar junto aos emissores desses veículos quem edita, para quem, com que objetivo;

b) identificar suas características, semelhanças e diferenças com outros tipos;

c) pesquisar periodicidades, formas de distribuição, formatos, tamanhos, tipos de papel e de impressão, além das condições de infra-estrutura para a elaboração;

d) checar se os jornais-laboratório utilizam publicidade e qual sua influência na linha editorial;

e) investigar a postura de alunos e professores durante o processo de edição dessas publicações;

f) determinar as mudanças estruturais que esses jornais sofreram ao longo de sua existência.

## METODOLOGIA

Desenvolvemos nossa pesquisa utilizando as seguintes técnicas:

1) entrevistas com os emissores dos jornais-laboratório;

2) aplicação de questionários junto a professores que orientam os projetos;

3) pesquisa junto às coleções das publicações para checar mudanças estruturais, de forma, conteúdo e na linha editorial desses jornais.

# UNIVERSO PESQUISADO

a) Jornal *Campus*
| | |
|---|---|
| *Instituição:* | Universidade de Brasília |
| *Área de localização:* | Brasília |
| *Público leitor:* | comunidade da Universidade de Brasília |
| *Periodicidade:* | semanal |
| *Formato:* | tablóide |
| *Número de páginas:* | 12/16 |
| *Tipo de papel:* | jornal |
| *Cores:* | preto e branco |
| *Tiragem:* | 3 mil exemplares |
| *Tipo de impressão:* | off-set |
| *Tempo de existência:* | 16 anos |
| *Distribuição:* | pelos alunos |

b) Jornal *Marco*
| | |
|---|---|
| *Instituição:* | Pontifícia Universidade Católica de Minas Gerais |
| *Área de localização:* | Belo Horizonte |
| *Público leitor:* | moradores do bairro Dom Cabral e outros vizinhos à PUC de Minas Gerais |
| *Periodicidade:* | mensal |
| *Formato:* | tablóide |
| *Número de páginas:* | 12 |
| *Tipo de papel:* | jornal |
| *Cores:* | preto e branco |
| *Tiragem:* | 3 mil exemplares |
| *Tipo de impressão:* | off-set |
| *Tempo de existência:* | 14 anos |
| *Distribuição:* | pelos alunos |

c) *Rudge Ramos Jornal*
| | |
|---|---|
| *Instituição:* | Instituto Metodista de Ensino Superior |
| *Área de localização:* | São Bernardo do Campo |
| *Público leitor:* | moradores do bairro de Rudge Ramos |
| *Periodicidade:* | mensal |
| *Formato:* | tablóide |
| *Número de páginas:* | 12 |
| *Tipo de papel:* | off-set |
| *Cores:* | preto e branco |
| *Tiragem:* | 7 mil exemplares |
| *Tipo de impressão:* | off-set |
| *Tempo de existência:* | 6 anos |
| *Distribuição:* | em bancas de jornal e pontos de distribuição no bairro |

# 3. CONFRONTO DE IDÉIAS NO *CAMPUS*

No levantamento realizado junto ao Departamento de Comunicação da Universidade de Brasília, conseguimos alguns documentos sobre a trajetória do jornal-laboratório *Campus*, principalmente propostas para mudanças no conteúdo, na periodicidade, projetos desenvolvidos por professores e alunos demonstrando a preocupação em levar o veículo a ultrapassar os limites de um simples jornal-laboratório para um órgão de informação e debate de assuntos do dia-a-dia da universidade. Uma marca importante no *Campus* foi a ampliação de sua periodicidade de bimensal na fase inicial para semanal a partir de 1985.

Embora apresentasse um conteúdo diversificado nos primeiros anos de funcionamento, o veículo mostra uma temática predominantemente voltada para a universidade. É editado por professores e alunos, que também decidem sobre toda a produção, edição e distribuição. Embora se caracterize por duas fases, a primeira a partir de 1970, quando foi fundado, e a segunda a partir de 1982, quando foi totalmente reestruturado, o *Campus* mantém sua proposta inicial anunciada no n.º 0 de novembro de 1970 (1), num mini-editorial, em forma de anúncio, que dizia: "O primeiro número do *Campus* saiu. Sabemos que vai ser a maior pixação. Pelo menos, esperamos. A indiferença é a pior coisa que pode acontecer. Se a universidade é o confronto das idéias, nosso jornal deve ser assim também. Chega de papo: pixe este anúncio". Realmente, esse confronto de idéias fica caracterizado não apenas no veículo em si, como também nas propostas e projetos apresentados pelos professores que o editaram nesses 16 anos. Sempre houve uma preocupação em repensar o jornal dentro de suas funções de laboratório ou um veículo com características mais profissionais.

Outra questão que reflete bem, tanto no aspecto pedagógico quanto profissional, é a irregularidade da periodicidade nos primeiros 12 anos de existência do jornal, ou, mais precisamente, de 1970 a 1981. Nesse período foram publicadas 34 edições, ou seja, menos de 3 por ano. No ano de 1977, por exemplo, não foi publicado nenhum número. Num levantamento realizado na coleção do *Campus* constatamos a seguinte freqüência nesse espaço de tempo: 1970 — 1; 1971 — 6; 1972 — 1; 1973 — 2; 1974 — 4; 1975 — 1; 1976 — 3; 1977 — nenhum; 1978 — 4; 1979 — 4; 1980 — 5; e 1981 — 3. Em 1982, o jornal passou a quinzenal, e em 1985, a semanal. A partir de 1982, quando passou a quinzenal, o órgão manteve sua periodicidade.

Em 1985, já com periodicidade semanal, a partir do segundo semestre, tirou uma média de 24 edições, recebia cerca de 10 cartas por número e não veiculava nenhum tipo de publicidade. Não saía nas férias escolares, tinha editorial e contava, além de uma redação com máquinas de escrever, máquinas fotográficas, ramal telefônico e um teletipo de Empresa Brasileira de Notícias. Sua linha editorial era classificada pelo chefe do Departamento de Comunicação, professor Murilo Ramos, como "distanciamento crítico", principalmente a partir de 1982, quando iniciou sua segunda fase. Embora não dispusesse até 1983 de pesquisas junto aos receptores, constituídos pela comunidade universitária, para ter um *feedback* sobre o jornal, o professor Murilo salientou que o órgão é utilizado como porta-voz da comunidade, que tem elogiado o projeto, porque atende às suas necessidades de informação.

Criado pelos professores Luiz Gonzaga Motta, Salomão Amorim e Manoel Villela Magalhães, em 1970, o *Campus* funcionou durante 12 anos mais voltado para jornal-laboratório, propriamente dito, do que para um veículo com características mais profissionais. Embora seu conteúdo fosse direcionado, na maior parte, para os temas de interesse da comunidade universitária, demonstrava com a falta de editoriais uma indefinição de opinião. A própria memória documental do órgão nesse espaço de tempo é praticamente inexistente, com exceção da coleção de jornais.

Mesmo assim, nota-se a preocupação dos professores na sistematização do aprendizado por meio do veículo. Em 1975, um de seus fundadores, o professor Luiz Gonzaga Motta, elaborava um trabalho com o título "Ensino de Jornalismo: A Experiência da Universidade de Brasília" (2), em que fazia uma avaliação do ensino de Jornalismo nos últimos três anos e relatava a experiência dos alunos na elaboração do *Campus*, no Curso em Bloco de Jornalismo, oferecido pela universidade a partir do primeiro semestre de 1971. Entre outras finalidades, esse curso procurava evitar a formação excessivamente acadêmica dos alunos, oferecer treinamento profissional em uma realidade que está sempre em mudança, como na vida real, dar oportunidade ao aluno de participar de uma experiência integral na elaboração de um jornal, dar chance ao aluno de participar do fenômeno, refletir sobre ele, criticá-lo e criar um ambiente de trabalho mais próximo possível da realidade profissional e que sirva como estímulo motivador.

Esse curso era constituído pelo agrupamento de quatro disciplinas, sendo três obrigatórias (Técnica de Jornal e Periódico I, Paginação e Revisão, Edição Jornalística) e uma optativa (Técnica de Jornal e Periódico II), com 20 vagas. Nesse semestre, o aluno se matriculava apenas nessas quatro disciplinas, com disponibilidade total para o projeto. De acordo com a filosofia do Curso em Bloco, o aluno deixava de se caracterizar como tal, para se transformar em repórter. "Sua tarefa não é a de ouvir, receber informações, mas a de buscar estas informações, manipulá-las e passá-las adiante de maneira jornalística. O estudante se envolve ativamente em seu próprio processo de aprendizagem, tornando-se determinante ativo daquilo que aprende, em vez de ser apenas um passivo recipiente", destacava Gonzaga Motta.

Em seguida, o trabalho ressalta a importância do ambiente, enfatiza as etapas do processo para a elaboração do jornal, o papel do professor e a avaliação que se torna mais exata, porque permite o acompanhamento individual no desenvolvimento de cada aluno.

Essa indefinição na linha editorial do jornal provocava insatisfação dos alunos que, no primeiro semestre de 1981 (3), elaboraram um documento, por intermédio do Centro Acadêmico da Faculdade de Comunicação da Universidade, propondo mudanças no projeto. Justificavam argumentando que o *Campus* até o presente momento não tem atendido às exigências mínimas de uma eficiente formação acadêmica. Desta forma, após consultas a diversos professores, a comissão do Centro Acadêmico elaborou a seguinte proposta: inicialmente uma reformulação no currículo para que o jornal-laboratório passasse a ser desenvolvido satisfatoriamente. Pediam que fossem criadas duas disciplinas realmente práticas: Prática de Reportagem e Prática de Editoração. Na primeira disciplina, os alunos, em número de 15, receberiam a pauta e seriam os responsáveis pelos textos e fotografias a serem publicados no jornal. Na Prática de Editoração, os alunos, também em número de 15, teriam a responsabilidade de copidescagem das matérias (reescrevendo as que fossem necessárias), diagramação e editoração do jornal, além da elaboração das pautas.

Pela proposta deles, o jornal-laboratório daria prioridade aos temas educação e cultura, teria formato tablóide, seria semanal, com 16 páginas divididas entre as seguines editorias: Opinião, Política/Nacional, Economia, Internacional, Serviço, Educação e Local.

A contracapa do jornal seria constituída por uma ou duas fotos, com conteúdo satírico, irônico ou de impacto. Essa página seria dedicada ao jornalismo fotográfico. Depois apresentavam um cronograma para o jornal e requisitavam dois telefones com linha direta e um carro com motorista para reportagem e distribuição. Concluíam propondo a exploração de anúncios, com a renda destinada a cobrir os custos do transporte, caso a universidade não fornecesse o veículo. Os contatos e as campanhas publicitárias seriam feitos pelos alunos de Publicidade e Propaganda do Departamento de Comunicação.

## NOVA PROPOSTA

No segundo semestre de 1982, surgia a nova proposta para o jornal, anunciada num editorial publicado no *Campus* n.º 40, da primeira quinzena de setembro (4). E com essa proposta também a periodicidade quinzenal. "Neste segundo semestre de 1982 teve início uma nova e importante fase do Departamento de Comunicação da Universidade de Brasília. Num certo sentido é como se começássemos a reescrever a história do departamento através da implantação de uma nova proposta de jornal-laboratório. Este número é na realidade o primeiro número de um novo jornal. Um jornal quinzenal, ao contrário do velho e heróico *Campus*, de periodicidade episódica, frágil, embora bravo, que nunca foi capaz de sair do chão, apesar dos esforços de tantos competentes alunos que por ele passaram", enfatizava o editorial.

Essa nova etapa contou com a participação do professor Murilo Ramos, que acabava de chegar dos Estados Unidos. Ele disse que já encontrou o projeto elaborado pelos alunos. Essa nova proposta foi motivada pelo fim do estágio. O professor lembra que existia uma grande preocupação, pois os estudantes estavam impedidos de fazer estágio nos meios de comunicação e achavam que a universidade tinha que oferecer a eles um instrumento, um laboratório capaz de suprir, ainda que em parte, a impossibilidade de fazer estágio nas redações. O projeto previa um jornal semanal estruturado em bases mais profissionais, pelo menos do ponto de vista do conteúdo, que seria dividido em editorias. Era fundamental que o veículo tivesse uma periodicidade regular.

O professor Murilo e o professor e jornalista Carlos Chagas foram levar o projeto para aprovação da reitoria da universidade. "O Chagas era nosso professor e um profissional muito respeitado. Deu o depoimento dele como profissional, dizendo que o jornal seria fundamental para suprir a falta de estágio. Em sua vivência na redação sabia que os alunos encontrariam enorme dificuldade quando fossem procurar emprego sem a mínima prática. Essa prática era dada antes pelo estágio e agora precisava ser oferecida pela universidade. Acabamos conseguindo a aprovação do projeto, com algumas modificações, principalmente em relação à periodicidade semanal, que, concluímos, seria muito difícil. Não tínhamos recursos humanos, materiais e experiência para fazer um jornal semanal. Acabamos mudando a periodicidade para quinzenal, com 12 páginas, ao contrário do projeto que previa 16", contou o professor.

No entanto, o projeto não foi implantado no início de 1982, porque ele pretendia adquirir alguma experiência fazendo jornal-laboratório e ter mais tempo para reelaborar o trabalho e iniciar no segundo semestre. O professor queria um jornal que tivesse compromisso principalmente com a periodicidade, ao contrário do que acontecera na primeira fase até 1982. O projeto começou, então, a ser operacionalizado no segundo semestre de 1982, com compromisso de a cada 15 dias ser editado um jornal. "Era fundamental habituar a comunidade a receber o veículo nesse prazo. O projeto proposto pelos alunos era mais tradicional do que aquele que implantamos, era muito semelhante a um jornal da imprensa tradicional. Nós nos voltamos mais para a universidade e criamos a editoria da UnB (Universidade de Brasília), com duas páginas para cobrir a universidade, uma editoria de comunidade e surgiu a idéia de cobrir mais as cidades-satélite dando um tom mais social, do que cobrir mais o governo federal, secretarias etc.", salientou o professor Murilo.

Ele esclareceu também que ficou decidido manter a editoria Nacional por se tratar de uma experiência muito produtiva para os alunos, já que Brasília tem o Congresso Nacional, partidos políticos e toda uma facilidade de acesso para colocar os estudantes em contato com essa realidade. Foi criada uma editoria Internacional voltada mais para a cobertura do corpo diplomático, Terceiro Mundo e uma editoria de Cultura, mais direcionada para o *campus*, para a comunidade universitária, mas abrindo também para a cidade. A última página ficou aberta para ensaios fotográficos, já que a idéia do projeto era estimular também o setor de Fotografia.

Murilo conta que o jornal não tinha editorial, ou seja, não tinha uma opinião. Foi criada a coluna "Muro", uma coluna mais descontraída, que dava margem a um tom pessoal de crítica, de auto-crítica e um artigo assinado, que era a opinião. Seria a opinião de quem assinasse aquela coluna. A estrutura básica do jornal era essa. O veículo passou a seguir um cronograma para pauta, produção, fechamento, edição, impressão e distribuição, para não prejudicar a periodicidade. A página central ficou reservada para grandes reportagens ou entrevistas. *"Do ponto de vista pedagógico procurei fazer teoria e prática ao mesmo tempo, por exemplo, nós discutíamos a pauta e procurei intercalar discussões teóricas, não só sobre práticas de redação, mas reflexões sobre o jornalismo, conceito de objetividade, liberdade de imprensa, notícia, com a participação de profissionais para discutir com a gente"*, afirmou o professor Murilo.

Ele acrescentou que, do ponto de vista de resultado, foi um sucesso colocar o jornal na rua. Conseguiu manter a periodicidade e o órgão passou a ter progressivamente uma importância cada vez maior na comunidade universitária. Disse que o *Campus* sempre adotou uma postura crítica em relação à universidade, sem nunca ter-se tornado um apêndice da reitoria, que era autoritária e extremamente centralizadora, mas que jamais deixou de dar dinheiro para o jornal. Murilo destacou que a partir da reestruturação, o veículo participou de todos os momentos da universidade, uma postura que continuou mantendo.

No primeiro semestre de 1983 foi criada a editoria de Ciência, para divulgar o que aconteceia na universidade em termos de pesquisa. Com o aumento do número de alunos, no segundo semestre de 1983, o jornal passou a ter 16 páginas e circular apenas seis vezes por semestre, deixando assim de ser quinzenal, embora a proposta editorial tivesse permanecido. Murilo esclareceu que sua proposta de unir teoria e prática acabou não funcionando por falta de tempo dos alunos e pelo próprio processo de produção do jornal, que envolvia quase toda a disponibilidade de professores e estudantes. Isso dificultou até a proposta da periodicidade, apesar de o jornal continuar saindo seis e até sete vezes por semestre. Isso não influenciava no prestígio do órgão, que cada vez mais se consolidava junto a seu público. Além de ser um instrumento pedagógico, o veículo se firmava também como instrumento de ação política por sua participação nas diversas crises enfrentadas pela universidade, como greves de alunos, de professores etc.

O professor citou a eleição para reitor quando o *Campus* publicou uma matéria dizendo que a universidade tinha proibido a cobertura pela Rede Globo. *"O reitor José Carlos de Almeida Azevedo mandou me chamar e tivemos uma discussão envolvendo até Teoria do Jornalismo, porque ele defendia a objetividade e eu defendia o engajamento. Porque o Campus era um jornal engajado, tem sido e sempre será. Foi esse engajamento, essa ligação do jornal com a vida universitária que o consolidou"*, ressaltou Murilo.

Ele salientou que esse tipo de jornalismo, mais crítico, acabou trazendo-lhe problemas, principalmente discussões com alunos que não compartilhavam dessa visão e pretendiam um jornal menos político, menos crítico, mais cultural.

A partir de 1985, o jornal passou a ser semanal. Além de editar um suplemento mensal, levando à requisição de mais um diagramador. Murilo explicou que a diagramação do jornal era feita por um professor ou um diagramador profissional. Disse que nunca conseguiu que o jornal fosse diagramado por alunos. Ele achava que isso realmente prejudicava o aspecto pedagógico, mas lembrou do velho dilema entre a criação de um laboratório que se consolida cada vez mais como veículo ou então um laboratório em que o aluno possa passar por todas as fases de produção do jornal, inclusive a diagramação. Justificou essa falha argumentando que o número de alunos de Jornalismo que saía para ser diagramador no mercado ainda era muito pequeno. Afirmou que foi criada uma monitoria especial para diagramação, mas a experiência mostrou que o aluno não se interessava, geralmente, por diagramação.

No primeiro semestre de 1983, o professor Carlos Augusto Setti assumiu como editor-geral do *Campus*. Ele abordou a continuidade das mudanças sofridas pelo jornal desde que fora estruturado em 1982. Destacou que a mais importante foi a diminuição da periodicidade quando o órgão passou para semanal. A diagramação era concluída na segunda-feira e o veículo estava pronto na quinta, sem atrasos. Outra modificação foi a ampliação do espaço para a editoria da UnB, que passou a dar mais destaque à cobertura da universidade, reforçando a idéia de se integrar cada vez mais na comunidade universitária. Além disso, foram criados os suplementos especiais, mais voltados para a produção científica e cultural da própria universidade e outros assuntos a nível local que merecessem destaque. Um desses números enfocou Frei Betto durante sua visita a Brasília, publicado em novembro de 1985 (5). Nesse mês estava pautado outro sobre a cultura brasiliense e uma edição a respeito de Universidade e Constituinte, além de uma terceira que abordaria Fotojornalismo. A produção e edição desses suplementos independia do jornal normal que continuaria saindo semanalmente.

Se por um lado o projeto evoluiu, principalmente em termos de periodicidade e a criação dos suplementos e mesmo de uma nova editoria chamada "Fora de Linha" — que enfocava temas regionais com matérias sobre fatos que circundam Brasília —, não havia superado um aspecto pedagógico fundamental: os alunos só começavam a praticar no último ano do curso, quando começavam a fazer o *Campus*, devido à desorganização curricular do curso, segundo o professor Setti. Até o penúltimo semestre não tinham praticamente nada em termos de prática. Ele mesmo reconheceu que um ano era insuficiente para a preparação profissional dos alunos, mas esclareceu que já estava coordenando um grupo para elaborar outro currículo que resolveria essa deficiência. "A questão — ressaltou o professor — é que o aluno chega à redação sem saber escrever, não tem qualquer concepção de texto jornalístico e um dos grandes problemas que temos é enfiar em suas cabeças o que é *lead*. O *lead* está sempre no pé das matérias".

Ele afirmou também que essa falta de prática em outros semestres do curso deixa os estudantes praticamente sem saber escrever, sem pique de reportagem, sem saber como se relacionar com as fontes. "A verdade é essa, ele não sabe de nada. Chega analfabeto em termos de jornalismo na redação do jornal. Tudo que aprendeu até ali não serve para nada, então temos que ensinar tudo de novo. O *Campus* acaba suprindo todos os defeitos do curso. Isso é um problema grave para a gente, porque o jornal não tem muito tempo para a gente discutir com todos os alunos".

Outro ponto criticado pelo professor Setti era o excessivo número de alunos por turma. Ele disse que, quando entrou, o jornal trabalhava com 15 ou pouco mais alunos, enquanto, em novembro de 1985, estava com 60 estudantes, juntando os matriculados nas disciplinas "Técnicas de Jornal e Periódico", "Estágio Supervisionado" e "Projetos Especiais", cujo conteúdo era Fotojornalismo. "Já conversei com o professor Murilo Ramos para que a gente restrinja e passe a trabalhar apenas com 30 alunos, porque é impossível fazer jornal com um grupo tão grande", acentuou.

Logo que esses problemas fossem resolvidos, havia planos para explorar publicidade no jornal e informatizar a redação por meio de uma rede de microcomputadores, os terminais de vídeo.

## PESQUISA E APERFEIÇOAMENTO

Se a primeira etapa se caracterizou pela falta de sistematização, periodicidade irregular, objetivos indefinidos e pouco interesse dos alunos pelo jornal, a segunda foi marcada pelo debate, reflexão, interesse em aperfeiçoar cada vez mais, como registra o próprio órgão em algumas de suas edições. Um mini-editorial no n.º 58, da segunda quinzena de outubro de 1983 (6), com o título "Leia o *Campus*. Passe pra Frente", procurava superar os problemas causados pela pequena tiragem de 2 mil exemplares, incentivando a comunidade universitária a não guardar o jornal na gaveta, não esconder o veículo nos cadernos, mas ler e passar para os outros.

O *Campus* n.º 60, da segunda quinzena de novembro de 1983 (7), a última edição daquele ano, dedicava toda a primeira página a uma apresentação da própria edição, com suas páginas reduzidas. Num canto dessa primeira página, destacado, outro recado: "Não rasgue ou esconda o *Campus*. Passe pra frente". Na página 2 (8), um editorial esclarecia que nesse número o jornal vivia uma nova experiência ao implodir sua estrutura de editorias, numa tentativa de dar oportunidade aos alunos de terem liberdade para traçar sua pauta, independente da editoria a que estivessem vinculados. "Esta súbita mudança, introduzindo um esquema de total liberdade, em que cada um poderia escrever sobre o que quisesse, até então inédito em nossa redação, provocou uma certa perplexidade entre repórteres e editores. Alguns deles com bastante experiência se viram, de uma hora para outra, em dificuldades de definir suas pautas. Outros substituíram-se nas diversas vezes ou então acomodaram-se, optando por temas tratados por suas editorias anteriores", salientou o editorial.

Lembrando que essa vivência intensificou o processo de ensino-aprendizagem, o editorial concluía destacando que "esta experiência trouxe ao *Campus* um espírito novo de mudança, de repensar aquilo que vínhamos fazendo. Aproximou-o de seu verdadeiro objeto que é fazer do jornal um verdadeiro laboratório, um exercício permanente de criação".

Esse número publicava também o resultado de uma pesquisa (9), destacando no título que o *"Campus* já é conhecido por 83% da comunidade acadêmica". Dos 175 alunos entrevistados, selecionados através de amostragem estratificada por institutos e faculdades, 83,4% responderam *sim* à pergunta: "Você conhece o jornal *Campus*?". No entanto, a pesquisa confirmou também que o jornal tinha problemas de circulação, já que apenas 32% dos que admitiram conhecer o órgão afirmaram que o recebiam regularmente. Quanto a tipos de assuntos que gostariam de ver veiculados, os alunos manifestaram preferência por Cultura (76,6%), Política Nacional (70,3%), Acadêmicos (57,7%), Ciência e Tecnologia (54,9%), enquanto Economia, Internacional, Brasília, Cidades-Satélite e Esportes foram menos citados.

Em relação aos locais em que gostariam de receber o jornal, os alunos mostraram visível inclinação pelos Departamentos (42,9%). Quanto ao conteúdo, acharam que o jornal dava atenção suficiente aos assuntos da UnB (46,8%).

A independência editorial em relação à universidade era destacada numa ampla matéria no *Campus* n.º 64, da primeira quinzena de junho de 1984 (10), com o título "Departamentos sem Verba". A marca da nova etapa do jornal, refletindo a responsabilidade dos alunos com a periodicidade, aparecia num editorial no n.º 65, da primeira quinzena de setembro de 1984 (11) com o título "Perdão: Leitor", se desculpando pelo atraso da edição. Esse número, no entanto, estava reforçado por um suplemento especial de Cultura (12).

Um artigo publicado no n.º 70, da primeira quinzena de janeiro de 1985 (13), com o título "Nosso Jornal, Nossas Dúvidas e Certezas", fazia uma reflexão sobre o próprio jornal-laboratório em si, relatando uma discussão realizada pelos editores que fizeram um balanço do semestre. Nesse encontro foi debatido desde a experiência com o jornal até o próprio mercado de trabalho. Uns achavam que a experiência era limitada pelo fato de o jornal não ser laboratório e acabava reproduzindo o modelo da grande imprensa. Outros confessavam que não se sentiam preparados para enfrentar o mercado de trabalho e ressaltavam a importância do estágio fora da escola.

Nessa edição o jornal abria um espaço de duas páginas para os alunos. Era o Muro Poético, com artigos, poemas, *charges* e crônicas (14). Um suplemento especial sobre Comunicação encartado nos n.ºˢ 77 e 78 (publicados numa só edição) (15) apresentava um artigo otimista em relação à segunda etapa do jornal, com o título: *"Campus: o jornal que deu certo"*. Depois de fazer um histórico sobre o veículo, lembrando que a primeira etapa foi prejudicada pela falta de verba, carência de professores e desinteresse dos alunos que na época podiam profissionalizar-se através do estágio nas redações, o artigo destacava com empolgação a nova etapa a partir de 1982, acentuando que o *Campus* acabou se transformando no grande fórum de debates da universidade, fazendo cobertura das greves dos professores e alunos, do processo de democratização da UnB, das crises nacionais e dos problemas culturais e científicos. E concluía: "Foi criado um veículo que deu certo e consolidou-se dentro da comunidade acadêmica".

A evolução continuava marcando essa trajetória do veículo. No *Campus* n.º 79, da primeira quinzena de setembro de 1985 (16), um editorial convidava os leitores a enviar artigos para uma nova coluna que estava sendo criada, com o objetivo de prestar serviços à comunidade, suscitar debates, apontar falhas, estimular a participação e fornecer elementos que aproximassem a atual administração do meio acadêmico. Tratava-se de uma coluna-diálogo para possibilitar um contato entre a comunidade universitária e a administração.

O aperfeiçoamento prosseguiu com outro anúncio, desta vez na edição n.º 80, de 30/9 a 4/10 de 1985 (17), sobre a criação de três colunas: "Denúncia", "Diálogo", já anunciada em outra edição, e "Cartas". A edição n.º 81, de 7 a 14/10/85 (18), saía com vários espaços em branco substituindo as fotografias que não foram feitas porque a administração da universidade não providenciara a aquisição de filmes a tempo. Uma chamada de primeira página (19) lamentava que, pela primeira vez em 15 anos e após 80 números publicados, o *Campus* saía sem fotos, por não ter sido atendida até o fechamento da edição uma solicitação de compra de material fotográfico feita pelo Departamento de Comunicação há dois meses. Além de um editorial (20) denunciando o fato, um artigo ocupando toda a página 3 (21) criticava a burocratização com o título "Compromisso com *Campus* Tropeça na Centralização". Era mais uma demonstração da linha independente do jornal. Outro editorial, publicado na edição n.º 82, de 21 a 30/10 de 1985 (22), esclarecia que o *Campus* era antes de tudo um laboratório, a propósito de o jornal ter recebido críticas por não publicação de algumas matérias devido à falta de espaço. Essa colocação, de certa forma, acabava conflitando com os objetivos da segunda etapa do veículo, ou seja, transformá-lo num jornal mais profissional do que propriamente laboratório. Por outro lado, atendia ao que fora traçado no editorial de lançamento em 1970: um jornal que incentivava o confronto de idéias. Ainda nesse número, um mini-editorial (23) voltava a destacar a falta de fotos. Mesmo assim, a edição saiu com algumas fotografias com dinheiro arrecadado entre os alunos de Fotojornalismo.

A importância da participação efetiva dos alunos nas várias etapas do jornal era destacada num programa das disciplinas "Técnica de Jornal e Periódico I", "Estágio Supervisionado em Jornalismo" e "Projetos Especiais II" (24), os três cursos envolvidos no projeto. No programa para o segundo semestre de 1985, os professores responsáveis lembravam da obrigatoriedade do comparecimento diário dos alunos à redação e participação efetiva durante eventos especiais registrados no calendário, como debates, palestras etc., além das reuniões de pauta e fechamento.

No último item do programa sobre participação, era mencionada a importância do jornal-laboratório como trabalho coletivo, lembrando que a falha de um podia representar prejuízo para o trabalho de todos. Ressaltava que essa participação seria observada muito cuidadosamente e traduzida numa avaliação criteriosa do engajamento do aluno no jornal, com reflexo direto nas menções parciais e finais atribuídas.

Numa circular enviada pelo chefe do Departamento de Comunicação aos responsáveis por centros de custo da universidade, em 25 de setembro de 1985 (25), ficava destacada a nova abertura à participação da comunidade universitária no jornal com a criação de quatro novas colunas: Serviço, para divulgar os eventos da universidade, como cursos, seminários, palestras etc.; Cartas ao Leitor; *Campus* Denuncia; e Diálogo. Essa circular oficializava o que mais tarde seria anunciado na edição n.º 80. Com exceção da coluna Serviço, que ainda não tinha sido comunicada aos leitores.

Da mesma forma, outra circular na mesma data (26), enviada pelo chefe do Departamento de Comunicação a professores e alunos do curso de pós-graduação, convidava-os a contribuírem com o Caderno Especial do jornal, que abordaria a produção cultural e científica da UnB e o pensamento gerado na universidade sobre temas, questões e eventos específicos, através de artigos, mesas-redondas, seminários, conferências etc., e que merecessem edições monográficas.

Demonstrando preocupação com o crescimento do jornal em contraposição ao pequeno número de professores envolvidos no projeto, prejudicando o acompanhamento didático dos alunos, o professor Luiz Gonzaga Motta apresentava, em 1985 (27), um projeto para nova reestruturação do veículo ampliando suas condições materiais e a mão-de-obra. Argumentava que o *Campus* ultrapassara muito os limites de um simples jornal-laboratório, transformando-se num veículo de informação e debate dos assuntos do dia-a-dia da universidade, da cidade e do país. Insistia em que, por tratar-se do único veículo que proporcionava o tipo de cobertura que fazia, não podia mais limitar-se apenas à função pedagógica.

Embora destacasse que o *Campus* era, no momento, a experiência melhor sucedida no que se referia aos jornais-laboratório nas escolas de Comunicação do país, ressaltava que a experiência encontrava-se quase esgotada, necessitando uma ampliação e aperfeiçoamento. Propunha a profissionalização do jornal, para torná-lo mais ágil e atualizado, sem, no entanto, prejudicar o processo didático. "Ao contrário, um esquema de produção jornalística dinâmico acrescentará mais realismo à pedagogia, simulando na sala de aula processos profissionais e preparando melhor repórteres, fotógrafos e editores", argumentava. Concluía apresentando uma relação de pessoas e equipamentos necessários para esse crescimento, incluindo um telex, além de propor um cronograma para produção, edição, impressão e distribuição do jornal.

## DEPOIMENTOS

A validade do *Campus* é aferida em depoimentos de alunos que participavam do projeto e um ex-aluno formado em 1972. Nestes depoimentos, eles falam da experiência.

*Ana Paula Araripe*, aluna do 8.º semestre: "Acho que em nível de universidade e a nível de jornalismo foi a experiência mais relevante que eu já tive, porque a gente teve possibilidade de fazer entrevistas, manter uma série de contatos com pessoas, inclusive com jornalistas profissionais. Então é uma experiência que para nosso curso é fundamental na medida em que nos possibilita pesquisar, entrevistar, conviver com o jornalismo real".

*Cláudio Augusto Ferreira*, aluno do 8.º semestre: "A validade do projeto é tudo isso que a Ana falou e a questão da responsabilidade, a gente pega a responsabilidade do jornal, aquela coisa do fechamento, do cumprimento do dever, é uma coisa mais palpável. A gente começa no sétimo semestre e é totalmente diferente dos três primeiros anos que você faz as coisas assim como matéria, como quem faz um exercício. Agora, o *Campus* é uma responsabilidade que a gente tem perante a comunidade, perante a gente mesmo. Então a gente pega o pique do trabalho jornalístico".

*Margareth Evangelista Marmori*, aluna do 7.º semestre: "Bom, eu concordo com o que eles disseram e acrescento algo mais: acho que é muito importante o *Campus* na medida em que, se você tem bastante interesse, você pode desenvolver trabalhos interessantes. Por exemplo, há pessoas que estão desenvolvendo um trabalho, coisas alternativas à grande imprensa, entende, você tem um espaço para fazer isso, você pode fazer um trabalho a mais. Pode trabalhar uma coisa que a imprensa oficial, a grande imprensa, não focaliza".

Os alunos acrescentaram que o fato de o jornal ter um público definido é fundamental para que assumissem uma postura profissional, com mais responsabilidade do que se estivessem fazendo um mero exercício escolar ou um órgão sem público-alvo específico.

*Ana Paula Araripe*: "Faço o *Campus* a nível profissional, já encarando como uma profissão. A gente procura fazer matérias-denúncia, fugindo dessa linha da grande imprensa de cobrir só o que as autoridades fazem e só os fatos que acontecem no dia. Procuramos fazer matérias mais ligadas ao social, ao ser humano, por exemplo, um hospital que está com problemas. A gente vai lá, faz entrevista, ouve o povo, quer dizer, a gente faz uma matéria voltada para a comunidade, para o público que a gente atinge. Então a gente tem muita preocupação de fazer um levantamento sério, um levantamento correto, informar bem, para que a gente possa, no futuro, exercer a profissão de maneira correta".

*Cláudio Augusto Ferreira*: "Eu acho que, como nós estávamos discutindo outro dia, a gente tem um movimento estudantil desmobilizado, então desapareceu o boletim do DCE, desapareceu o boletim do Centro Acadêmico, e o *Campus* se torna o único veículo de informação do *campus* inteiro; então, às vezes, é responsabilidade até demais, dá até umas confusões com matérias, os alunos dos outros cursos acabam vendo o *Campus* como um veículo que tem a obrigação de cobrir todos os assuntos. Isso dá algumas rixas, como já deu, particularmente com matérias minhas, às vezes no enfoque. Então a responsabilidade aumenta, as pessoas cobram do *Campus*, mas esse é o papel, é o papel do jornal, a gente encara a coisa com profissionalismo, a gente encara a coisa como um veículo, você tem a responsabilidade de ser o único veículo, como a universidade não tem televisão, rádio, não tem um canal de comunicação. E o *Campus* se torna mais importante que alguns jornais-laboratório de outros estados".

*Margareth Evangelista Marmori*: "Eu, particularmente, também encaro de forma profissional, pelo menos, à medida do desenvolvimento do meu trabalho, procuro sempre encarar sob esse aspecto. Acho importante também salientar que muitas matérias do *Campus*, às vezes, são copiadas, retratadas de forma diferente por outros jornais de âmbito local e, às vezes, nacional, mesmo. Já aconteceram casos de matéria-denúncia em nosso jornal e depois o governo do Distrito Federal tomar providências quanto àquele fato que a gente abordou. Então eu acho que tudo isso, além da cobrança da comunidade, aumenta a responsabilidade de trabalhar no jornal. Para se ter uma idéia, o *Campus* foi o único jornal daqui que deu alguma coisa sobre a greve dos jornalistas profissionais do Distrito Federal".

*Hélio Marcos Prates Doyle*, formado em 1972, assessor de Comunicação Social da Universidade e presidente do Sindicato dos Jornalistas Profissionais do Distrito Federal: "Quando entrei na faculdade, em 1970, o *Campus* era um jornalzinho mimeografado, com pequenas notícias da UnB. Nós recebíamos as pautas e saíamos pela universidade entrevistando professores e alunos, cobrindo coisas que aconteciam aqui. Em 1971, começou uma nova fase do *Campus*. Impresso, bem maior, tratando também de problemas da cidade, entrevistas etc. Foi um momento importante do curso, talvez o mais importante. Fazendo o *Campus* nós sentíamos um pouco mais do que é a responsabilidade coletiva em um jornal, a seqüência do trabalho: pautar, discutir, apurar, entrevistar, escrever, reescrever, titular, legendar etc. O *Campus* foi importante também para desinibir, nos obrigar a entrevistar, fazer perguntas indesejáveis. Eu já trabalhava como estagiário no *Correio Braziliense*, mas a experiência com o *Campus* foi boa".

"Claro que havia muita deficiência, não há como comparar a experiência no *Campus* com o trabalho em uma redação de verdade, até mesmo porque o *Campus* era mensal. Não substituía a experiência que os estágios davam, mas tinha seu papel para nós. Agora, voltei ao *Campus* como 'secretário de redação'. Estou ajudando os professores a fazer o jornal com os alunos. O ritmo do jornal agora é bem mais intenso, já que o veículo é semanal. O *Campus* semanal dá mais ritmo, aproxima-se mais do que os futuros jornalistas irão encontrar no mercado. É um treino importante de reportagem, redação e edição. Acho que o jornal-laboratório é fundamental para o curso, o que está faltando é definir melhor seu objetivo e organizar mais o trabalho. Não pode ser coordenado por apenas um professor, que acaba cuidando mais de fazer o jornal do que da parte didática."

De modo geral, os alunos apontaram como principais deficiências do jornal a falta de base em língua portuguesa, que é traduzida pelos erros primários nas matérias. Outra crítica deles foi a própria participação e dedicação dos colegas ao jornal. Cláudio achava, por exemplo, que essa falta de participação, na maioria das vezes, dava-se porque os alunos ficavam sobrecarregados de trabalhos, quando deveriam fazer apenas o jornal durante o semestre. Margareth concordou e acrescentou que faltavam reuniões para avaliar o jornal, com a participação de todos os interessados. Ela lembrou que a avaliação era fundamental, mas não estava sendo feita regularmente para própria rapidez do processo, que o jornal saía semanalmente e os alunos dedicavam quase todo seu tempo a ele e a outros trabalhos. Os alunos também criticaram o curso de Diagramação, que não permitia que praticassem, já que esse trabalho era desenvolvido por uma professora e um profissional.

## CONCLUSÃO

Se por um lado o *Campus* conseguiu atingir um estágio raramente alcançado por jornais-laboratório, passando de uma periodicidade bimensal para semanal, por outro continuou apresentando deficiências comuns a veículos dessa natureza: número excessivo de alunos, pequena tiragem, poucos professores, dificuldades dos estudantes para treinamento de diagramação e principalmente uma prática limitada por ser oferecida apenas no último ano do curso.

No entanto, essas questões acabam sendo superadas pelo conflito que marca principalmente a segunda etapa do jornal, a partir de 1982, já que a fase inicial dificulta uma análise mais profunda pela falta de uma memória documental. O conflito consistia principalmente na prioridade assumida pelo veículo: jornal-laboratório, mais limitado à função pedagógica ou um órgão mais profissional preocupado em ser mais crítico, mais engajado na comunidade universitária?

Tanto na memória documental, quanto nos jornais analisados nessa segunda fase, constatam-se posições divergentes quanto a essa prioridade, tanto de professores como de alunos. Ora faz-se opção pelo laboratório incentivando a criatividade, novas experiências; ora a preocupação é mais de um jornal profissional. Essa segunda opção acaba prevalecendo, apesar das dificuldades enfrentadas pela falta de recursos humanos e materiais.

Independente da opção, a verdade é que o *Campus*, talvez até por esse conflito e também por sua linha crítica em relação à universidade, acabou cumprindo o que previa seu mini-editorial publicado no número zero. A segunda etapa, principalmente, é marcada pelo permanente confronto de idéias, não apenas na linha editorial, como também nas propostas e críticas de alunos e professores. Aliás, está aí um dos pontos altos do projeto, que demonstra a preocupação de repensar o trabalho realizado. Isto fica evidenciado nas transformações seguidas com criação de novas colunas e seções visando aperfeiçoar cada vez mais a experiência. Essa evolução é outra marca decisiva no jornal.

A realidade é que o velho e heróico *Campus* de periodicidade episódica, como foi tão bem caracterizado num editorial, acabou se transformando num jornal forte, crítico, independente, ultrapassando os limites de um simples jornal-laboratório para um veículo de informação e debate dos assuntos do dia-a-dia da universidade, como destacou o professor Gonzaga Motta. A própria introdução do editorial resolveu uma indefinição que, de certa forma, marcou a primeira etapa.

## NOTAS E REFERÊNCIAS BIBLIOGRÁFICAS

1. *Campus*, n.º 0, novembro de 1970.
2. "Ensino de Jornalismo: A Experiência na Universidade de Brasília", trabalho elaborado pelo professor Luiz Gonzaga Motta, em 1975.
3. Projeto elaborado por comissão de alunos do Centro Acadêmico da Faculdade de Comunicação e encaminhado ao Departamento de Comunicação em 1981.
4. *Campus*, n.º 40, primeira quinzena de setembro de 1982, p. 2.
5. Caderno Especial do jornal-laboratório *Campus*, "Frei Betto por um Outro Cristianismo", ano 1, n.º 1, novembro de 1985.
6. *Campus*, n.º 58, segunda quinzena de outubro de 1983, p. 2.
7. ————, n.º 60, segunda quinzena de novembro de 1983.
8. ————, p. 2.
9. ————, p. 8.
10. ————, n.º 64, primeira quinzena de junho de 1984, p. 3.
11. ————, n.º 65, primeira quinzena de setembro de 1984, p. 7.
12. ————,
13. ————, n.º 70, primeira quinzena de janeiro de 1985, p. 2.
14. ————, pp. 30-31.
15. Suplemento Especial sobre Comunicação encartado nos ns. 77 e 78 (uma só edição), segunda quinzena de junho de 1985.
16. *Campus*, n.º 79, primeira quinzena de setembro de 1985, p. 2.
17. ————, n.º 80, de 30/9 a 4/10 de 1985, p. 11.
18. ————, n.º 81, de 7 a 14/10 de 1985.
19. ————, primeira página.

20. ————, p. 2.
21. ————, p. 3.
22. ————, n.º 82, de 21 a 30/10 de 1985, p. 2.
23. ————, p. 2.
24. Programa das disciplinas Técnica de Jornal e Periódico I, Estágio Supervisionado em Jornalismo e Projetos Especiais II, para o segundo semestre de 1985.
25. Circular n.º 071/85, de 25 de setembro de 1985, do chefe do Departamento de Comunicação aos responsáveis por centros de custo.
26. Circular n.º 070/85, de 25 de setembro de 1985, do chefe do Departamento de Comunicação a professores e alunos de pós-graduação.
27. Projeto apresentado pelo professor Gonzaga Motta ao Departamento de Comunicação, em 1985.

## Uma nova proposta de jornal-laboratório

### A Redação

Neste segundo semestre de 1982 tem início uma nova e importante fase do Departamento de Comunicação da Universidade de Brasília. Num certo sentido é como se começássemos a reescrever a história do departamento, através da implantação de uma nova proposta de jornal-laboratório.

Este número 39 do Campus é na realidade o primeiro número de um novo jornal. Um jornal quinzenal, ao contrário do velho e heróico Campus, de periodicidade episódica, frágil embora bravo, que nunca foi capaz de sair do chão apesar dos esforços de tantos competentes alunos que por ele passaram.

Mas foram os próprios alunos que, premidos pela enérgica ação dos Sindicatos Profissionais no seu esforço de acabar com a adulteração por que passaram os estágios curriculares, elaboraram o projeto deste novo Campus, fazendo com que os professores se atrelassem à sua iniciativa pioneira. Iniciativa que, apoiada pela Administração da Universidade de Brasília, começa agora a tornar-se palpável realidade.

Opção fundadora do ensino da Comunicação, o Jornalismo pode agora contribuir para que este necessário, embora tão combatido campo de ensino superior, ganhe novo impulso e cale de vez por todas a voz dos seus implacáveis críticos.

O ensino da Comunicação passa necessariamente pelos meios. Isto é, não se entende o ensino da Comunicação sem os laboratórios que permitam a união da reflexão crítica com a prática profissional. Ocorre que historicamente os Cursos de Comunicação têm sobrevivido sem aqueles laboratórios, sendo depois acusados de não dar a prática que estão por definição impossibilitados de proporcionar.

O novo jornal-laboratório do Departamento de Comunicação da Universidade de Brasília é mais uma tentativa de romper aquele círculo vicioso. Mas não poderá parar por onde está começando. Ele terá que partir para periodicidades mais frequentes, facilidades por recursos técnicos mais eficientes, através da instalação de equipamentos modernos, que proporcionem aos alunos os meios indispensáveis a uma formação profissional adequada.

Ao mesmo tempo, essa adequação terá que atingir os demais campos de ensino da Comunicação, como rádio e televisão, o cinema, a publicidade e, numa escala mais distanciada, as relações públicas. Tal adequação, no entanto, não depende apenas de professores e alunos de Comunicação. Compete às administrações das Universidades e demais instituições, aos próprios empresários de Comunicação, colaborar para que isso se torne realidade, possibilitando o reequipamento dos laboratórios e contribuindo para o aperfeiçoamento de recursos humanos.

É claro que as Universidades serão sempre Universidades, e os cursos de Comunicação, dentro delas, se reservarão o direito de proporcionar um ensino que seja competente profissionalmente, mas que não abdique do questionamento, da crítica, da teoria.

Porém, se dotados de meios, dos quais este novo Campus é um rasgo de esperança, os cursos de Comunicação talvez irão adquirir condições de fazer a tão falada, mas raras vezes conseguida, união entre teoria e prática.

Naturalmente, a prática que sairá do Campus quinzenal será ainda uma prática muito imperfeita, em função da nossa estrutura de jornal-laboratório, isto é, de jornal que não é nem pretende ser um produto pronto e acabado. Portanto, se ele apresenta textos desiguais, ou se a qualidade editorial como um todo deixar eventualmente um pouco a desejar, é porque somos isso mesmo.

Mas fica no entanto a certeza de que todos os esforços estão sendo feitos para editarmos o melhor jornal possível. Neste semestre, já sendo oito experiências concretas, fato provavelmente inédito na história do ensino de jornalismo no Brasil. Cada edição será semiacaba e discutida, na tentativa de aperfeiçoar o Campus. E desde já estamos certos de que ao final do semestre os alunos que vão sair serão melhores do que este esforço primeiro de um grupo de professores e alunos que sentem-se orgulhosos por poder participar de experiência tão gratificante.

# MURO

## Em busca da notícia

Os alunos que começam sua prática profissional na Redação do Campus já acham sentindo na carne as dificuldades de ser repórter quando as fontes se tornam insensíveis ou inalcançáveis. Primeiro foi Paulinho da Viola que, depois de garantir uma entrevista ao nosso "músico", cansou os repórteres com desculpas evasivas. Depois foi a Embaixada de Israel que, evitando a entrevista, mandou para a fotografia os materiais de propaganda entre os quais se destacavam cópias xerocadas do conservadoríssimo colunista da Última Hora carioca Adirson de Barros. Mas a prática é isso aí. O repórter tem que correr sempre atrás da notícia, mesmo quando a notícia insiste em não correr dele. (Prof. Murilo Ramos, Comunicação).

## A luta pelo voto

Bem ou mal, a verdade é que os brasileiros vão às urnas. Os deputados da Federação estão vivendo um clima de animação política diante das proximidades das eleições de novembro. Desde os comícios em comemoração da televisão, os candidatos levam aos eleitores a sua propício oposicionista e situacionista, numa "dança de cabeça" que se não é ainda inteiramente democrática, é pelo menos um aparecimento promissor. Mas, e os brasilienses? E os eleitores do Distrito Federal? Não está na hora de ganharmos o direito de eleger também nossos representantes? Claro que está. E o Campus promete sacudir sempre essa bandeira, unindo esforços com aqueles que há muito vem lutando pelo voto no DF. (A Redação)

## Comissão democrática

Sem dúvida, a Comissão do Conselho Federal de Educação (CFE) que estuda os cursos de Comunicação é a mais democrática das comissões que existem hoje a nível do MEC. Isto foi fruto da mobilização de estudantes, professores e profissionais da área, numa prática que deve ser não só divulgada como incentivada para a restauração da Universidade. A Comissão se encontra agora na reta final de seus trabalhos, devendo, até outubro, concluir o anteprojeto de revolução para os cursos de Comunicação, depois de ouvidas várias entidades, além do Encontro Nacional de Estudantes de Comunicação e o Congresso da Associação Brasileira de Ensino e Pesquisa de Comunicação, (ABEPEC).

Uma revolução que ainda é nova realidade de Comunicação no país, no entanto, só vingará se se mantiver o nível de discussão e mobilização que vem existindo nas escolas, de forma a garantir que a sua implantação se dê de forma democrática e plena. (Ladislo Borges), representante dos estudantes de Comunicação na Comissão do CFE).

## Diáspora palestina

O que mais estarreceu o mundo com a invasão do Líbano não foi a morte de milhares de inocentes, ou a destruição de um país. Porque a chacinas, vandalismos e genocídios o mundo já se acostuma. O que mais estarreceu foi tais atitudes virem justamente de um povo que já sofreu outro genocídio na própria pele. Hitler descobriu um "bode expiatório" para convencer o ódio alemão da época e exterminou 6 milhões de inocentes. Depois veio Winston Churchil, e, pensão à Assembleia Geral da ONU em 1947, pedia uma pátria para os judeus de dota-ofendo, "que não seja judia" como a Inglaterra é em algia, mas que seja um lugar em que estes homens possam considerar seu lar". É tão cedo o Estado de Israel Mas Davi trocou de posição com Golias e ironicamente, hoje, Israel tornou-se a diáspora dos palestino. (Hugo Studart, Comunicação)

## Ironia histórica

Por mais de 30 anos o mundo não se esqueceu de um dos maiores atos de terrorismo da história, a explosão do Hotel Rei Davi, em Jerusalém. O ato foi assumido pelo grupo Irgun, uma organização que se dizia de libertação nacional, cujo objetivo maior era tundar o Estado de Israel no local da Palestina, na época, colônia inglesa. O líder do Irgun era jovem Menahem Begin, que viria mais tarde a ganhar o Prêmio Nobel da Paz. E este mesmo Begin, hoje, um impecitável estadista, quem não reconhece o direito dos palestinos terem uma terra, recusando-se a dialogar com a OLP por considerá-la "uma corja de terroristas". Como o mundo dá voltas... (H.S.)

## Fórum de Debates

Fiquei surpreso com a receptividade de "11 Fórum de Debates da UnB" promovido pela ADUnB e pelo DCE. O Fórum, apesar dos pesares, conseguiu mobilizar um número significativo de estudantes, que levou uma discussão muito produtiva. Obvio, inclusive, também às charives em que contava o intento esse tipo de evento. Pela ausência de "besterias" de grande porte, fiquem com a impressão de que as pessoas já têm muito a consciência da realidade que a cerca, a só não têm nada por não acreditarem mais nas formas de luta política tradicionais. Também por não conseguirem encontrar uma alternativa a longo alcance que lhes repita os erros do passado, concretizado assim as vontades do presente. Coisa que, digamos de passagem, os "doutores da Praxis" ainda não encontraram. É sinal de que os gigantes ganharam uma luta de remoldecidos, que correm o risco de ficar no papel pela ausência de uma proposta de encaminhar a luta que sensibilize os estudantes (Ulisses Lacava Bignton, Comunicação)

## Cinema candango

O Festival do Filme Brasileiro, realizado sob a promoção do Centro de Cultura Cinematográfica — CCC — a uma prova concreta do que é possível se efetivar um movimento de cinema candango. Para isso, é fundamental a participação dos órgãos governamentais no sentido de criar a infra-estrutura necessária. Como o Fundação Cultura? Os artistas estão produzindo, o público está participando, está na hora de apoiar e incentivar nossas produções. É o tal pela cinematográfico daqui de Brasília? Já não é mais uma reivindicação; agora é uma necessidade imprescindível. (Miriam Quintas, DCE)

## O ritual da chuva

De junho a setembro, o clima em Brasília se assemelha muito a um deserto. Hoje faz, e haja água! Diante disso, por que não, brasilienses, não comemoramos a chegada das chuvas. Por exemplo, com um "ritual" relâmpago, que pudesse encher nossos rios, riozinhos e riozões com guardas chuvas coloridos? É uma idéia, não?

Muitos se queixam Brasília é uma cidade fria, não tem espaço, a aquela coisa toda. Mas em compensação, nossa cidade tem muito espaço (é um privilégio nos dias de hoje), muito chão, muito céu azul. E muito verde. Que tal a gente combinar esse "ritual da chuva" pro final de setembro? (Mara Régia)

### *Campus*

Publicação quinzenal do Departamento de Comunicação da Universidade de Brasília (UnB). Edição a cargo das disciplinas: Técnica de Jornal e Periódicos I. Estágio Supervisionado. Paginação e Revisão e Introdução e Fotografia.

# Campus

Jornal do Departamento
de Comunicação da UnB

Segunda Quinzena / Julho 83

Nos 53 e 54

# O BRASIL E A QUESTÃO SOCIAL

Índios invadem
domínio dos brancos

Negros questionam
democracia racial

Criança pobre ainda
é caso de polícia

A invasão da Funai põe a nu o
descaso com que o branco tem
tratado o índio neste país.
(Páginas 17 e 18)

Depois de séculos de opressão,
o negro brasileiro começa a
denunciar racismo disfarçado.
(Páginas 9, 14, 15 e 16)

De um lado, a carência. De
outro, a falta de atendimento.
O filho do pobre não tem saída.
(Páginas 12 e 13)

## Pesquisa

# Campus já é conhecido por 83% da comunidade acadêmica

Pesquisa realizada por alunos do Departamento de Comunicação demonstrou que o Campus é hoje um jornal de grande penetração na comunidade acadêmica da UnB, com 176 alunos entrevistados, selecionados através de amostragem estratificada por Institutos e Faculdades, 83,4% responderam sim à pergunta: "Você conhece o jornal Campus?"

Essa enquete, desenvolvida durante curso sobre Pesquisa de Opinião e Mercadologia, comprovou por outro lado que, apesar de ser conhecido da maioria dos alunos da UnB, o Campus tem problemas de circulação, já que apenas 32% dos que admitiram conhecer o jornal afirmaram que o recebem regularmente.

De acordo com o professor Murilo Cesar Ramos, editor do Campus e responsável pela pesquisa, esse dado não surpreendeu: "Nosso jornal tem uma tiragem baixa, pois são apenas 3 mil exemplares. Além do mais, admitimos que nosso esquema de distribuição deixa um pouco a desejar". O professor Murilo salientou que a pesquisa será útil para aperfeiçoar a distribuição do Campus e para que o Departamento de Comunicação possa melhor argumentar junto à Administração Central no sentido de aumentar a tiragem do jornal.

### A PESQUISA

Desenhada para aferir principalmente a penetração do Campus entre os alunos da UnB, a pesquisa levantou ainda outros dados relevantes sobre problemas e hábitos de comunicação. Por exemplo, à pergunta "Você acha que a UnB lhe oferece condições de ser uma pessoa bem informada em termos de assuntos gerais e de atualidade?", 68,6% responderam não. Desses, 33,3% reclamaram da "falta de uma melhor estrutura de divulgação na UnB", enquanto 18,5% apontaram a "dispersão e a falta de integração" como as causas principais de desinformação. Outras causas apontadas foram a "apatia e o desinteresse" (11,7%) e o fato de que "a Universidade tende a restringir suas atividades somente à sala de aula" (13,3%).

A propósito dessa questão de contar com mais informações sobre assuntos gerais e atualidade, vale destacar o desejo manifestado pelos respondentes de participarem de mais "cursos, seminários, palestras e debates". Quando perguntados sobre a forma como gostariam de ser informados a respeito daquelas assuntos, 40,1% manifestaram o desejo de participar mais desses atividades extracurriculares. Outros 21,7% disseram que gostariam de contar com um jornal (até este ponto, a questão gerais sobre hábitos e problemas de comunicação). Aliás, cursos, seminários, palestras e debates apareceram como fonte principal de informação por parte daqueles que responderam sim à pergunta sobre a UnB lhe dava condições de serem pessoas bem informadas. Outras fontes importantes de informação foram os "murais e cartazes" (16,7%).

Quanto aos tipos de assuntos que gostariam de ver veiculados na UnB, os alunos entrevistados manifestaram preferência por: Cultura (76,6%), Política Nacional (70,9%), Acadêmica (57,7%), Ciência e Tecnologia (54,9%). Outros assuntos menor citados, foram Economia, Internacional, Brasília e Cidades-Satélites, Esportes.

### O CAMPUS

No que diz respeito ao Campus especificamente, a pesquisa revelou ainda outros dados. De acordo com os entrevistados, atualmente o jornal é de mais fácil acesso nos "Departamentos" (57,1%), "através das

amigos" (20,1%), ou distribuídos pelos "corredores" (19,4%).

Quando perguntados sobre os locais em que gostariam de receber o Campus, os alunos mostraram visível inclinação pelos Departamentos (42,9%), vindo depois os "corredores" (21,7%) e os Centros Acadêmicos (11,4%). Quanto a conteúdo, verificou-se que os entrevistados acham que o Campus dá atenção "suficiente" aos assuntos da UnB (45,9%), com 31,4% achando a atenção "pouca". No que concerne à linguagem, 70,2% a consideram "acessível", 20,0% "muito acessível", enquanto que apenas 0,7% disseram que a linguagem usada pelo Campus é "pouco acessível".

A pesquisa levantou também dados complementares sobre hábitos de Comunicação. Assim, ficou-se sabendo que a comunidade discente da UnB considera o Jornal do Brasil o mais importante jornal brasileiro (36,4%), vindo a seguir a Folha de S. Paulo (30,9%). Outros jornais citados foram O Estado de S. Paulo (6,0%), O Globo (5,7%), Correio Braziliense (3,4%) e Pasquim (2,9%).

Quanto às fontes principais de informação, os números foram os seguintes: jornais (38,2%), televisão (36,5%), rádio (12,1%), revistas (7,5%), além de "amigos" (4,8%) e "outros" (1,7%).

---

---

# Preço do livro não desestimula o leitor

Autores para todos os gostos: romance clássico, ficção, policial, depoimento, poesia... São livros que dispostos em longas fileiras verticais e horizontais enchem as estantes das livrarias quase vazias. Os poucos leitores se detêm frente às prateleiras. Seus olhos percorrem as lombadas dos romances com exposições curiosidade. Mas a indagação do olhares se transforma em assombro, no momento em que o preço se descamba no canto superior da mostra-capa do livro:

"É por isto que brasileiro não lê. O preço estão pelos olhos da cara." Esse desabafo foi feito pelo jornalista baiano Francisco Aljustis que hoje está a serto de J. M. Simmel. O valor estava serrito à tępa, mas em uma bem inglesa Cr<br> 5 250,00. Os livros se justificam, dizendo que os aumentos trimestrais que a majoria das editoras se transforma em aumentos mensais" pois com lápis fica mais fácil de apagar e substituir um preço pelo outro.

### MERCADO

Mas apesar dos gostos e dos brasileiros está lendo. Pelo menos esta é a opinião dos encarregados das Livrarias Sodiler, Irenildo Bezerra de Araujo, e da Casa do Livro, Ceres Augusta de Oliveira Guedes, como também do proprietário da Livraria Brasileira, Osvaldo Lantyer que diz: "A gente vende muito bem, principalmente os best-sellers de autores estrangeiros e nacionais".

Enquanto o jornalista pagava sob protesto J. M. Simmel, o estudante Estavita, do curso de letras, suspirava, lendo entre as mãos Cem Anos de Solidão de Gabriel Garcia Márquez que custa Cr$ 4.000,00: "Ah, se eu pudesse comprar". Este suspiro saiu acompanhado de um veemente desabafo "É sendo falsos que o jovem não tem o hábito da leitura. Mas veja, se cada dia pagamos mais caro pelos livros!"

### HÁBITO DE LEITURA

Segundo os livreiros, todas as pessoas que entram nas livrarias com raríssimas exceções", reclamam dos preços sistematicamente", muito embora isto não os impeça de comprar: "Estas pessoas compreciam de qualquer maneira" acentua Irenildo. Mas apesar dos donos de livraria parecerem satisfeitos com a vendagem, há um grande número de gente que não lê. As desculpas são as mais diversas: falta de tempo, falta de oportunidade, falta de hábito na leitura.

"Olha, eu gosto muito de ler, mas atualmente não tenho tempo. O meu tempo disponível dedico aos

meus filhos e meu marido. Trabalhamos e nos vemos muito pouco durante o dia. Eis porque faz quase um ano que estou lendo Xógum e ainda não terminei"

### CRÍTICA INFLUENCIA

A crítica feita pelas Revistas Veja, Visto e Isto é, como também a lista dos mais cotados entre ficção e não-ficção publicadas por estas mesmas revistas, contribuem de maneira decisiva na escolha do livro pelo leitor brasileiro. Os livreiros são unânimes em afirmar que "tanto melhor a crítica, maior a vendagem". A Livraria Sodiler, por exemplo, tem nomeado uma seção titulada "o livro mais lido nesta semana" rade juntos com os encontram pela crítica e pela divulgação pela mídia vendável.

Atualmente, figura entre os mais procurados o "Diário de um Cacacho", do títulib Marghinha Yourcenar, que apenas de ler esta sufa no Brasil há pouco tempo, seguia tudo Christiane F., depoimento já na sua 16ª edição, A Queda para o Alto de Herzer, Márrio Souza, Mundo Tranquinesa, Jorge Amado, Sidney Sheldon e outros.

Estes best-sellers seem como água, segundo o encarregado da Sodiler. Ele afirma que todos compram livros, muito senhora a maior vendagem fique por conta dos mais velhos: "já que os jovens não têm dinheiro e compram apenas os livros adotados pelas escolas."

### LITERATURA NACIONAL

De acordo com a opinião de vários donos de livraria do DF, as obras de ficção não se mais solicitadas. E muito embora não divulguem o movimento de saída destes romances, afirmam que estão vendendo muito bem. Além um romance nacional se atende a todos os estilos de literatura "Antigamente eu fazia estatísticas dos que mais vendiam. Hoje não faço mais, de muito trabalho". E desta forma que se justifica Lantyer.

Observando a lista dos mais vendidos de obras de ficção, fica clara a preferência do leitor brasileiro pelos autores estrangeiros. E entre os que mais vendem, J.M. Simmel, Morris West, Irving Wallace e outros. Entre os não ficcionistas cabe no momento ao Marcello Rubens de Paiva, Luiz Fernando do Verissimo, Herzer, Herdl ... saborado na lista dos mais pouco na leitura.

Para os escritores nacionais a fatia de bolo é um pouco menor. Apesar da grande saída registrada dos livros de Jorge Amado... livraria, da pouca constante dos romances de Érico Veríssimo e de Graciliano Ramos, a literatura clássica brasileira carrega o ônus de "adesão" termo usado pelos livreiros para explicar que só têm livros indicados pelas escolas" (Leda Maria).

# Campus

Jornal-laboratório do
Departamento de
Comunicação da UnB
Nº 73 — 1ª Quinzena
Maio de 1985.

Campus DOCUMENTO

Dia 22 de abril, feriado no país e na UnB. Dia 23, ponto facultativo em Brasília. Os repórteres e fotógrafos do *Campus*, no entanto, estão nas ruas e nos edifícios em que se decidem os destinos do país. Vivem, junto com o povo e com os homens do poder, o clima de angústia e perplexidade em que a cidade foi mergulhada com a morte do pai da Nova República. Para isto, lutam ombro a ombro com os jornalistas da grande imprensa à caça das informações. Aprendem no convívio com os que já são profissionais, mas dão à cobertura um tom original, próprio de um jornal-laboratório. Mais que o registro de um momento crucial da vida do país, já tão explorado pelos meios de comunicação, este *Campus/DOCUMENTO* representa um esforço especial de aprendizagem.

## O DIA EM QUE A NOVA REPÚBLICA FICOU ORFÃ

# ESPAÇO

## Campus atrás de artigos

A Redação

O Campus vai mudar junto com a UnB. Dentre os inovações que a Redação irá implantar já para os próximos números, está à criação de um caderno especial, cujo objetivo é o de colaborar para a divulgação da produção intelectual da UnB. Este caderno deverá se constituir basicamente de artigos assinados, divulgando internamente o pensamento gerado nas diversas áreas e auxiliando na propagação deste pensamento para além das fronteiras da UnB, fazendo com que ele chegue nas demais Universidades, centros de pesquisa, órgão governamentais e instituições diversas.

A idéia matriz existente por detrás do projeto é a de que o jornal coopere, dentro de suas possibilidades, com o esforço que a comunidade está empreendendo para elevar o nível da qualidade de nossas atividades acadêmicas. Além disto, espera-se, com este subproduto, que se complemente e aprofunde a formação dos alunos de Jornalismo, e ao mesmo tempo em que o Campus passa a prestar um melhor serviço à comunidade. Este projeto faz parte, ainda, de uma proposta maior de abrir com o Campus mais amplamente para o público. Conforme o leitor poderá notar na página 4 destinada aos assuntos da UnB, o jornal estará criando duas colunas. Uma com o objetivo de estabelecer o diálogo direto da comunidade com a administração, e outra que visa a veicular as denúncias que os professores, alunos e funcionários achem importante fazer, de forma direta, neste momento de reconstrução da Universidade. E nesta página 2, vinculada à Editoria de Opinião, o jornal irá inaugurar, ainda, uma seção de cartas dos leitores, que começará a funcionar assim que as correspondências chegarem à redação.

A Redação espera começar a receber, também a partir de agora os artigos escritos para o caderno especial. Para que a proposta de abertura do Campus à comunidade possa dar certo, é preciso que ela se mobilize e ocupe o seu espaço no jornal. Da mesma forma que ocupou o seu espaço na administração da UnB. O Campus tem certeza de que a comunidade, como sempre fez, saberá atender a mais este apelo de participação.

## Histórias da UnB

Vejam só as últimas "arsedas" do Departamento de Comunicação. Uma colega nossa se matriculou numa turma, que abria no primeiro dia de aula. Só que a referida turma foi cancelada na terça-feira, ou seja um dia depois de ter sido oferecida no reajuste. Enquanto isso, um outro aluno foi matriculado na mesma matéria duas vezes. E a gente ainda reclama por falta de vagas. Que injustiça! Outro episódio: ele alunos foram matriculados em uma turma inexistente. O que aconteceu é que a turma oferecida no matrícula foi cancelada, sem que os alunos tivessem sido avisados. E pelo visto, nem o computador sabia disto! Não bastando, alguns professores mudam o horário de suas turmas aleatoriamente, se, alegando "trabalhos com turmas conjuntas". E depois ainda reclamam dos cheques de hora ria. Além dos problemas novos, tem muita coisa velha. Por exemplo, os pedidos de matrículas continuam a ser recusados na etapa "única", e logo em seguida é oferecida vaga na mesma turma durante o reajuste. E aí Universidade? Toma jeito. (Cláudio Ferreira e Joyce Russi)

Affonso Valle '85

# MEIO

## A imprensa e os jetons

Cláudio Ferreira

A última novidade do país chama-se "jeton". Além de salário normal, e de uma série de mordomias, deputados e senadores ganham uma comissão toda vez que é aberta uma sessão no Congresso. Só que essa "comissão" colabora com dois terços dos vencimentos de cada parlamentar. E o mais grave: eles não precisam estar presentes na sessão. Que ótimo, não?

Os líderes do Congresso, no entanto, acusam a imprensa de tentar desmoralizar o Legislativo, pondo a público o escândalo dos jetons. Junto com o caso, muita coisa tem sido levantada a respeito do Congresso. Jornais e revistas falam de projetos inúteis, de gastos desnecessários, e das pilhas de projetos à espera de aprovação. Mas é muita ingenuidade pensar na imprensa como "desmoralizadora" do Congresso nacional. Por que o próprio Congresso não se moraliza? Por que não se lembrar sempre que se está mexendo com dinheiro público? O povo está vendo muitas mudanças, e está querendo muito mais.

Não é a imprensa a responsável por todos esse escândalos. Nas próximas eleições, a credibilidade dos políticos vai ser testada. Coisas como os jetons é que minam esta credibilidade. A solução seria estender os jetons a todo mundo: o operário deve ganhar por tIdio (não colocado; o jornalista, por matéria (não produzida, e assim por diante. Trabalhador, antigamente, era uma obrigação. Hoje isso é considerado uma vantagem, e quem trabalhar, além do salário, recebe um prêmio. Só tem uma coisa, congressistas recebem os jetons a todo o que o seu mundo (não fazem mais do que a sua obrigação. Normalmente, nem a obrigação.

### Escorregando nos esses

Outro dia, passando naquela calçada entre a CONIC e o Conjunto Nacional, recebi um panfleto anunciando por uma série de entidades, convocando para a abertura de um comitê pró-participação popular na Constituinte. Tudo muito bonito, se justamente o "slogan" do trecho não viesse em destaque escrito assim: " Constituinte nem povo não trás nada de novo". A julgar por aí, está certo o cara que disse que o Brasil é um imenso erro de português. (Rodolfo Lago)

### Pe(r)dido de Matrícula

Procura-se um formulário de pedido de matrícula cujo desaparecimento deixou seu dono em maus lenções. A última vez em que foi visto estava entrando em um barzinho da Ala Norte. "Urna de Crubinho". Não se sabe se desaparceu neste local ou em alguma ruazinha suja, escura e buro crática. Caso seja encontrado, pede-se encaminhá-lo ao Departamento de Comunicação, onde prestará depoimento e, se for o caso, responderá pelas consequências legais do ato. Qualquer informação de maior importância, ou OItVNs (Ocorrências no Reajuste Vinculado de Matrícula). (Luiz Antônio Gomes)

# Campus

Jornal-laboratório do Departamento de Comunicação da UnB
Editor Geral: Prof. Carlos Augusto Setti
Editor de Arte: Profa. Maria Rita Leal
Editora de Fotografia: Profa. Luísa Venturelli
Editores: Marina Godoi, Milton Cintra, Juarez Libaino, Flávio Silveira (UnB); Luis Carlos Queiroz, Rosani Aparecida, Nicolau Elmoor, Ana Teresa Vietcoia Comunidade; Ana Paula Araripe, Kátia Abreu (Nacional); Glória Carvalho, Cláudio Brandi, Otávio Veríssimo (Internacional); Suzanne Sobral, Idhelene Macedo, Cynia Rosa, Cláudio Ferreira (Cultura); Maria de Lourdes Tavares, Joyce Russi, Carlos André, Zélia de Freitas (Ciência); Cláudio Ferreira, Idhelene Macedo (Opinião).

Repórteres: Marcelo Feijó, Margareth Evangelista, Margarete Vitória, Sandra Sato, Perla Alves, Reinaldo Freitas (UnB), Merily Cardtia Bruce, dns. Jeanor Sá, Fábio Gusmão (Comunidade); Sandra Machado, Adélia Fernandes, João Paganine, Junia Cláudia, Mariluce Paulista (Nacional); Rosalio Afonso, Regina Coeli (Internacional); Isnaba Meneine Frasco, Francisco Henrique (Cultura); Clautenor Lemos, Shirlene Costa, Martha Faria (Ciência).
Fotografia: Rubens Rebouças, Luis Carlos Queiroz, Marcelo Feijó, Cecília Maria, Ana Paula Padrão, Susana Dobal, Cynia Rosa, Nicolau Elmoor, Cláudio Reis, Reinaldo Freitas.
Laboratorista: Jeová Xangô
Ilustrações: Flávio Silveira, Francisco Henrique, Humberto Junqueira, Adriano Valle.

# Campus

Jornal-laboratório do
Departamento de
Comunicação da UnB
Nº 81
De 7 a 14/10 de 1985

## CERRADO

### A ameaça da agropecuária

Página 11

## VESTIBULAR

### UnB pensa no fim do vestibular

Não há como melhorar mais o processo de escolha daqueles que entrarão na Universidade. Os alunos do 2º grau apresentam um baixo índice de conhecimento e tudo o que eles sabem já é medido pelo vestibular. A solução, segundo proposta do presidente da COPEVE, professor Lauro Mohry, é a UnB acompanhar o rendimento do aluno desde a segunda série do 2º grau. Os melhores teriam, assim, ingresso automático. Ver página 4

## MUTIRÃO

### Íris rumo à Presidência

Páginas 8 e 9

# SANTORO

Villa-Lobos, Mignone, Gnatali e Guarnieri. Estes foram os maestros e músicos agraciados, até agora, com o Prêmio Shell para a Música Brasileira. A esta galeria se junta, em 1985, o maestro e professor da UnB Cláudio Santoro.

## Prêmio faz justiça à carreira

Páginas 6 e 7

---

## Campus sai sem fotos pela primeira vez

Pela primeira vez em 15 anos e após 80 números publicados, o *Campus* sai sem nenhuma foto. Este histórico evento se deve ao fato de que não foi atendida, até o fechamento desta edição, uma solicitação de compra de material fotográfico feita pelo Departamento de Comunicação há mais de dois meses, no valor aproximado de Cr$ 13 milhões.

O jornal não poderia, no entanto, publicar apenas textos, dificultando, assim, a sua leitura por parte do público. Por este motivo, e em nome da linha de programação visual gráfica já desenvolvida, preservamos, nas páginas, os espaços que seriam preenchidos pelas fotos. Afinal, o *Campus* não poderia, também, deixar de honrar a sua sólida tradição de trabalho em fotojornalismo.

Para maiores informações, leia as páginas 2 e 3.

# MEIO

## Governo muda o seu visual para atingir público

**REGINA CELI**

As propagandas governamentais para TV mudaram na produção e na forma de serem apresentadas. Uma maneira que o Governo da "Nova República" encontrou de aproveitar melhor este espaço, como também fazer juz a uma nova imagem de um novo poder.

Um exemplo disso é a propaganda do DE-NATRAN (Departamento Nacional de Trânsito), Ministério da Justiça. Ela inova na produção, associando recursos técnicos diferentes, a uma linguagem nova, mais dinâmica. Essa linguagem nova, verdadeira responsável pela receptividade maior do público, é simples e direta, além de ser plasticamente agradável. O abandono na formalidade habitual do Governo de se comunicar, é o aspecto mais renovador desta propaganda.

Nesse sentido, o Governo e órgãos a este ligados, vêm discutindo e estudando novas formas de melhorar a qualidade das propagandas. E mais: aguardem nos vídeos as campanhas do Ministério da Saúde.

---

# CARTA A RAUL DE XANGO

Não basta matar a fome e a sede
— sim, não basta, é preciso sonhos
é preciso o canto
mas não se pode cantar o sono não dormido
a barriga vazia, marelhido.
É preciso mais que a fome saciada, muito mais
que a sede umedecida:
é preciso o cigarro no fim da tarde, trocar segredos com o amigo
o passeio tranquilo no parque da cidade.
Sobretudo é preciso o salário justo, o trabalho concluído
— a Liberdade assegurada.

NEVINHO ALARCÃO
Agosto/85

## Fotos a caminho

Esta é a terceira edição do *Campus* em que não é utilizado material fotográfico adquirido pela UnB. O leitor verá, no entanto, que, neste número, conseguimos publicar algumas fotos. Explicamos: os filmes foram comprados pela equipe de fotojornalismo e o papel por uma "vaquinha" feita na Redação. Além disso, lançamos mão, também, do nosso arquivo.

Ao fechar a edição, contudo, o Departamento de Comunicação recebeu memorando da Administração informando que foi concedida verba suplementar para a aquisição de material solicitado em agosto.

---

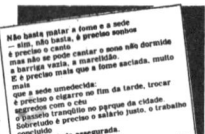

## A poesia da UnB

Funcionário da UnB desde 1962, o poeta Sebastião Varela, conhecido como Tião, acaba de lançar o seu mais novo livro, intitulado "Campanha, Vitória e Morte de Tancredo Neves, o Idealizador da Nova República. Tião publicou seu primeiro livro "A Aventura dos Caçadores de Onça", em 1980. Em seguida, lançou "O Vaqueiro Nordestino: João Bastamania e suas Saudades" e "Benedito Bacural" uma história que defende a ecologia. Além desses livros já publicados, Tião ficou muito conhecido em Brasília, quando lançou em 1980 o livro "O Candango na Fundação de Brasília". (Marina Godoi)

---

## Fim dos livros descartáveis?

O Ministério da Educação da Nova República resolveu dar um fim aos chamados livros descartáveis. Nada mais justo, pois num país em crise, onde poucos têm a oportunidade de ir à escola, o que dizer então de uma família ser obrigada a consumir livros didáticos descartáveis. Ao que parece, a idéia foi muito bem aceita por todos (pais, alunos e professores). Mas ao que parece também que alguns professores de Língua Estrangeira, aqui da UnB, não entraram no acordo. Conversando com um calouro, fiquei sabendo que ele fora obrigado a comprar dois livros de inglês, e diga-se de passagem, nada baratos. A professora, autora do livro, depois (uma possibilidade dos alunos adquirirem xerocópias e até mesmo os livros usados em outros semestres. No livro de exercícios por exemplo, era inútil as páginas com o risco de cima em baixo.

---

## No século XXI

Finalmente, o Campus entrou na era da eletrônica. A partir de agora, a redação tem um teletipo, que recebe notícias da EBN, Empresa Brasileira de Notícias. A nova tecnologia chega ao jornal numa hora muito estranha, em que não temos sequer filmes para fotografia. Mas o negócio é aproveitar a novidade, e esperar que a tecnologia benéfica ainda mais o nosso Campus. Quem sabe eles não substituem a gente por robôs? Eu, hein... (Cláudio Ferreira)

---

# ESPAÇO

## *Campus*, antes de tudo laboratório

**CLAUDIO FERREIRA**

Durante todos esses anos de atividade, o Campus se firmou como um grande veículo de divulgação da universidade. Sem os boletins do DCE e dos CA's, o nosso jornal fica como o único divulgador dos assuntos da UnB e das suas programações. Só que às vezes este papel borra-se meio confuso, e muitas cobranças recaem sobre a gente.

A Editoria de Cultura foi procurada há algum tempo atrás pelos organizadores do Mieu. Eles queriam uma cobertura do Campus, e a gente conversou. Como editor, expliquei que não poderíamos fazer três matérias sobre o mesmo assunto, pela falta de espaço. Mesmo assim, colocamos um anúncio sobre o Mieu na coluna de Serviços. No número seguinte, a Editoria da UnB fez uma matéria, mas não podemos publicá-la. Para este número, a Editoria de Cultura resolveu fazer uma matéria que desse a programação e a preparação do acontecimento. Com surpresa, soubemos que os organizadores do Mieu se recusavam a nos receber para uma entrevista. A matéria saiu, depois de algumas negociações. Mas é preciso que se faça alguns esclarecimentos.

O Campus é essencialmente um jornal-laboratório. Ele é feito por alunos e representa quase trinta créditos do nosso curso. Estamos aqui experimentando, e temos um senso crítico aguçado. A matéria que não foi publicada não tinha a ver com o nosso direito de publicar alguma coisa só para agradar alguém. Aliás, o papel do Campus não é agradar. Procuramos informar e melhorar o possível os alunos e demais pessoas da UnB, sobre os mais variados assuntos. Cada editoria tem seu espaço determinado, e não é justo tirar o espaço de seis ou sete pessoas, só a serviço de uma das matérias citadas, já está programada pela Editoria de UnB uma matéria de cobertura do Mieu, para o próximo número. Mais cobertura do que isso não podemos fazer!

Nós, alunos do Campus, temos muito trabalho com o jornal. Então, eu me sinto no direito de determinar qual o espaço que devo dar para cada assunto. Não é preciso que ninguém venha me dizer "na exigir!" qual o destaque que eu devo dar para cada matéria. E finalizando, um ponto principal: nós não temos obrigação de nada! Antes de tudo, nós somos estudantes, com a obrigação única de aprendermos as técnicas e "manhas" do jornalismo. Se a imprensa da cidade está cobrindo o Mieu, ótimo! Nós não usamos nos comparar à grande imprensa. A cobertura que nós estamos dando ao Mieu nos parece suficiente. Pelo menos, foi o melhor que conseguimos fazer. Patrulhas ideológicas, não, nos perturbem bem agora! A gente vai ter muito problema com vocês quando nos formarmos.

---

# Campus

Jornal Laboratório do Departamento de Comunicação da UnB;
Editor Geral: Carlos Augusto Setti;
Secretário de Redação: Hélio Doyle;
Editoria de Arte: Profª Maria Rita Leal e Marcelo Gonçalves;
Editoria de Fotografia: Profª Luiza Venturelli;
Editores: Flávio Silveira, Marina Godoi, Milton Cintra, Otávio Veríssimo (UnB); Ana Teresa Vieira, Heloísa Eló Moor (Comunidade); Ana Paula Araripe, Luiz Carlos Queiroz (Especial); Catarina Guerra, Cláudio Brandt, Gléria Carvalho (Nacional); Cláudio Ferreira, Cynthia Rosa, Idheleine Macedo, Suzanne Sobral (Cultura); Carlos André, Joyce Russi, Marta de Lourdes Tavares, Rosani Aparecida, Zélia de Freitas (Ciência); Cláudio Brandt e Idheleine Macedo (Opinião).

Repórteres: Marcelo Feijó, Margarete Vitória, Margareth Marmori, Perla Alves, Regina Celi, Sandra Sato (UnB); Denise Sá, Fábio Guimarães, Maria Cacilda Benevides (Comunidade); Sandra Machado (Especial); Adélia Fernandes, João Pasquini, Júnia Cláudia, Mariluce Paulista, Reinaldo Freitas (Nacional); Francisco Henrique, Hélio Franco, Heloísa Hela (Cultura); Clautenis Lemos, Martha Faria, Shirlene Costa (Ciência).

Fotógrafos: Ana Paula Padrão, Cecília Maria, Cláudio Reis, Cynthia Rosa, Luiz Carlos Queiroz, Marcelo Feijó, Nicolas El-Moor, Rubens Rebouças, Reinaldo Freitas, Suzane Dobal.
Laboratorista: Jeová Xangô.

Ilustrações: Adriano Vale, Flávio Silveira, Francisco Henrique, Humberto Junqueira, Pedro Henrique.

# 4. COMPROMISSO PROFISSIONAL DO *MARCO*

Durante a pesquisa realizada no curso de Comunicação da Pontifícia Universidade Católica de Minas Gerais, levantamos ampla documentação sobre as várias etapas do jornal *Marco*, testemunhando sua evolução, mudanças na forma e no conteúdo, criação de novas seções, experiências desenvolvidas pelos alunos e as lutas ao lado da comunidade, resultando na conquista de reivindicações para melhorar o nível de vida dos moradores. Essa documentação constitui uma verdadeira memória do jornal, reforçada pelas pesquisas desenvolvidas junto aos receptores, para checagem e discussão dos objetivos propostos por seus criadores.

Com conteúdo predominante de matérias de interesse dos bairros Dom Cabral, João Pinheiro, Alto dos Pinheiros, Vila 31 de Março e Coração Eucarístico, em que circula, o *Marco* é editado por professores e alunos que também determinam seu conteúdo e forma, decidindo sobre as pautas, texto final, chamadas, ilustrações e distribuição. Sua proposta é tornar-se um jornal cada vez mais assumido pelos próprios moradores e foi criado com a finalidade de despertar a comunidade para seus problemas e proporcionar treinamento aos estudantes.

Procurando abordar fatos e temas de interesse popular, o jornal, segundo o chefe do Departamento de Comunicação da PUC, professor José Milton Santos, tem uma linha editorial que considera crítica face ao poder e à oposição, marcada em seus editoriais e no próprio conteúdo das matérias, de forma geral. Não é editado durante as férias escolares, nem tem publicidade. Tem uma participação efetiva dos receptores que enviam de 12 a 15 cartas, em média, por edição.

Numa releitura das edições do jornal, constatamos uma marca fundamental em seu conteúdo: prestação de serviços, paralelamente a matérias de reivindicações, denúncias e cobranças das autoridades, visando a melhorias nos bairros que atinge. Essa característica de veículo porta-voz das aspirações e reivindicações da comunidade teve seu ponto alto na conquista de uma passarela sobre a BR-262, na altura do anel rodoviário, uma longa luta dos moradores da Vila 31 de Março, com apoio total do *Marco*. Foi uma luta que durou cerca de 10 anos, iniciada em 1975 com a duplicação das pistas da BR-262 e a conseqüente multiplicação das mortes por atropelamento por falta de uma passarela.

Na última página da edição n.º 27, de abril de 1975 (1), o jornal denunciava com uma ampla manchete a situação: "BR-262: Duplicação das pistas, multiplicação das mortes". Depois de outras abordagens sobre o assunto, o *Marco* voltou à carga de forma mais incisiva com a manchete de primeira página no n.º 34, publicado em setembro de 1977 (2): "A Vila Exige o Fim do Açougue Maldito". A luta continuou e 3 anos depois, na edição n.º 44, de maio de 1980 (3), aparecia uma chamada com destaque na primeira página com o título: "Só Passarela Pode Oferecer Tranqüilidade". Na edição n.º 73, de abril de 1985 (4), o jornal destacava outra chamada na primeira página lembrando aos moradores da Vila 31 de Março que já estava sendo construída a passarela sobre a BR-262. Finalmente, a grande vitória aparece com destaque no n.º 76, de agosto de 1985 (5), com a manchete de primeira página: "A Vila Lutou Muito por essa Passarela".

Na chamada de primeira página era destacada a participação do jornal nessa luta: "A construção de uma passarela sobre a BR-262, na altura do anel rodoviário, era uma questão de vida ou morte para os moradores da Vila 31 de Março. Não existe qualquer exagero nisso. Inúmeras vidas de crianças e de pessoas idosas se perderam ali naquela travessia. Os moradores nunca deixaram de lutar junto ao DNER, para conseguir a passarela. O *Marco* foi testemunha e veículo dessa reivindicação. A construção exigida demorou a sair. Embora muito tarde, veio a tempo. Está finalmente pronta, para segurança e tranqüilidade das famílias da Vila".

A marca de um conteúdo mais voltado para a reivindicação e denúncia já aparecia no primeiro número do jornal, em 5 de dezembro de 1972 (6), com uma matéria abordando os constantes assaltos, mesmo durante o dia, no bairro Dom Cabral, com o título: "D. Cabral sem Policiamento". Nessa edição, o editorial na primeira página definia as pretensões do novo jornal (7): "Editado pelos estudantes de Jornalismo Impresso da Faculdade de Comunicação da UCMG, surge hoje *Marco*. Pretende ser jornal-laboratório e comercial. Sem desvarios formais, mas também sem rígido esquema de paginação e linguagem. Nem imprensa estritamente estudantil nos moldes grupais fechados que a particularizam, nem o império absolutista do fato-notícia sobre o pensamento. *Marco* procurará realizar seu objetivo pedagógico pela aplicação dos estudantes ao jornalismo vivo, feito com seriedade profissional. Por ele passarão todas as turmas de jornalistas da UCMG, cada uma com responsabilidade de fazê-lo durante determinado período. Jornais, como as guerras, precisam de geografia. Não existem no vácuo. E as primeiras experiências de repórter, de cada responsável por este número nasceram entre a gente e as ruas de um bairro. Com elas vieram a fé, a escolha e o compromisso. Dom Cabral será o campo de lutas de *Marco*".

Nessa edição (8), o jornal publicava uma síntese da pesquisa inicial realizada para conhecer o perfil dos moradores do bairro Dom Cabral. No n.º 2, de dezembro de 1972 (9), demonstrava nitidamente sua linha editorial com uma denúncia na manchete de primeira página: "Caixa Econômica Quer Lotear Praça". A partir do n.º 4, de fevereiro de 1973 (10), o jornal passou a ser distribuído também no bairro de João Pinheiro, abordando suas reivindicações e problemas. O n.º 5, publicado em março de 1973 (11), englobou também a Vila 31 de Março e, dessa forma, aos poucos, o *Marco* passou a atingir os bairros vizinhos à universidade.

## OBJETIVOS

O *Marco* foi criado em 1972 pelos professores e estudantes da primeira turma da área de Jornalismo do Departamento de Comunicação da Universidade Católica de Minas Gerais, como um dos instrumentos de organização, defesa e expressão do bairro Dom Cabral, sendo ampliado um ano depois para outros bairros vizinhos ao *campus* da universidade. Foi registrado no Cartório do Registro Civil das Pessoas Jurídicas, de Belo Horizonte (12), sob a responsabilidade do professor Lélio Fabiano dos Santos, diretor da Faculdade de Comunicação da Universidade Católica de Minas Gerais.

Seus objetivos eram: 1) Evitar um jornal de temas acadêmicos ou de problemas universitários que poderia proporcionar um início de prática limitada, por sua própria natureza, nos conteúdos, na forma, nos enfoques etc. 2) Levar os estudantes a um contato direto e freqüente com setores representativos do povo, cujos interesses e aspirações, em suas manifestações imediatas e aparentes, não são os mesmos da vida diária de um ambiente escolar. 3) Permitir aos candidatos ao Jornalismo o exercício de focalizar, nos próprios fatos (e através dos fatos) da vida da comunidade, constituída de trabalhadores, funcionários e pequenos comerciantes, os aspectos que refletem ou incorporam efeitos de esquemas de dominação econômica e cultural. 4) Prestar serviço a essa comunidade, na medida em que ela faça do jornal um de seus instrumentos de expressão, aglutinação e de defesa de seus interesses e satisfação de necessidades. 5) Empregar os meios disponíveis para que essa comunidade possa assumir o jornal, transformando-o em órgão autônomo e próprio e, no futuro, desvinculado da própria Universidade Católica.

O jornal passou por diversos processos gráficos, visando à redução dos prazos de impressão e à baixa nos custos. Até o n.º 11 sua impressão foi tipográfica, passando, a partir daí, a ser impresso em *off-set*.

O professor Dirceu Mesquita Horta, que orienta o jornal desde 1975, acrescentou que no início o *Marco* surgiu com a preocupação de treinamento dos estudantes e não ser um jornal para acadêmicos, que circulasse dentro do *campus* da universidade. Os estudantes queriam uma experiência que os colocasse diretamente em contato com o público normal dos jornais existentes em Belo Horizonte. O professor lembra ainda que o jornal evoluiu depois dessa preocupação de treinamento dos alunos para a preocupação de se tornar um jornal comunitário. "E mais do que isso: os criadores do *Marco* tinham a pretensão de que essa comunidade, devidamente ativada, assumisse o jornal e, se quisesse, até o arrebatasse da escola e dos próprios estudantes. Eles sempre trabalharam nesse sentido", contou.

Dirceu Horta explicou que o jornal criou uma série de instrumentos que talvez pudessem levantar o interesse maior da comunidade do bairro vizinho da universidade, o Dom Cabral. Entre eles, por exemplo, a colocação de urnas para recebimento de cartas do próprio bairro e contato com os líderes convencionais da comunidade, com o vigário, presidente da associação e outros. Além disso, incentivou as crianças da comunidade a participar do jornal enviando desenhos e histórias que eram publicados: "Em certa época — destaca o professor — o jornal procurou dar inteiramente a fala aos moradores. Então tivemos uma experiência de uma estudante nossa que foi ao grupo escolar onde estão os alunos reunidos e, no lugar da professora, passa para eles uma composição para falarem sobre os problemas do bairro, especificamente (13). São tentativas, entre outras, que os editores faziam para que a comunidade ocupasse um espaço cada vez maior no jornal. Surgiu, certa ocasião, uma proposta na escola para que treinássemos repórteres do próprio bairro, moradores de lá que não fossem estudantes aqui. Essa proposta não foi adiante porque também não houve interesse da comunidade nesse sentido. A verdade é que nesse período o jornal conseguiu ser mais ou menos da comunidade. Conseguiu ser um jornal reivindicatório, um jornal mais de oposição, tentando trabalhar consciências, um jornal de protesto, de crítica, embora ainda não fosse produzido pela própria comunidade".

Desde o n.º 5, de março de 1973 (14), o *Marco* se preocupa com pesquisa, não apenas junto ao público-alvo, mas também como sustentação para algumas matérias. Uma das primeiras apareceu nessa edição com apoio a uma matéria sobre umbanda. No n.º 7, de junho desse ano (15), outra pesquisa sobre dança de quadrilha, para apoiar uma matéria a respeito de festa junina. Outra experiência citada pelo professor Dirceu Horta, sobre a participação de crianças do bairro no jornal, aparece no n.º 28, de maio de 1976 (16), numa coluna com o título "Nova Repórter", onde um estudante afirma que sua colega de classe ficou muito satisfeita com a possibilidade de poder participar do *Marco*. Esse estudante chamado Antonio Rodrigues conta que orientou sua colega para ser repórter: "Eu disse a ela que em primeiro lugar a gente procura observar tudo o que acontece nas ruas, avenidas etc."

Essa experiência de integrar mais a comunidade ao veículo, por meio da participação das crianças, culminou com a criação de uma página destinada aos desenhos, poesias e outros tipos de manifestação enviados por elas e até a edição de um *Marco Infantil*, em novembro de 1981 (17). A partir do n.º 47 (18), o jornal começou a contar com uma equipe mirim. Eram crianças com idade entre 9 e 12 anos, todas residentes nos bairros, para distribuir os jornais. Eram conhecidas como "Marcolinos Mirins".

O incentivo à participação dos receptores continuou com a distribuição de urnas nos bairros pedindo aos moradores que escrevessem, dessem sugestões, fizessem reclamações e críticas. Outro setor que teve grande incentivo foi a seção de Cartas do Leitor, que passou a receber todos os tipos de manifestações do público-alvo, desde reivindicações que seriam transformadas em pauta, denúncias, até críticas à linha editorial do jornal.

## JORNAL COMUNITÁRIO

A transformação do *Marco*, de um jornal meramente destinado a treinamento dos estudantes em jornal comunitário, começou em 1974, dois anos depois de sua criação. Além das tentativas editoriais para motivar a comunidade a assumir o jornal, já citadas, foram criadas seções como "Cartadas", onde as cartas chegavam e eram respondidas, e "Televisão e Rádio", para que os moradores criticassem esses meios de comunicação. "Todas essas tentativas — acentuou o professor Dirceu Horta — visavam levar a comunidade a preencher as páginas do jornal. Mas como eu disse, ele continuou sendo ainda de emissor-universidade para a comunidade. Os moradores falam através das páginas do jornal, mas o veículo ainda é um sistema universitário. São estudantes que pertencem a outras classes sociais que não moram nesses bairros".

Esse projeto de transformar o *Marco* num jornal feito pela comunidade para a própria comunidade, sem interferência da universidade, ainda continua na pauta do Departamento de Comunicação. O chefe do Departamento e um dos criadores do jornal, professor José Milton Santos, lembrou que o órgão ainda não cumpriu totalmente seu objetivo depois de 14 anos de existência. Nem tampouco superou completamente as dificuldades que vem enfrentando ao longo desse tempo, como interesse dos alunos, participação mais efetiva da comunidade etc. "Mesmo porque — destaca o professor Milton — é um jornal que tem um conflito muito grande, pois, ao mesmo tempo em que é um jornal-laboratório, portanto, um jornal experimental que procura em vários momentos a inovação do ponto de vista tanto gráfico quanto de texto, diagramação e fotografia, é também um jornal comunitário que tem, de certa forma, de estar adequado ao repertório cultural de seu público. Então esse jornal só poderá superar plenamente esse conflito no momento em que os bairros, através de suas organizações, assumirem o jornal como seu, sendo fundamentalmente um jornal das associações comunitárias desses bairros".

Falando sobre os primeiros anos de existência do *Marco*, o professor Milton destacou sua importância como canal de expressão das sociedades dos bairros, como associações de moradores e conselhos que reúnem as lideranças da comunidade. Acrescenta que nesse sentido o jornal teve um papel muito importante, porque surgiu numa época em que a informação não fluía livremente e as populações situadas nas áreas periféricas da cidade tinham dificuldade muito grande de fazer circular suas próprias informações, de veicular suas reivindicações. "Nesse sentido, a história do *Marco* se confunde com a história recente desses bairros e a importância pedagógica, no seu sentido mais amplo, era de que simultaneamente o jornal servia de instrumento para a formação de jornalistas e informações dos cidadãos comprometidos com a realidade que os cerca e comprometidos fundamentalmente com a circulação, análise e interpretação dessas informações", enfatizou o chefe do Departamento de Comunicação.

Outro aspecto considerado fundamental, desta vez pelo professor Dirceu Horta, foi a maior participação dos estudantes na elaboração do jornal, com o aumento do número de alunos nas turmas, levando o veículo a se dedicar também a temas de interesse da cidade como um todo, não apenas dos bairros onde é distribuído. "Isso começou mais ou menos em 1984, coincidindo com a maior participação dos alunos. Eu tenho analisado isso da seguinte maneira: como eles não são obrigados a ir ao bairro para levantar pautas, levantar matérias, aproveitam temas que conhecem sobre a cidade onde moram. Para mim isso é a lei do menor esforço, mas acredito que seja uma fase passageira. Devemos voltar a insistir mais, como sempre foi no jornal, em pautas específicas da região onde circula", acentua Dirceu Horta. Com essa diversificação de conteúdos, os alunos elaboraram algumas edições especiais do jornal, por exemplo, uma sobre a participação dos meios de comunicação no episódio da morte de Tancredo Neves, em junho de 1985 (19), e outra sobre eleições, em novembro desse ano (20).

## AVALIAÇÃO CONSTANTE

Na releitura do jornal, percebe-se uma preocupação, desde as primeiras edições, em fazer uma avaliação constante, sempre procurando instigar os receptores a uma participação mais efetiva, principalmente com críticas ao conteúdo e à forma do veículo. No n.º 11, publicado em outubro de 1974 (21), o editorial com o título "E o *Marco* Continua" procura motivar os leitores para um diálogo aberto, um intercâmbio de informações entre a comunidade e o próprio jornal. Essa edição foi elaborada por uma turma nova do curso que propunha uma abertura maior, um contato mais estreito do veículo com a comunidade, por meio da colocação de até 3 páginas à disposição do leitor. "Ninguém melhor do que você para preencher estas páginas. Seu artigo, sua reclamação, sua opinião, sua crítica, será o primeiro passo para essa abertura proposta. Não queremos nem podemos fazer um jornal literário, mas seu conto — até mesmo poesia — esquecidos no fundo da mala, também são formas de informar-participando". Esse apelo era completado pedindo que o leitor metesse a boca no trombone se achasse que um determinado artigo estava "furado" ou mal escrito.

Na mesma página (22), um segundo editorial com o título: "Este Jornal É Seu. É Nosso", alertava que o jornalismo de comunidade é o agente de mobilização de mudanças sociais. Lembrava que o jornal estava comprometido apenas com o grupo social em que atuava e comunicava que *Marco* surgiu para atender às exigências de comunicação das comunidades onde é distribuído. Concluía lembrando que o jornal não era de ninguém e é de todo mundo: "Nós estudantes-jornalistas não somos nada mais nada menos que o veículo usado pelo grupo para sua comunicação. Assim, MARCO É VOCÊ".

Essa avaliação era refletida também pelas pesquisas para conhecer a opinião dos receptores sobre o jornal. A edição n.º 8, de dezembro de 1973 (23), publica os resultados de uma pesquisa de opinião realizada por um grupo de alunos nos bairros Dom Cabral e João

Pinheiro. Os 100 moradores entrevistados acharam que o *Marco* atendia às necessidades da comunidade, defendia suas causas, prestava informações verdadeiras, era bonito, bem escrito.

Mesmo no editorial da edição n.º 10, com data de junho/julho de 1974 (24), quando é traçado um histórico do jornal destacando os professores que passaram por ele nesse espaço de tempo, há a preocupação de identificar o veículo com a comunidade, no título: "Comemore Conosco o 10.º Aniversário do MARCO". As tentativas de motivar o leitor apareciam novamente no n.º 13, de dezembro de 1974 (25), com a publicação de um espaço para os leitores, denominado "Carta Resposta", com algumas questões: "O que você gostou mais neste número? Por quê? — O que você não gostou neste número? Por quê? — Sugestões que você queira dar".

No editorial publicado na primeira página do n.º 20, de abril de 1975 (26), o *Marco* volta a destacar sua participação junto à comunidade. Depois de cobrar várias promessas das autoridades às reivindicações encaminhadas pelos moradores desde a criação do jornal, o editorial, sob o título "Vamos Cobrar as Promessas", concluiu propondo uma participação mais efetiva da comunidade no veículo: "Nós achamos também que este jornal só vai se transformar em jornal de comunidade na medida em que essa mesma comunidade o assuma como seu, como porta-voz efetivo de suas reivindicações, como meio de expressão de suas idéias e de suas críticas. Como instrumento efetivo de sua integração e meio de procura de solução para seus problemas. Nós, de nossa parte, só queremos servir de mensageiros dessa luta. E nada mais".

O editorial do n.º 22, de outubro de 1975 (27), com o título: "Jornal de Estudantes ou Jornal de Comunidade", reforçava esse apelo, lembrando que o *Marco* só se tornaria um jornal de comunidade se a população participasse mais efetivamente de todo o processo de elaboração, escrevendo, sugerindo, dando informações, criticando. Dentro ainda dessa preocupação da integração leitor-jornal, o editorial do n.º 23, de novembro de 1975 (28), com o título "A Comunidade Participa do Jornal", relacionava 29 leitores que freqüentemente enviavam cartas ao *Marco*.

O apelo mais forte aparece num editorial que ocupa toda a primeira página do n.º 31, de abril de 1977 (29), destacando que uma das funções do jornal é se tornar um jornal da comunidade e conclamando os moradores dos bairros que recebiam o *Marco* a tomar parte até na própria distribuição do veículo. Concluía: "Na medida do possível todos os momentos do *Marco* precisam estar mais relacionados com a comunidade. É isto que pretendemos fazer daqui pra frente. Todo mundo...".

O n.º 50, publicado em dezembro de 1980 (30), foi dedicado a um balanço do jornal, destacando suas lutas em defesa da passarela na Vila 31 de Março e a denúncia contra a Caixa Econômica que queria lotear uma praça no bairro Dom Cabral. Nessa retrospectiva publica depoimentos de ex-alunos, transformados em profissionais, que lembravam com afeto dos tempos em que trabalharam no jornal e citavam a contribuição do veículo em seu aprendizado. Cita também as estudantes que lançaram o *Marco Infantil*, em 1975, dedicado às crianças da comunidade.

No n.º 53, de julho de 1981 (31), era publicado o resultado de outra pesquisa realizada no bairro Dom Cabral, com o título "Dom Cabral Critica o Marco". Foram entrevistadas 176 pessoas, sendo constatado que a maioria estava satisfeita com o jornal, achava que era de fácil compreensão e queria continuar a recebê-lo. Os entrevistados sugeriam, no entanto, que o jornal deveria ser mais sério, ter assuntos de culinária, ser mais divulgado, ter tamanho e tiragem maiores, denunciar os problemas e ser mais rigoroso nos pedidos de melhoramentos para o bairro.

## MEMÓRIA HISTÓRICA

A trajetória do jornal é marcada por ampla documentação, paralelamente às avaliações publicadas nas próprias edições, que constitui uma verdadeira memória do *Marco*. Demonstram, também, a preocupação dos editores na discussão e reavaliação dos objetivos do veículo. Em 25 de novembro de 1976, um grupo de alunos do 6.º ciclo de Jornalismo elaborou um trabalho que denominou "Memória do Jornal 'O Marco' " (32), dividido em três partes: histórico, diagnóstico e proposições. Depois de falar da fundação do jornal e das comunidades em que atua, dos diversos processos gráficos experimentados pelo veículo, eles apresentam um diagnóstico, afirmando que uma característica do *Marco* até aquela data era a falta de continuidade de sua linha.

Lembravam que a cada novo semestre letivo, o jornal adquiria as características próprias da turma diretamente responsável pela sua elaboração. "A cada novo semestre é como se o jornal começasse do número zero", salientavam. Criticavam a falta de periodicidade causada pelo não cumprimento do cronograma da redação, com atrasos freqüentes no processo jornalístico. "O problema da periodicidade do jornal se apresenta também como um sério problema de infra-estrutura. A redação tem grandes deficiências de equipamento e material, conta com apenas sete máquinas de escrever em péssimo estado de conservação, algumas sem nenhuma condição de uso, o que torna a situação caótica para as turmas que chegam a ter mais de 25 alunos. Há apenas uma máquina fotográfica para toda a Escola e que serve também a todas as atividades audiovisuais da Faculdade. O material de diagramação é deficiente e o telex se encontra constantemente parado", destacava o documento.

Os estudantes acentuavam ainda que a falta de periodicidade desestimulava o leitor, principalmente os colaboradores da comunidade, na medida em que entre um número e outro a tendência do jornal era sair envelhecido, além de diminuir a expectativa daqueles que teriam matérias a serem publicadas ou os que de alguma forma contribuíram para o jornal (entrevistados, cartas etc.). Enfatizavam que a distribuição era outro problema, pois muitos moradores não estavam recebendo o jornal. Criticaram a falta de discussão da pauta por todos os alunos e diziam que o processo de discussão das matérias com os autores era deficiente e, na maioria dos casos, não existia.

Além dessas deficiências, apontavam o desrespeito aos prazos, acrescentando que as pautas não eram cumpridas na maioria das vezes, lembrando de alunos que durante todo o curso de Jornalismo não fizeram uma matéria para o jornal. Falavam da falta de orientação adequada na elaboração do veículo, na ausência de bibliografia que deveria ser obrigatória para quem fazia jornalismo de comunidade, criticavam a falta de transmissão das técnicas de redação, além do corpo do jornal não ser organizado por funções, sem responsabilidades definidas para cada tipo de assunto. Na conclusão do diagnóstico afirmavam serem esses os principais pontos constatados no funcionamento do *Marco,* que influem na periodicidade, na eficiência do jornal em tratar os assuntos, na atualidade e importância dos assuntos tratados, na continuidade editorial, no contato e no trabalho com a comunidade.

Os alunos criticavam, mas também apresentavam proposições para resolver os problemas apontados. Para minimizar o problema da rotatividade das turmas que confeccionavam o jornal, a escala da distribuição das tarefas seria mantida pelo semestre que se responsabilizasse por um bairro. Com a diferença de que, ao se responsabilizar por um bairro, o 5.º ciclo seguiria trabalhando nessa comunidade até o 7.º, quando passaria, ao final do semestre, a responsabilidade de continuação do seu trabalho ao novo 5.º período. Para isso, seria necessário fazer uma preparação, a partir do 4.º ciclo, informando a respeito do trabalho em andamento. Para evitar que as turmas do 5.º, 6.º e 7.º ciclos que iriam cobrir os bairros Dom Cabral, João Pinheiro e 31 de Março, respectivamente, editassem três posições diferentes dentro do mesmo veículo, o grupo sugeriu a troca de idéias, e discussão de pauta em conjunto pelos três ciclos.

Ressaltando que um dos principais problemas do jornal era a ausência de uma memória histórica, que possibilitasse a transmissão da experiência acumulada anteriormente para os novos alunos, o grupo propôs que ao final de cada edição fosse elaborado um relatório sobre o trabalho desenvolvido e que, no final do semestre, fosse sintetizado um relatório geral de toda a experiência do semestre para ser debatido em seminários no início e fim de cada semestre letivo. Afirmando que o problema de infra-estrutura requeria um estudo mais detalhado, sugeriu a destinação de uma sala exclusivamente para as atividades do jornal.

O mesmo grupo apresentou outro trabalho no primeiro semestre de 1977 (33) especificando uma Programação Modular para o jornal com um cronograma dividindo as várias etapas do veículo, especificando a participação dos ciclos, desde a pauta até a distribuição. Também apresentou um modelo de relatório semestral para o jornal e várias formas para divulgá-lo nas comunidades em que atuava. Entre elas, a colocação de murais nos bairros, propaganda visual, elaboração de cartazes, incremento na seção "Cartas do Leitor", fazer uma chamada dentro do jornal para a sua leitura, divulgação do veículo na escola do bairro e incentivo de leitura do *Marco* na faixa de 12 a 18 anos.

Em relação à elaboração da pauta, o grupo propunha que passaria a ser exercida por uma equipe de quatro monitores da área, que seriam responsáveis pelo levantamento e seleção dos principais assuntos, com posterior discussão na sala de aula. Grande parte dessas sugestões foi incorporada ao trabalho efetivo da área. O próprio módulo de programação foi cumprido, principalmente em relação à periodicidade, que havia sido apontada pelos moradores como uma das principais falhas do jornal.

Em outro trabalho elaborado em 1977, sob o título "Projeto: Formas Alternativas de Comunicação — Jornal de Comunidade 'Marco' " (34), onde faz uma avaliação da trajetória do veículo, o diretor da faculdade, Antonio Fausto Neto, destacava os planos para aumentar o número de páginas para 16 (a maioria das edições até então tinha 12 páginas) e ativar sua periodicidade, afirmando que havia recursos humanos e demanda da comunidade para isso. No entanto, o jornal dependia da pequena verba liberada pela universidade e não conseguia se auto-sustentar justamente por atuar em comunidades de baixa renda. Concluía dizendo que até o primeiro semestre de 1977 foram editados 34 números, numa média aproximada de 7 por ano.

Em fevereiro de 1979 (35), o professor Dirceu Mesquita Horta apresentava um projeto propondo a mudança da periodicidade do jornal para semanal. O *Marco* passaria assim a ser editado em quatro páginas, com o mesmo formato e tiragem de 3 mil exemplares. O jornal seria impresso às sextas-feiras para ser distribuído aos sábados, numa ação conjunta dos estudantes e membros da comunidade. Recomendava ainda que fossem mantidas as seções "Desenhos das Crianças", "Marcação", "Rádio-Televisão" e "Cartada". Propunha também que o jornal tivesse a participação de sete alunos, sendo quatro de Jornalismo e os restantes de Publicidade e Propaganda e Relações Públicas, aventando a possibilidade de transformar o jornal em mídia, ou seja, veicular publicidade.

Esse trabalho acabou servindo como base para outro elaborado por um grupo de estagiários, que apresentava uma proposta de reinício do jornal, em abril de 1980 (36). O trabalho tinha como propósito servir de subsídio e objeto de discussão sobre o papel do veículo e sua realização prática como atividade de extensão universitária. Inicialmente os estudantes fizeram um diagnóstico do jornal, lembrando de sua importância para a realização do estágio obrigatório, e dividiram a proposta em duas partes: um diagnóstico destinado à discussão de todo o processo e proposições para agilização imediata com a finalidade de aperfeiçoar o projeto. Constataram que um dos principais problemas era a irregularidade da periodicidade. "O último número (43), apesar de datar de setembro de 1979, foi elaborado durante o mês de junho do mesmo ano, ou seja, apresentou um atraso de três meses, prejudicando a atualidade dos temas abordados".

Caracterizaram a falta de participação dos moradores em decorrência de o jornal se apresentar como um instrumento surgido de cima para baixo (da universidade para a comunidade), de maneira arbitrária, sem qualquer consulta prévia quanto à sua forma, conteúdo, circulação, edição etc. Também criticaram a falta de participação dos estudantes na experiência, relacionando alguns motivos alegados como falta de tempo, não-identificação, discordância com a linha do veículo, desinteresse puro e simples etc. Propuseram então que essa falta de participação fosse discutida nas salas de aula visando buscar respostas que possibilitassem motivar os alunos, já que o jornal devia ser assumido por todos.

Citaram os problemas causados pela rotatividade das turmas, lembrando que uma das formas de eliminar esse hiato seria o estabelecimento de uma coordenação que serviria de ponto de contato entre a universidade e a comunidade. Essa coordenação daria continuidade ao trabalho das turmas e repensaria o conhecimento adquirido a cada nova equipe que entrasse no *Marco*. Destacaram as dificuldades causadas pelo jornal veicular material de três bairros distintos, desconhecendo a realidade psico-econômico-social de seus leitores. Propuseram, então, que o veículo continuasse dando cobertura a essas três comunidades, desde que estudasse uma fórmula de entrosá-las numa linha de trabalho ou então fosse escolhida uma de comum acordo, como aconteceu na fase inicial, quando o veículo era dirigido apenas ao Dom Cabral.

Com base nessas premissas, os estagiários apresentaram algumas propostas concretas para agilizar o projeto. A primeira foi a transformação em periódico semanal, com 8 páginas, mantendo o formato tablóide, tamanho e tiragem de 3 mil exemplares. A distribuição seria feita aos sábados numa ação conjunta pelos membros da comunidade, estudantes e professores. Enfatizaram a importância de ser criada uma equipe coordenadora com participação de professores, estudantes e membros da comunidade. Para um melhor entrosamento com a comunidade, achavam essencial a redação do jornal ser transferida para a sede do Conselho Comunitário do bairro Dom Cabral, devidamente mobiliada e equipada com mesas, cadeiras, máquinas de escrever, pranchetas, laudas e outros tipos de material necessário para a confecção do veículo. A redação funcionaria de segunda a sexta-feira na parte da tarde e das 8 às 16 horas aos sábados. Nesse dia, a equipe coordenadora aproveitaria para um maior contato com os moradores do bairro.

A mudança da redação possibilitaria, além de um contato mais estreito com os moradores, a própria democratização do veículo com o debate aberto de todo o processo. Dessa forma, a comunidade sentiria que o jornal estava mais próximo, começando assim sua desvinculação da universidade.

Em outro trabalho apresentado ao Departamento de Comunicação em julho de 1980, denominado "Definição de Prioridades" (37), o professor Dirceu Mesquita Horta propôs a elaboração de textos sobre Jornalismo e Repórter para possibilitar aos estudantes a assimilação de técnicas e ampliar seu conhecimento no campo. Destacou também a importância da programação de cursos intensivos para professores e estudantes sobre os setores da profissão, como Jornalismo Econômico, Político etc., além de um curso semestral sobre reportagem.

Sugeriu a contratação de instrutor de prática profissional para acompanhar a produção do jornal e que os monitores passassem a ser vinculados à própria área, não às disciplinas individualmente. Solicitou que fossem adquiridas mais máquinas de escrever, pelo menos dois gravadores portáteis e assinatura de jornais da grande imprensa e imprensa alternativa para leitura e consulta diária. Racionalização do uso do teletipo da UPI e tentativa de conseguir convênio com uma agência de notícias nacional.

Num painel apresentado no final do segundo semestre de 1980, no Congresso da UCBC, em São Bernardo do Campo, sobre o tema "Experiências Comunitárias dos Jornais-Laboratório — Jornal-laboratório 'Marco' "(38), o professor Dirceu Horta depois de historiar o jornal, citar seus objetivos, especificações técnicas e relatar as alterações de hábitos e comportamentos de seus públicos, levantou três questões: "Deveríamos insistir na tentativa dita comunitária ou partir para a mudança de conteúdos e formas do jornal, transformando-o num jornal do tipo 'Independente', ou 'Jornal de Bairro' ou simplesmente de 'Oposição'? Um jornal mais voltado para a missão de preencher e desmascarar as omissões, sofismas e a manipulação ideológica dos grandes temas nacionais nos veículos de massa? Seria melhor essa mudança, levando-se em conta as mudanças na composição, hábitos e comportamentos do público do nosso jornal?".

Numa monografia elaborada em outubro de 1985, com o título "O Jornal *Marco* e a Comunicação Integrada"(39), o professor Dirceu Horta fez uma reflexão sobre a experiência e a evolução do veículo. Destacou a mudança de um mero órgão de treinamento para um jornal reivindicador de melhorias para a comunidade. Lembrou que, naquele estágio, o jornal ainda não fora arrebatado pela comunidade nem estava em vias de sê-lo, embora continuasse sendo recebido com simpatia e tendo um bom índice de leitura. No entanto, não conseguia escapar da situação de algo que é doado. Perguntou: "O que faltou para que atingisse esse objetivo maior? Poderia ele, sozinho, como forma de comunicação, provocar um processo integrador de comunicação na comunidade, capaz de levá-la a assumi-lo como uma das expressões ou canais diretos de sua fala?".

Destacou que somente a multiplicação das formas de comunicação na comunidade dará sentido ao *Marco*, que compara a uma semente que arrebenta para que apareça uma grande árvore.

## PUBLICIDADE E INTEGRAÇÃO

Em novembro de 1985, o professor Dirceu Horta citou algumas metas que o jornal *Marco* deverá alcançar num futuro próximo. Dentro dos planos para aperfeiçoar o projeto, o Departamento de Comunicação se empenhava em criar uma agência de publicidade para libertar o jornal da dependência financeira da universidade. A agência não apenas possibilitaria que o veículo se auto-sustentasse, como também daria oportunidade aos pequenos empresários dos bairros de anunciar no jornal, numa tentativa de fortalecer o elo de ligação do órgão com seu público.

Outro projeto era transferir a redação do jornal da universidade para uma sala no bairro, reforçando a proposta feita pelo grupo de estagiários em 1980. Isso favoreceria um contato maior com a comunidade. Citou um plano para ampliar as formas de comunicação nos bairros, envolvendo grupos de moradores, publicidade e relações públicas, como meios complementares do próprio jornal. O professor lembrou ainda das deficiências observadas na distribuição do jornal nos bairros, que precisavam ser eliminadas. Ele continuava defendendo a distribuição pelos próprios alunos, como uma forma de contato mais estreito com os moradores, uma maneira de sentir a reação dos receptores. "Durante esse trabalho, no contato com o leitor, os alunos tomam conhecimento dos problemas e das coisas dos bairros e da própria vida da comunidade. No entanto, não percebem as vantagens disso, comportam-se apenas como emissores. Temos enfrentado dificuldades na distribuição pela falta de estudantes para a realização do trabalho. Eles acham que é suficiente ir ao bairro para cumprir as pautas e depois redigir as matérias. Eles não percebem que a distribuição dos jornais é uma escola, uma aula de jornalismo", acentuou Dirceu Horta.

Esses problemas enfrentados na distribuição também foram abordados pelo professor José Milton Santos. Ele esclareceu que quando o jornal foi concebido estava dentro dos planos que o estudante participaria de todas as etapas, desde o planejamento até a formulação de pautas, reportagem, redação, diagramação, edição, acompanhamento gráfico e distribuição. "Partindo do princípio de que a comunicação é um processo global, um processo de produção, de edição, de circulação e de consumo de mensagens, é extremamente importante que o estudante — embora necessariamente não vá atuar em todos os níveis — tenha uma noção da totalidade do processo", ressaltou José Milton.

Ele lembrou que, na fase inicial, os alunos acompanhavam o jornal na gráfica, muitas vezes até a madrugada, e faziam questão de distribuir porque consideravam fundamental a avaliação diretamente com os receptores. "Era uma avaliação em que a gente podia discutir a experiência do jornal com os próprios leitores. Eu me lembro da saída do número 1 quando fizemos uma pesquisa para traçar o perfil do leitor e depois elaboramos a edição. Quando distribuímos esse número sentimos a receptividade que encontrou principalmente no meio das crianças, embora elas não fizessem parte de nossa universo de pesquisa e, portanto, não havia nada para elas dentro do jornal. Foi através desse processo de distribuição, da resposta rápida que o jornal obteve entre as crianças, que formavam um círculo que lia e discutia o veículo, que resolvemos a partir do número 2 incluir uma parte infantil", conta o professor.

Ele achava que, se o jornal quiser realmente estar dentro de um processo vivo de comunicação com a comunidade, aqueles que formalizavam as mensagens, que produziam o próprio jornal, tinham que estar em contato permanente com esse contexto. Acentuava a importância de um contato vivo com o leitor, não através das pesquisas frias, mas o contato direto com a pessoa que estava recebendo o jornal, lia o número anterior e provavelmente tinha um comentário, uma crítica, ou até uma sugestão a fazer. "Nesse sentido a distribuição foi programada como etapa do processo de aprendizagem e não como algo pelo qual a Universidade não se responsabiliza", concluiu o professor José Milton Santos.

## DEPOIMENTOS

Durante a pesquisa no jornal *Marco*, no Departamento de Comunicação da PUC de Minas Gerais, entrevistamos professores, alunos e ex-alunos sobre a importância desse veículo e suas deficiências. Com os alunos e ex-alunos procuramos levantar até que ponto o órgão foi importante em sua formação profissional. A esse respeito afirmou a aluna do 8.º ciclo, *Maria Aparecida*, repórter do jornal:

"O *Marco* foi a minha primeira prática em jornal impresso, que é o que eu quero mexer. É importante porque ajuda você a conhecer o jornal em vários sentidos, desde o levantamento da pauta, à própria pesquisa da pauta, visto que ela atende à comunidade, os bairros que circundam a Católica. Então é importante para isso, para você vivenciar aquele teoricismo todo de aulas, aquela coisa que fica muito longe da realidade profissional. Então quando você entra para o jornal para trabalhar, mesmo no *Marco*, você vai aplicar essa teoria toda e vai começar a canalizar seu conhecimento e buscar formas de aplicar e desenvolver na prática."

*Pedro Rocha*, também do 8.º ciclo, disse: "Bom, trabalhando num jornal-laboratório a gente tem condições de sentir o processo todo da feitura de um jornal. Então a gente faz matérias, no meu caso eu fotografo, também, a gente diagrama, monta, acompanha o processo de oficina, a edição toda. Geralmente, em sala de aula, você não pega esse pique. Tem a experiência do funcionamento do jornal realmente. No meu caso, tenho idéia de fazer um jornal do tipo *Marco*, mas sei que é difícil, o mercado está saturado, não vai ser fácil arrumar emprego. Mas vou tentar numa sociedade fazer o jornal".

*Brasilina Maria Cristiano Lázaro*, aluna do 7.º ciclo: "A importância é muito grande, porque o que deu para notar nesses sete períodos que estudei aqui na Católica é que não deu para aprender nem a metade do que aprendi trabalhando no *Marco*. Ele dá uma experiência enorme para aprender a diagramar, montar, prática de fazer matéria, de ver o público que, inclusive, te facilita para você ver o *feedback*, o retorno do pessoal do bairro. Embora seja um retorno empírico. A gente percebe na hora da distribuição, na hora em que vai às urnas buscar as cartinhas que o pessoal coloca, na hora que o pessoal do bairro procura a gente para falar sobre o bairro, para pôr matéria".

*Cássia Caldeira*, formada em Jornalismo pela PUC, em 1984, ex-repórter do jornal *O Estado de Minas*, ex-radialista e, em novembro de 1985, trabalhando na Assessoria de Comunicação da Acesita: "A experiência do *Marco* foi fundamental para a minha formação. Ele trazia para a gente aquela coisa de aprender a buscar a notícia, de ser jornalista, de aprender a ser repórter, porque você precisa primeiro ser repórter para depois aprender a escrever bem".

*João Rafael Picardi Neto*, formado em 1976, foi monitor, estagiário e editor do *Marco*. No fim de 1985, trabalhava como chefe de reportagem e pauteiro do *Diário do Comércio*: "Como estudante participei ativamente do jornal *Marco*, desde que fiz opção para Jornalismo. Meu trabalho era mais de campo, isto é, participando dos trabalhos no bairro para formação de chapas para concorrer à Associação de Moradores, colocação de urnas para correspondência, festas, festivais etc. Ao me formar em julho de 1976, assumi a função de monitor do jornal e, em novembro de 1983, voltei novamente à escola para assumir o papel de editor e coordenador do *Marco*".

"Creio que o jornal-laboratório foi para mim e minha turma o cartão de visita para a imprensa da capital. Todos que, de certa forma, participaram ativamente do *Marco* foram imediatamente absorvidos pelo mercado de trabalho. O jornal funciona como uma seleção natural: quem realmente quer fazer jornalismo vê no *Marco* um bom princípio. Foi através do *Marco* que perdi a timidez de 'chegar mais' junto às fontes, ordenar mais o texto, fazer um bom *lead* etc. Através do jornal-laboratório o futuro jornalista aprende o que é uma retranca, um boxe, olho, capitulação etc. Também acompanhando o jornal, o estudante fica por dentro do complexo industrial e da parte técnica de um periódico."

"No meu caso específico, o trabalho que desenvolvi no *Marco* me deu experiência de liderança de turma e, tão logo entrei para a imprensa diária, mesmo a contragosto fui chamado a ocupar cargo de chefia de Reportagem."

Tanto o professor Dirceu Mesquita Horta, quanto alunos e a ex-aluna Cássia Caldeira, enfatizaram a postura profissional assumida pelo estudante que trabalha num jornal-laboratório com público definido, como é o caso do *Marco*.

*Dirceu Horta*: "Havia alunos que antes de freqüentar o bairro, de entrar em contato com o público do jornal e fazer matérias a partir desse público, faziam considerações vagas na escola a respeito do jornal, com uma certa irresponsabilidade. Depois que entraram na experiência, aqueles alunos que de fato fizeram aquela experiência de andar pelo bairro, assumir compromisso da matéria com os moradores, passaram a trabalhar de um modo mais consciente, mais sério, mais profissional e passaram a questionar as próprias críticas que a escola fazia ao jornal. Eles passaram então a dizer nas reuniões, quando ouviam críticas, que os colegas não conheciam os moradores e alertavam que tal matéria estava no jornal, não porque interessava aos alunos, mas à comunidade. Eles passaram a ter uma postura mais profissional, na medida em que o profissional não é só aquele que sabe tecnicamente redigir uma matéria, mas aquele que tem compromisso com seu público".

*Maria Aparecida*: "É muito importante a gente descobrir que no *Marco* não escrevemos só para nós. Embora sintamos algumas dificuldades por não estarmos a par da vida nesses bairros. Complica um pouco conciliar a vida universitária com a vida de uma população. Mas eu não me sinto profissional no *Marco*, aliás, eu nunca me senti profissional na escola. Porque é muito folgado aqui. Isso não existe. O pique que eu imagino que tenha um grande jornal ou imprensa diária é muito mais violento, muito mais puxado. Aqui não. É uma satisfação pessoal. Gosto do jornal, dos contatos que tenho através dele".

*Pedro Rocha*: "Isso é um lado importante, estar voltado para a comunidade. Mas acaba se tornando um pouco inviável porque a gente não tem periodicidade regular. Ultimamente (segundo semestre de 1985) está saindo mensalmente, mas o ideal seria que fosse semanal. A gente teria perfeitas condições para isso se o pessoal que estuda aqui levasse mais a sério o jornal como uma experiência. Para você escrever para um público determinado você tem que saber levar os assuntos que eles querem".

*Brasilina Maria Cristiano Lázaro*: "A responsabilidade da gente cresce bem mais. Surge a preocupação de que matérias você vai oferecer e a preocupação de ter matérias do bairro no jornal. É bem maior do que se o jornal circulasse apenas aqui na escola. Jornal com público determinado obriga a gente a ter uma postura bem mais profissional. Exatamente por isso, quer dizer, você fica muito mais preocupado com o que o leitor vai ler. Principalmente porque no *Marco* a gente tem liberdade de assinar nossa matéria. Então é uma postura muito mais profissional. Tenho mais preocupação com a matéria que sai no jornal do que aquela que faço na sala de aula para o professor".

*Cássia Caldeira*: "O fato de o jornal ser dirigido é muito importante, porque a gente trabalha com uma comunidade, se entrosa com essa comunidade, aprende o que é de interesse dela, suas reivindicações. Uma das primeiras conquistas da gente foi a passarela para o bairro 31 de Março, depois de muita luta. Me sinto profissional desde essa época, quando a gente abraçou uma luta justa, colocando tanto o lado da comunidade quanto o lado do governo. Foi realmente muito importante para minha formação essa experiência".

Se enfatizaram a validade da experiência para sua formação profissional, os estudantes também citaram as deficiências do jornal, destacando principalmente a distribuição.

*Maria Aparecida*: "A primeira e maior delas é a distribuição. Não adianta nada fazer um jornal e ele ficar aqui. A gente tem essa grande deficiência. Um jornal que tem uma tiragem de três mil exemplares não é um jornal tão pequeno. E ele fica aqui, empacotado. É a gente que tem que fazer. Aqui a gente é de jornalista para jornaleiro. Outro problema é a falta de um jornal para ler, dificultando a feitura das pautas. A gente precisa se deslocar até a biblioteca para ler o jornal".

*Pedro Rocha*: "As deficiências aqui são mesmo os alunos, que não se conscientizam da experiência, da validade do jornal, de escrever aqui, de treinar realmente. Eles se iludem, acham que o negócio é sala de aula e realmente não é. O negócio é a prática. A teoria fica bem pra fora. Uma outra coisa, uma grande dificuldade que a gente tem aqui — mas aí já é em termos de recursos materiais — é, por exemplo, a distribuição do jornal. Hoje a gente tem que distribuir dois jornais. Hoje é quarta, as eleições na próxima sexta e temos que distribuir antes dela, pois um jornal versa sobre as eleições. Então uma grande dificuldade é isso, mais material".

*Brasilina Maria Cristiano Lázaro*: "Falta de infra-estrutura. A gente luta praticamente sozinha. Acontece que agora as matérias valem nota na sala de aula e são colocadas no *Marco*. Antes o pessoal pegava a pauta, se pegava a pauta, e não devolvia a matéria. Também temos problemas na hora da diagramação, montagem e distribuição por falta de alunos. Esse aí é o maior problema porque depende dos funcionários da escola, depende da disponibilidade de tempo. Ele sai com o carro, está sem gasolina, então fica só na mão dos estagiários. Outra questão em relação à distribuição é que, apesar de o *Marco* colocar que é uma distribuição gratuita para cerca de cinco bairros, a gente está distribuindo praticamente só no Dom Cabral, na Vila 31 de Março e, às vezes, no Coração Eucarístico".

*Cássia Caldeira*: "Uma das deficiências era o atraso na entrega das matérias, já que alguns alunos não levavam isso muito a sério. Quanto à distribuição, não havia problemas na minha época. A gente trabalhava e distribuía normalmente o jornal aos sábados. Normalmente a pessoa que estivesse a fim de dar uma força, chovesse ou fizesse sol, acabava aparecendo. Não tínhamos esse problema porque, se não tinha ninguém para distribuir, a gente fazia o serviço. Isso é trabalho de jornalista, ser jornaleiro um pouco".

## CONCLUSÃO

Se levarmos em consideração os objetivos traçados na criação do jornal podemos concluir que foram cumpridos em sua quase totalidade, nesses 14 anos. Como o primeiro objetivo determinava, na realidade, o *Marco* sempre evitou veicular temas acadêmicos ou problemas de âmbito meramente universitário, para que os estudantes não tivessem uma prática limitada no conteúdo, forma e enfoques etc.

Da mesma forma, o órgão atingiu seu segundo objetivo à medida que levou os estudantes a um contato direto e freqüente com setores representativos do povo e, também, o terceiro ao permitir que os candidatos ao jornalismo se exercitassem focalizando nos próprios fatos a vida da comunidade. A prestação de serviço à comunidade prevista no quarto objetivo também está sendo atendida, já que o jornal transformou-se num instrumento de expressão, aglutinação e defesa de seus interesses e satisfação de suas necessidades, pelo menos parte delas.

Independente das deficiências apontadas por estudantes e professores, na distribuição, falta de participação de alunos no projeto, desinteresse, problemas na periodicidade, rotatividade das turmas e o hiato provocado pela parada do veículo nas férias escolares, os depoimentos, a ampla documentação e as avaliações constantes comprovam que o *Marco* realmente é fundamental para o treinamento dos alunos da PUC, de Minas Gerais, e vem realizando um trabalho importante nos bairros em que atua, como veículo de reivindicações, denúncia, serviços e aglutinação da comunidade.

A questão fundamental é justamente o último objetivo, ou seja, fazer com que a comunidade assuma o jornal, transformando-se num órgão autônomo e próprio e, no futuro, desvinculado da universidade. Várias propostas foram apresentadas durante a trajetória do veículo para chegar a esse objetivo, como a mudança da redação para o bairro, periodicidade mais efetiva, distribuição mais organizada, maior divulgação do órgão, criação de repórteres nos próprios bairros etc. Outras foram operacionalizadas, principalmente a colocação de urnas para receber sugestões nos bairros, espaço dedicado às crianças, implantação de novas seções de interesse da comunidade e um maior estímulo aos receptores para que enviassem suas manifestações ao jornal, como as cartas à redação.

Todos esses fatores, reforçados pelas pesquisas junto aos leitores, fortaleceram a aproximação universidade-comunidade. No entanto, como destacou em vários o trabalhos o professor Dirceu Mesquita Horta, o *Marco* dificilmente teria condições de, isoladamente, atingir esse objetivo de levar a comunidade a assumi-lo. Por mais instrumentos que sejam criados e utilizados, o jornal será sempre da universidade para a comunidade e nunca um veículo de receptores para receptores, como consta em sua proposta inicial. Em todas as avaliações feitas pelo professor, no decorrer do processo, isso ficou claro.

Mesmo assim, os editores do *Marco* não economizaram esforços para ampliar o entrosamento com a comunidade. O apelo no sentido de que o jornal pertence à comunidade foi repetido em vários editoriais. No entanto, o veículo não era assumido totalmente pelos moradores dos bairros. Eles elogiavam, apresentavam sugestões, criticavam, mas mantinham sua postura de receptores de um veículo planejado, produzido e editado na universidade, por alunos de classes sociais bem distintas dessas comunidades. Ou como acentuaram os estagiários que apresentaram uma nova proposta para o *Marco*, em 1980: o jornal não tem participação da comunidade porque foi planejado de cima para baixo sem que ela fosse ouvida.

Esse estigma, marca constante na trajetória do projeto, dificulta o cumprimento de sua proposta integralmente. Como lembrou o professor Dirceu Horta, isoladamente o jornal dificilmente atingirá sua meta de ser assumido pela comunidade. Necessita de apoio de outros projetos, instrumentos e multiplicação das formas de comunicação capazes de despertar e unir o povo, num trabalho conjunto, motivando-o a assumi-lo. Só assim terá chance de passar do estágio de jornal destinado à comunidade para jornal comunitário, ou seja, dos receptores para os próprios receptores. E o último objetivo estará cumprido.

# NOTAS E REFERÊNCIAS BIBLIOGRÁFICAS

1. *Marco*, n.º 27, abril de 1975, p. 16.
2. ————, n.º 34, setembro de 1977.
3. ————, n.º 44, 2.ª quinzena de maio de 1980.
4. ————, n.º 73, abril de 1985.
5. ————, n.º 76, agosto de 1985.
6. ————, n.º 1, dezembro de 1972, p. 11.
7. ————, *idem*.
8. ————, *idem*.
9. ————, n.º 2, 20 de dezembro de 1972.
10. ————, n.º 4, 15 de fevereiro de 1973.
11. ————, n.º 5, março de 1973.
12. Certidão do Cartório do Registro Civil das Pessoas Jurídicas de registro n.º 558 do jornal *Marco*, no livro B-1, folhas 88 e verso, datada de 22 de maio de 1975.
13. *Marco*, n.º 35, outubro de 1977, pp. 4-5.
14. ————, n.º 5, março de 1973, p. 7.
15. ————, n.º 7, junho de 1973, p. 3.
16. ————, n.º 28, maio de 1976, p. 8.
17. ————, novembro de 1981.
18. ————, n.º 47, p. 8.
19. ————, n.º 75, junho de 1985.
20. ————, n.º 80, novembro de 1985.
21. ————, n.º 11, outubro de 1974, p. 2.
22. ————, *idem*.
23. ————, n.º 8, dezembro de 1973, p. 4.
24. ————, n.º 10, junho/julho de 1974, p. 11.
25. ————, n.º 13, dezembro de 1974, p. 9.
26. ————, n.º 29, julho de 1975.
27. ————, n.º 22, outubro de 1975, p. 2.
28. ————, n.º 23, novembro de 1975, p. 2.
29. ————, n.º 31, abril de 1977.
30. ————, n.º 50, dezembro de 1980.
31. ————, n.º 53, julho de 1981, p. 3.
32. "Memória do Jornal *Marco*", trabalho realizado por um grupo de alunos do 6.º ciclo, em 25 de novembro de 1976.
33. "Programação Modular para o Jornal *Marco*", elaborado por um grupo de alunos do 6.º ciclo, no 1.º semestre de 1977.
34. "Projeto: Formas Alternativas de Comunicação — Jornal de Comunidade *Marco*", trabalho elaborado pelo diretor da Faculdade de Comunicação da Universidade Católica de Minas Gerais, Antonio Fausto Neto, em 1977.
35. "*Marco* — Edição Semanal", projeto elaborado pelo professor Dirceu Mesquita Horta, em fevereiro de 1979.
36. "Jornal *Marco*: uma Proposta de Reinício", trabalho realizado por um grupo de estagiários da Faculdade de Comunicação, em abril de 1980.
37. "Definição de Prioridades — Introdução", trabalho apresentado pelo professor Dirceu Mesquita Horta ao Departamento de Comunicação, em julho de 1980.
38. "Experiências Comunitárias nos Jornais-Laboratórios — Jornal-Laboratório *Marco*", trabalho apresentado pelo professor Dirceu Mesquita Horta durante um painel realizado no Congresso da UCBC, em São Bernardo do Campo, no segundo semestre de 1980.
39. "O Jornal *Marco* e a Comunicação Integrada", monografia elaborada pelo professor Dirceu Mesquita Horta, em 8 de outubro de 1985.

# marc◯①

O trabalho do Pe. Willian Silva não 'terminou no dia 18 de novembro, com a sua morte. Como professor da Universidade Católica, Secretário Regional da CNBB e Coordenador da Pastoral de Belo Horizonte, deixou a marca profunda de sua presença e, sobretudo, a certeza de que poderemos construir um mundo mais bom, no.

Editado pelos estudantes de Jornalismo Impresso da Faculdade de Comunicação da UCMG, surge hoje MARCO.

—oOo—

Pretende ser jornal-laboratório e comercial. Sem desvarios formais, mas também sem rígido esquema de paginação e linguagem. Nem imprensa estritamente estudantil nos moldes grupais fechados que a particularizam, nem o império absolutista do fato-notícia sobre o pensamento.

—oOo—

MARCO procurará realizar seu objetivo pedagógico pela aplicação dos estudantes ao jornalismo vivo, feito com seriedade profissional. Por ele passarão todas as turmas de jornalistas da UCMG, cada uma com responsabilidade de o fazer durante determinado período.

—oOo—

Jornais, como as guerras, precisam de geografia. Não existem no vácuo. E as primeiras experiências de repórter de cada responsável por este número nasceram entre a gente e as ruas de um bairro. Com elas vieram a fé, a escolha e o compromisso.

—oOo—

Dom Cabral será o campo de lutas de MARCO.

PEDRO, O PADRE, SUAS ROSAS E SEUS FIÉIS (pág. 7)

# Conselho leva suas reivindicações a Pieruccetti

**marc⑦**

DOM CABRAL, VILA 31 DE MARÇO, JOÃO PINHEIRO — JUNHO DE 1973

O time de futebol da Vila 31 de Março, o trabalho comunitário da dona Ivone no bairro João Pinheiro, as reinvindicações do Conselho do Dom Cabral junto ao Prefeito Oswaldo Pieruccetti. Estes são alguns dos assuntos abordados nessa edição, dentro do nosso propósito de diversificação dos temas entre os três bairros da comunidade na busca incessante da integração total da comunidade.

Novo prédio para o jardim "A Pituchinha" é meta de D. Ivone Cabral. Pág. 5

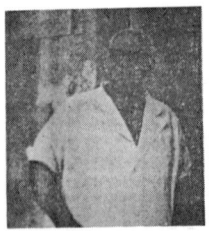

É tempo de festa junina. Dia 30, ao lado da Igreja, Dom Cabral terá a sua

Dr. Lisandro, da Ação Social, na pág. 7

## NOVA ETAPA

Cada número do MARCO é uma nova conquista. Para que o jornal possa chegar até você, uma equipe trabalha em seus momentos de folga registrando a vida dos bairros Dom Cabral, João Pinheiro e 31 de Março informando sobre esportes, educação, política, cultura, etc., expressando opiniões nossas e dos leitores, se tornando cada vez mais na própria voz da comunidade.

No MARCO-6 falávamos de "dificuldades e esperanças". As dificuldades continuam mas com o número sete aumentam nossas esperanças. Hoje atingimos uma área três vezes maior e temos mais leitores. A nossa equipe é pequena para acompanhar tudo isso. Gostaríamos de ter em cada rua um colaborador do jornal, que nos ajudasse a levantar as notícias e a levar o MARCO a cada casa.

Neste número iniciamos duas seções: noticiário e informe. A primeira como o próprio nome indica, será uma página de notícias locais. Informe falará sempre de gente que é notícia de uma forma mais movimentada, enquanto que a "feira-livre" continuará com as notas, dicas e reclamações, sempre relacionada com o ambiente. No próximo número teremos também uma página de noticiário nacional e internacional, acompanhando o que de mais importante acontecer no mundo durante o mês.

### NESTE NÚMERO:

| | |
|---|---|
| Opinião | 2 e 6 |
| Comunidade | 3, 4, 6 e 7 |
| Gente | 4, 6 e 7 |
| Educação | 4 |
| Informe | 8 |
| Feira-Livre | 9 |
| Noticiário | 10 |
| Cultura | 11 |
| Esportes | 12 |

Sandra, candidata a miss, na página 8

# BR 262: DUPLICAÇÃO DAS PISTAS, MULTIPLICAÇÃO DAS MORTES

O anel esta sendo duplicado. Nos projetos, nos objetivos, no progresso, a meta e uma so: fazer chegar mais depressa.

Para os tecnicos e um projeto perfeito. Serão quatro pistas, onde dez fileiras de carros vão chegar mais rapido a seu destino.

As placas de sinalização, as obras de arte, os canteiros, tudo na mais perfeita ordem para evitar acidentes e engarrafamentos.

Mas o que esses mesmos tecnicos não entendem, ou fazem questão de esquecer, é que existe muita gente do lado de fora.

Do lado de fora dos carros. Gente que necessita andar de onibus para trabalhar, ir a escola ou a farmacia. Para essa gente não existe preocupação. Não existe proteção. E as mortes são diarias.

É o contraste, entre a necessidade de chegar mais rapido, de alguns e a possibilidade de nunca mais chegar, de muitos.

1 - Duplicação do Anel Rodoviario

Segundo o DNER o projeto de transformação do Anel Rodoviario e baseado na duplicação das pistas. A forma responsavel pela elaboração do Anel e a ENECON S.A. e o DNER fiscalizara as obras.

O principal objetivo desta duplicação e o aumento da velocidade dos veiculos. Segundo o engenheiro Marcelo da Silva Barros a rodovia e uma das de arraso para aqueles q e chegavam chegar rapido no seu destino. Para não serem mortos as duas vias do meio da rodovia onde a velocidade maxima seria de 80 Kms. As duas vias laterais serao destinadas a veiculos de pouca velocidade. A largura de toda a pista sera de 65m.

O DNER possui uma estimativa do trafego diario na via expressa que e a seguinte

| | AUTOM | ÔNIBUS | CAMINHÃO | TOTAL |
|---|---|---|---|---|
| 1975 | 4 800 | 150 | 3 700 | 8 650 |
| 1990 | 16 300 | 300 | 9 500 | 26 100 |

2 - Acidentes

Quando ao numero de acidentes com pedestres segundo o engenheiro Marcelo da Silva Barros eles serao consideravelmente reduzidos? ) porque a pr ro duplicação do Anel proporcionara uma redução pois não havera

O DNER não manifesta a menor preocupação em relação aos pedestres A preocupação exclusiva daquele mundo com os automoveis o desengarrafamento do trepeto e os desastres ocorridos ao longo da rodovia. Nao conta no pr nte, passando para os pedestres a mais duminação no trecho urbano, somente conta a construção de um anillen no meio da pista, para isto de onibus e mero ho.

O pessoal do Marco conversou com varios moradores da Vila que foram acidentados ou perderam parentes e amigos, a aqueles que estao tendo suas casas desapropriadas

O Ana de Silva que mora na rua 15 de agosto contou nos que "Fui atropelado em novembro de 75 depois de ficar um mês no hospital, ainda não estou bom de tudo. Fiquei com o braço e de vez em quando me esqueço das coisas. O mora trata e que

Juse Marques, mais uma vitima da BR 262

# marc◯ 20

A nossa comunidade sempre reconhecem o papel importante dos carteiros e a dedicação com que eles desempenham sua missão, mas nos últimos meses o MARCO tem recebido inúmeras queixas com relação à entrega das correspondências (muitas não recebidas) bem como a local em que elas são deixadas, nos alpendres ou nos jardins. Outras são entregues em endereços errados, geralmente próximos aos dos verdadeiros destinatários. Todos nós esperamos que o serviço seja regularizado e que os carteiros continuem gozando da justa admiração que merecem.

DOM CABRAL, VILA 31 DE MARÇO, JOÃO PINHEIRO — JULHO DE 1975 — ANO IV

# VAMOS COBRAR AS PROMESSAS

**marc◯ 1**

Editado pelos estudantes do Jornalismo Impresso da Faculdade de Comunicação da UCMG, surge hoje MARCO.

—◦O◦—

Pretende ser jornal-laboratório e comercial. Sem deveres de formato, mas também sem rigidez pequena de paginação e linguagem. Nem impressa estritamente de estudantil a um moldes grupais, refletindo que a particularismo, para a imprensa absolutista de faculdade sobre a pensamento.

—◦O◦—

MARCO procurará realizar seus objetivos pedagógicos pela aplicação dos estudantes ao jornalismo vivo, feita com autoridade profissional. Por ele passarão todas as turmas de Jornalismo da UCMG, cada uma com a responsabilidade de o fazer durante determinado período.

—◦O◦—

Jornais, como as guerras, precisam de geografia. Não existem na carta. E os primeiros responsáveis do repórter de cada jornal por reta numero nascerem entre a gente e no mão de um bairro. Com elas vieram a fé, a procura e a compromissos.

—◦O◦—

Ugm Cabral será o campo de Jesus de MARCO.

DEIXE DE
PÚXA SACOI,
ESTE SÃO FAZ
E DA MEU PÂNCES

| | |
|---|---|
| Opinião | 2 e 4 |
| Pesquisa | 3 |
| Entrevista | 5 |
| Perfil | 6 e 7 |
| Feira Livre | 8 |
| Lazer | 9 |
| Comportamento | 10 |
| Problemas | 11 |
| Gente | 12 |

PEDRO, O PADRE, SUAS ROSAS E SEUS FIÉIS (pág. 7)

A partir do MARCO 1, em dezembro de 1972, 3 anos e meio junto com a comunidade, seus problemas, suas lutas, suas alegrias, suas aspirações.

Afinal, chegamos ao número 20. Nascidos com o rótulo de jornal-laboratório de uma Faculdade de Comunicação, já podemos pensar que mesmo sem perder esse rótulo, essencial a sua existência, somos, hoje, muito mais um jornal comunitário, cada dia mais ligado aos problemas do grupo social a que é dirigido, que o vem aceitando a cada dia que passa e que — o que é ainda melhor — está, aos poucos e cada vez mais, participando de sua elaboração intelectual.

"Jornais, como as guerras — já adverti mos em nosso primeiro número — precisam de uma geografia" e, rapidamente, o cenário da luta que havíamos escolhido para nossa guerra, o D. Cabral, ficou pequeno demais, mesmo para tão poucos guerreiros. E abrimos nossas fronteiras pára o João Pinheiro, 31 de Março, Vila Oeste, e curtas incursões à Gameleira e outras regiões vizinhas. Ou foram eles que vieram a nós? Se foi assim, muito melhor, que temos planos, bons planos, de chegar um pouco para adiante, conhecer mais gente, viver outros problemas. Como já não bastassem os que sofremos, tantas, tantas vezes, denunciados, nunca solucionados.

Por algumas vezes, tomamos alguns descaminhos, parecia que o MARCO estava dobrando uma esquina, mudando de rumo, coisas naturais de um jornal experimental, feito por grupos que se revezam a cada seis meses, mas no todo, feito o balanço de todo esse tempo, tão pouco tempo, achamos que o saldo foi razoável. Já podemos dizer que estamos incomodando, promessas estão sendo feitas nos gabinetes, nos plenários dos Legislativos, estudos estão sendo prometidos. E, agora mesmo, o secretário de Obras do Município, Israel Pinheiro Filho, promete visitar o bairro nos próximos dias. Vamos recebê-lo, mostrar nossos problemas, e cobrar.

A visita do secretário Israel pode ser o início de uma nova estratégia, não só das autoridades, como também da comunidade. Durante todo esse tempo, o MARCO tem sido apenas um veículo das reivindicações da comunidade. É possível que esse tempo tenha acabado. É muito cômodo para as autoridades, elas lá e a comunidade cá, com o MARCO de intermediário. O melhor caminho, talvez, seja o que está agora surgindo: os contatos diretos e o MARCO junto, noticiando, analisando, criticando, elogiando, exigindo. MARCO/Comunidade, mais que o título de uma página, uma vivência.

Mas achamos também que este jornal só vai se transformar em jornal da comunidade, na medida em que essa mesma comunidade o assuma como seu, como porta-voz efetivo de suas reivindicações, como meio de expressão de suas idéias e de suas críticas. Como instrumento efetivo de sua integração e meio de procura de solução para seus problemas. Nós, de nossa parte, só queremos servir de mensageiros dessa luta. E nada mais.

## Rua Antônio Joaquim: uma história não contada

Reconstituindo os fatos e recuperando a memória da Vila 31 de Março, nossos repórteres esbarraram-se com o nome de um homem que lutou muito pela causa daquela gente que em 1963 invadia as terras de Antônio Luciano. Essa gente, por sua vez, deu a uma das ruas recém-abertas o nome de "Rua Antônio Joaquim". Porém, quem foi Antônio Joaquim? Quem se lembra dessa extraordinária figura humana?

Perseguindo a notícia, o fato, os repórteres redescobrem as coisas que Antônio Joaquim (o "Quincas", como era conhecido), fez pela Vila. Antigos companheiros e poucos, pouquíssimos moradores, lembram-se do trabalho deste homem pela construção de uma sociedade mais justa e humana.

Mas, onde está Antônio Joaquim?, insistem eles.
( página 3)

As crianças do bairro colaboram na distribuição do MARCO

## A Turminha do Marco

O Marco, em toda a sua existência, sempre teve grande aceitação entre a meninada do Bairro D. Cabral e da Vila 31 de Março. E agora, as crianças provam, que realmente o Jornal não é só dos adultos. .

A partir do número 46, o Marco já vem contando com a sua nova equipe mirim. São crianças com idade de 9 a 12 anos, todas residentes no bairro, e estudantes da Escola Assis das Chagas, onde foram escolhidos pela Diretora do Grupo para desempenhar a tarefa "interessante e imprevisível" de distribuir os jornais.

Neste número, o Marco entrevista a meninada, mostrando quem são, o que pensam, o que fazem e que estão achando do trabalho. Conversar com os "anjinhos" não foi nada fácil, como mostra a nossa repórter. Mas quem sabe se estes não serão os futuros jornalistas do bairro?
(Página 8)

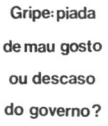

Nos últimos tempos, com as constantes mudanças de temperatura, as pessoas ficaram sujeitas a toda sorte de resfriados, que genericmente receberam o nome de "Geni". E assim (anteriormente um personagem da Ópera do Malandro, de Chico Buarque), a "Geni" passou de arte (?) para a boca (não seria orgasmismo?) de todo mundo, em forma de gripe.

Pirô do crime, a "Geni" desabafa: Chega de me culpar rem de tudo, da gripe, do custo de vida, da inflação, do avião que caiu, do outro que não subiu.

Conseguirá a "Geni" provar que não é culpada de tudo isso? Duvido? Ainda mais porque "ela" anda alegando que gripe é coisa de povo sem saúde, sem um programa de medicina preventiva. Imagine!
(página 7)

Rua Antônio Joaquim: Homenagem dos moradores a um "desaparecido"

## A dura vida da gente esquecida

Vindos geralmente do interior, chegam à cidade grande. Sem ter onde morar, procuram terrenos desocupados e ali erguem suas casas. Outros imitam o gesto e logo nasce uma nova comunidade.

De repente são expulsos de forma às vezes violenta do local que ocupam. Desamparados, eles saem em busca de um novo terreno, onde caiba um barraco.

Essa história se repete diariamente. Nas páginas 3 e 4, alguns desses personagens contam suas dificuldades e suas lutas.

# marc○ 50

Dom Cabral, João Pinheiro e Vila 31 de Março — Edição especial — Dezembro de 1980 — Ano IX

Neste aniversário, ganhamos um colega de trabalho: Projeto Horta (pág. 06)

## Jornalistas confessam: MARCO foi nossa escola

(Veja nas páginas centrais)

UFA!

Nestes tempos esquisitos, os jornais devem festejar seus aniversários todos os dias
(Millôr Fernandes)

Uma retrospectiva da pesada, com minissaia e tudo
(pág. 15)

O EDITORIAL DO Nº 1 (AO LADO) TRAÇOU, COM LETRAS DE FOGO, O ROTEIRO DESTE JORNAL. VOCÊ É QUEM VAI DIZER SE O MARCO TRAIU "A FÉ E O COMPROMISSO" DOS PIONEIROS.

Editado pelos estudantes de Jornalismo Impresso da Faculdade de Comunicação da UCMG, surge hoje MARCO.

Pretende ser jornal-laboratório e comercial. Sem desvarios formais, mas também sem rígido esquema de paginação e linguagem. Nem imprensa estritamente estudantil no moldes grupais fechados que a particularizam, nem o império absolutista do fato-notícia sobre o pensamento.

Marco procurará realizar seu objetivo pedagógico pela aplicação dos estudantes ao jornalismo vivo, feito com seriedade profissional. Por ele passarão todas as turmas de jornalistas da UCMG, cada uma com responsabilidade de o fazer durante determinado período.

Jornais, como as guerras, precisam de geografia. Não existem no vácuo. E as primeiras experiências de repórter de cada responsável por este número nasceram entre a gente e as ruas de um bairro. Com elas vieram a fé, a escolha e o compromisso.

Dom Cabral será o campo de lutas de MARCO.

E viraram o Dom Cabral de pernas pro ar (pág. 05)

Dom Serafim dá uma força na pág. 24

Padre Piggi está matando a saudade da Vila na pág. 08

# Só a união faz a força

Adriana Kfoury

A promessa está sendo cumprida: as Alamedas do Dom Cabral estão sendo calçadas, apesar de vários contratempos, como por exemplo, o nivelamento da Alameda Biguá com a rua Imbiaçá. Acontece que a Biguá é mais baixa que a Imbiaçá e, segundo um de seus moradores, "é só rebaixar um pouquinho a Imbiaçá que o problema está resolvido". Mas, um dos engenheiros da Prefeitura diz que isso ele não pode aprovar, que será preciso elevar o nível da Alameda Biguá, o que significa mais trabalho e dinheiro. Ao que parece, venceu a vontade do povo. É como diz o velho ditado: "é lutando que se conquista".

Além disso, existe o problema de várias Alamedas ainda não terem articulado nada. Não fizeram reuniões nem decidiram qual a melhor maneira de enfrentar imprevistos. É o caso da Alameda Tocari, que nem coordenador de rua tem. Se ninguém se compromete, a Tocari vai ficar sem calçamento. Como é, gente, vamos trabalhar, né?

Humberto, presidente da Associação do Bairro, assegura que em todas as Alamedas vai haver reuniões para que os moradores discutam todas as questões que envolvem o calçamento. "As Alamedas Araçari, Biguá, Carcará e Graúna, já estão liberadas; todo mundo pagou, por isso, as obras começaram por lá", afirma Humberto.

A Associação parece estar enfrentando alguns problemas, "mas também, a gente não pode deixar tudo por conta do Humberto; a gente deve ficar fiscalizando o trabalho da Prefeitura e se for preciso reclamar e lutar para aça coisa boa". Isso quem diz é um morador da Alameda Biguá, o mesmo que brigou com o engenheiro da Prefeitura para resolver o problema de sua rua da melhor maneira possível. Ele acha ainda, que o trabalho da Associação é bem mais atuante do que antes, quando era o Conselho. Aliás, tem muita gente fazendo confusão com isso até hoje. Para quem ainda não sabe, o Conselho foi extinto, e hoje, quem cuida dos problemas referentes ao bairro é a Associação, junto com os moradores que participam de suas reuniões.

Humberto nos conta ainda, que está tentando fazer com que o prefeito Maurício Campos assuma a construção de um jardim na praça, e que, se isso acontecer, as ruas e

becos em volta também vão ser arrumados, como aconteceu em outros bairros, como por exemplo, o Bairro da Saudade. Até agosto tudo isso terá acabado – o prazo para o término das obras terá chegado ao fim – mas Humberto acredita que, antes disso, tudo já tenha sido resolvido.

Quanto à questão do transporte, próxima luta a ser encaminhada pela Associação, aí vai um recado: no Posto Médico vão ser realizadas as reuniões com a Metrobel, para discutir propostas e a melhor maneira de atender às reivindicações dos moradores. Aí, pessoal, é participando que a coisa funciona.

As obras da Araçari – ao contrário de algumas alamedas – encontram-se adiantadas.

Nos intervalos do trabalho, a tranquilidade volta à alameda Carcará.

# Dom Cabral critica o Marco

Berenice de Lima

Foi feita no Bairro Dom Cabral uma pesquisa para se saber quantas pessoas recebem o jornal Marco, quantas lêem, o que pensam sobre o jornal e quais as sugestões para melhorar o Marco. Foram 176 entrevistados, distribuídos pelas seguintes Alamedas: Sapoti, Tocari, Açaí, Apiranga, Guaraponga, Maturi, Indaiá, Murici e a rua Imbiaçá.

O quadro abaixo fornece alguns dos resultados:

| | RECEBE | | LÊ | | MARCO DEVERIA SER DIFERENTE | | LINGUAGEM COMPLICADA | | QUER CONTINUAR A RECEBER | |
|---|---|---|---|---|---|---|---|---|---|---|
| SIM | 109 | 62% | 123 | 70% | 38 | 21% | 1 | 0,5% | 167 | 94% |
| NÃO | 20 | 11% | 22 | 12% | 109 | 62% | 158 | 90% | 0 | – |
| AS VEZES | 47 | 27% | 23 | 13% | – | – | 3 | 2% | – | – |
| ALGUMA COISA | – | – | 8 | 5% | – | – | – | – | – | – |
| NÃO RESP. | – | – | – | – | 14 | 7,5% | 14 | 7,5% | 9 | 6% |
| TOTAL | 176 | 100% | 176 | 100% | 176 | 100% | 176 | 100% | 176 | 100% |

No quadro pode-se perceber alguns aspectos:

– algumas pessoas, mesmo não recebendo o jornal em casa, procuram em outro lugar e o lêem;

– somente duas pessoas, recebendo o jornal, não lêem;

a maioria está satisfeita com o jornal, acham que ele é de fácil compreensão e querem continuar a recebê-lo.

A parte mais lida do jornal é aquela que fala sobre o bairro, a que discute os problemas dos moradores. Houve pessoas que disseram não ter preferência em nenhum assunto (será que lêem o jornal todo?).

Quanto às mudanças que os leitores acham que deve haver no Marco foram as seguintes; ele devia ser mais sério – ele é sério – ter assuntos de cultura, atualizar o jornal com o calendário (festa junina), mais divulgado, ter tamanho e linagem maiores, periodicidade e jornal é feito com verba da Universidade Católica, liberada mediante o limite de tamanho e de tiragem – melhorar estrutura e aspecto, denunciar os problemas, não ficar só nas palavras, mais rigoroso nos pedidos de melhoramentos, pelo policiamento depois das 22 horas e o Mar-

co denuncia, acompanha os trabalhos dos moradores, mas nunca vai substituir a luta dos próprios moradores – ter mais assuntos sobre o bairro, melhorar na reportagem, a coluna Cartazes não é satisfatória, deve conter informação sobre comunidades vizinhas e da cidade de Belo Horizonte, ter mais desenhos, informar sobre o futebol mineiro – me entrevista com Reinaldo, neste número.

Cleusa Oliveira Barbosa, moradora da Alameda Tocari, 125, acha que o Marco não deve mudar porque seu objetivo principal é informar sobre o bairro, as reuniões, decisões e fatos que acontecem no bairro e dessa maneira, continua Cleusa, o Marco pode incentivar muita coisa de boa.

O motivo de se ter feito a pesquisa foi para que nós, estudantes de comunicação, pudéssemos avaliar o que estamos fazendo, e além disso, e o mais importante, é que foi um modo dos leitores e moradores criticarem e sugerirem, ou seja, participarem do jornal.

Parte comum da pesquisa: Ângela Pignataro, Aparecida de Oliveira, Eliane de Oliveira, Fátima Machado, Géza Ferreira, Maria de Lourdes Carvalho e Raquel Campolina.

# marco

## infantil

NOVEMBRO 81 / ANO X

Dom Cabral, Vila 31 de Março e João Pinheiro

E a meninada participou do Marco Infantil

Os meninor do bairro Dom Cabral e da Vila 31 de Março sempre abraçaram o Marco. São eles que mandam desenhos, poesias, estórias e cartas. Quando chega na hora de distribuir o jornal, tem, de plantão, uma turminha disposta a levar para as casas, distribuir para os amigos e companheiros. Eles andam pelas ruas e colocam o Marco direitinho nas casas. Foi por todos estes motivos, e ainda pelo mês da criança, que fizemos o MARCO INFANTIL. Nós, aqui da redação, e vocês, crianças do bairro e da vila. Enfim, é um jornal feito para as crianças, com as crianças e pelas crianças

NÃO SABEM NADA DE POLÍTICA

pág 9

Vocês pensam que me enganam?

AS DIVERSAS FORMAS DA CRECHE

pág 3

SOU DE MENOR E TRABALHO

pág 8

FECHARAM A RUA PARA BRINCAR

pág 5

# 5. AS MÚLTIPLAS FUNÇÕES DO *RUDGE RAMOS JORNAL*

Com apenas seis anos de existência, o *Rudge Ramos Jornal*, do Instituto Metodista de Ensino Superior (IMS), de São Bernardo do Campo, São Paulo, ainda não possui uma memória documental que possibilite uma análise mais profunda de sua trajetória, mas fica claro em suas edições e mesmo em relatórios e projetos a constante preocupação de aperfeiçoamento e avaliação por seus responsáveis. Nesse curto espaço de tempo, sofreu um processo de evolução contínua, com aumentos de tiragem, mudança para formato maior e aumento no número de páginas.

Embora tivesse sido criado para servir de estágio aos estudantes, o veículo tem desempenhado quatro funções paralelas: jornal-laboratório, destinado à preparação profissional, estágio, órgão a serviço do bairro Rudge Ramos e preocupado em manter sempre viva a imagem do IMS na região. Esse fato fica comprovado pela veiculação de matérias sobre o IMS ou mesmo a respeito da Igreja Metodista em grande parte de suas edições. Isso mereceu uma carta de um leitor na edição n.º 3, de outubro/novembro de 1980 (1), em que critica o conteúdo dirigido ao Instituto: "A segunda crítica que gostaria de fazer é quanto às matérias sobre a Metodista, que ocupam muito espaço, espaço que poderia ser dedicado a outros assuntos de interesse da comunidade, como os problemas de falta de segurança, as feiras-livres que exploram as donas de casa e muitas outras coisas".

Outra marca importante no jornal é a veiculação de publicidade desde que foi criado até 1984, deixando de publicar anúncios por quase um ano e retornando no n.º 50, de acordo com comunicação da chefe do Departamento de Jornalismo, Euclea Bruno. No Informativo n.º 5 (2) ela informa aos alunos do curso de Jornalismo que o jornal reinicia sua atividade comercial, justificando que o fato não é novo, já que o *Rudge Ramos Jornal* foi comercializado de julho de 1980 a dezembro de 1984, quando houve a interrupção devido a problemas estruturais apontados pela Direção Administrativa, responsável pela parte publicitária do veículo. Acentuou, no entanto, que o retorno da publicidade acrescentará maior profissionalização ao jornal, destacando que o planejamento editorial não será alterado em função dos anúncios que nunca ultrapassarão a 40% do espaço. O n.º 1 já veiculava anúncios e publicava um calhau colocando um telefone à disposição para os futuros anunciantes (3).

Com um conteúdo predominantemente dirigido ao bairro de Rudge Ramos, o jornal é editado por professores e alunos que também determinam seu conteúdo e forma, decidindo sobre pautas, texto final, títulos, chamadas, ilustrações etc. Independentemente das matérias voltadas para o IMS, o *Rudge Ramos Jornal* mantém seus objetivos iniciais, anunciados num editorial, no n.º 1, de julho de 1980 (4), que, depois de traçar os objetivos da universidade (ensino, pesquisa e relacionamento com a comunidade), conclui: "É por isso que nasce hoje o nosso jornal. Não nasce para ser o laboratório dos alunos do Instituto, nem para lhe dar mais uma nesga de prestígio, mas para o *serviço de Rudge Ramos*, como nossa comunidade próxima, de nosso Município como um todo, e dos outros que porventura possam se beneficiar. É neste espírito e com a alegria de vê-lo nascer, que o apresentamos a todos, especialmente a Rudge Ramos". Essa característica de prestação de serviços é uma constante na trajetória do veículo. Uma ampla matéria nas páginas 4 e 5 (5) desse mesmo número, com o título "Enchentes: Quando uma Solução?", confirma essa tendências que se estende pelos seus cinco anos.

Outra característica importante no jornal é o apoio logístico com que conta em termos de equipamentos: além de máquinas de escrever, fotográficas e xerox, o veículo é impresso em gráfica própria, facilitando a manutenção de sua periodicidade e o acompanhamento dos alunos de praticamente todo o processo de produção, edição e impressão.

Com uma linha editorial voltada para a comunidade, segundo a chefe do Departamento de Jornalismo, Euclea Bruno, o jornal não é editado durante as férias escolares, mas a edição de janeiro/fevereiro fica pronta com antecedência para ser distribuída nesse período e cobrir essa lacuna. A participação da comunidade é caracterizada pelo envio de cartas, visitas à redação e telefonemas elogiando, criticando e apresentando sugestões de matérias.

Depois de várias reuniões entre os professores Ismar de Oliveira Soares, Antonio Cerveira de Moura, Gerson Moreira Lima, Jorge Luiz Salim e Rogério Bastos Cadengue, sob a coordenação de Onésimo de Oliveira Cardoso, em julho de 1979, estava concluído o projeto para a criação do jornal da Faculdade de Comunicação Social do Instituto de Ensino Superior (6). Na introdução do trabalho ficava definido que o jornal seria destinado ao cumprimento do estágio escolar para os cursos de Jornalismo, Publicidade e Propaganda e Relações Públicas.

A proposta apresentava três objetivos para o veículo: 1) preparação, em condições reais de trabalho, de mão-de-obra formada pelos cursos de Jornalismo, Publicidade e Propaganda e Relações Públicas; 2) possibilitar a realização dos estágios supervisionados obrigatórios previstos na legislação em vigor; 3) propiciar ao corpo discente oportunidades de contato com a comunidade local e ao mesmo tempo reflexão sobre a realidade nacional. O veículo circularia na área de Rudge Ramos, com distribuição gratuita, direta em residências e entidades da área de circulação. Seria distribuído pelo correio. Teria periodicidade quinzenal, formato tablóide, 8 páginas e tiragem inicial de 5 mil exemplares. Em seguida, o projeto especificava os custos operacionais, envolvendo impressão, pessoal e equipamentos. Propunha a veiculação de publicidade como fonte de recursos para o veículo, ficando o IMS responsável pelas despesas ocasionadas com o pessoal.

Na relação do pessoal que precisaria ser contratado para viabilizar a publicação do jornal, constavam um administrador, secretária, coordenador de edição, coordenador de reportagem e um coordenador gráfico para a área de jornalismo; um coordenador de criação e um coordenador de atendimento para a área de Publicidade e Propaganda e dois coordenadores para a área de Relações Públicas: um Relações-Públicas e outro de estágios. A área de Jornalismo cuidaria da produção e edição do jornal; Publicidade e Propaganda ficaria responsável pela veiculação de anúncios e campanhas publicitárias; e Relações Públicas cuidaria da elaboração de listagem para distribuição do veículo, pesquisas de campo, organização de sessões culturais, palestras, cursos e debates nas associações de bairro, organização de torneios esportivos, entre outras funções.

Apesar de ter sido apresentado à direção do IMS em julho de 1979, o projeto só foi operacionalizado um ano depois, com a primeira edição do jornal em julho de 1980 (7). Esse atraso foi explicado pelo professor Antonio Cerveira de Moura, um dos responsáveis pela elaboração do projeto original. Ele lembrou que o projeto era amplo, envolvia todo o curso de Comunicação, sempre com ênfase em comunicação comunitária. "No entanto, acentuou, esse projeto foi cortado logo de início pela direção geral do IMS como extremamente ambicioso, como extremamente custoso e foi pedida uma reformulação. Nessa reformulação o professor Gerson

Moreira Lima apresentou um projeto específico para Relações Públicas. Um dos fatores que levou a direção do IMS a bloquear o projeto, além do financeiro, foi o desinteresse do Departamento de Publicidade e Propaganda. No final de 79 estávamos com a reformulação concluída, apresentando um projeto de um jornal comunitário. Pretendia ser um jornal comunitário e não para a comunidade. Além disso, um projeto de Relações Públicas que incluía um jornal interno do IMS. Os dois projetos ficaram engavetados. Depois de muito tempo, de muita insistência, fomos chamados pelo diretor-geral, já que a Faculdade de Comunicação efetivamente nunca assumiu nosso projeto. O diretor-geral aceitou patrocinar o projeto que começou a circular somente em 1980, um ano depois que foi elaborado. O objetivo era que a comunidade assumisse o projeto como seu e que, num certo momento, até nos colocasse para fora".

"No entanto, prosseguiu, enfrentamos muitos problemas de respaldo financeiro. Tínhamos apoio, mas efetivamente não tínhamos. Nossa remuneração era ridícula. A gráfica do IMS não tinha condições de rodar o jornal, então procuramos rodá-lo em tamanho duplo-ofício na Linotipadora Godoy. Era montado e paginado lá e rodado em outra gráfica. Acontece que para rodar não tínhamos dinheiro, então da paginação à rodagem passava tanto tempo que o jornal saía defasado. Houve uma edição que demorou três meses para sair por falta de dinheiro. Com isso, dificilmente houve uma periodicidade efetivamente mensal, durante todo o ano de 1980 e 1981, praticamente até 1982. Saíram pouquíssimas edições. Com a greve de professores no final de 1982, o único demitido fui eu. Depois fui readmitido, quando o jornal já estava totalmente vinculado à administração do IMS. Isso foi até 1984, quando a professora Euclea Bruno assume e o meu papel passa a ser mais secundário. Deixo de ser coordenador do jornal para ser simplesmente orientador de estágio e orientador de texto", contou o professor.

Ele acrescentou que a primeira fase do jornal, anos 1980 e 1981, foi mais criativa, com mais discussão sobre os objetivos do veículo, preocupação do vínculo com o leitor. Nessa fase havia uma intensa reflexão sobre a relação emissor/receptor, enquanto a segunda fase de 1982 a 1984 marcou um Jornalismo mais formal, mas ainda assim envolvendo intensamente os alunos. Esse Jornalismo mais formal era caracterizado pela diminuição da discussão da relação emissor/receptor. O mesmo, segundo Moura, aconteceu na terceira fase, de 1984 a 1985, quando a discussão praticamente inexistiu. "Nessa fase não havia reflexões mais profundas sobre a produção do jornal. Eram encontros mais formais de pauta e edição. Um jornalismo tradicional levado à sua plenitude, com divisão por editorias, com responsável por edição, por secretaria, por texto, bastante marcado na linha de jornalismo da grande imprensa", acentuou o professor Moura.

Essa fase que marca mais a profissionalização do jornal foi explicada pela chefe do Departamento de Jornalismo, Euclea Bruno. Ela disse que o jornal procurava, dentro do seu projeto básico, ter um vínculo com a comunidade, com um direcionamento real para o Jornalismo de bairro. Afirmou que o órgão esteve muito disperso até o ano de 1984 de seu real objetivo. "Até 1984, a proposta do veículo estava se perdendo porque tinha matérias muito genéricas, enquanto que nós estamos procurando direcioná-lo mais para o bairro. Um jornal de bairro interessante. Além de direcionar mais o jornal, fizemos outra modificação porque pelo esquema do curso, o número de alunos do jornal chegou a atingir 174 para apenas 12 páginas. Eram 174 alunos para serem pautados. Não trabalhavam as pautas, estavam viciados em serem pautados por um único editor. O que acontecia nesses anos todos? Vinte alunos praticamente trabalhavam no jornal, faziam três, quatro matérias cada um. Os outros terminavam o curso e não colavam grau porque ficavam dependentes de cumprir 144 horas de estágio estabelecidas por lei. Eles alegavam que não tinham condições porque não havia jeito de trabalhar com 174 alunos e um editor. Por outro lado, o número de alunos foi crescendo, chegando a 300 que desaguavam no mesmo veículo. Então resolvemos esse problema colocando no 7.º e 8.º semestres três jornais: *Rudge Ramos Jornal, Notícias* e *Ensaio*, acrescidos de projetos experimentais de rádio e televisão para atender ao estágio. Eles faziam esses jornais em sistema de rodízio. Assim ganhamos no planejamento editorial e mesmo no acompanhamento dos textos dos alunos que passaram a trabalhar com um orientador de texto, um coordenador de redação e um coordenador de edição, substituindo o antigo editor", destacou a professora Euclea.

O professor Roberto Elísio dos Santos, que foi um dos estagiários do *Rudge Ramos Jornal* e, a partir de 1985, assumiu o projeto como professor, acentuou que realmente o veículo avançou no sentido de se tornar um jornal de bairro. "A ambigüidade entre ser um jornal-laboratório de alunos ou um jornal com público definido era bem maior no tempo em que eu era estudante. Nessa época, o jornal era realmente de estudantes. A proporção de matérias, de fatos acontecidos no IMS, era muito maior em relação à atual. Agora só damos fatos que acontecem dentro da Metodista quando eles interessam aos moradores do bairro. A Metodista pertence ao bairro, mas nem tudo o que acontece aqui diz respeito ao bairro, às vezes são coisas acadêmicas que dizem respeito só aos estudantes. Dessa forma deixou de ser um jornal interno da Metodista e passou a falar para um público externo e só para esse público. Tem outro veículo, o *Notícias*, que fala para o público interno, que dá todas as informações do que está acontecendo aqui dentro. Muitas vezes a gente gastava páginas e páginas no *Rudge Ramos Jornal* com matérias de coisas que aconteciam aqui dentro da Metodista, que não interessavam em nada ao público de Rudge Ramos. Esse é um fator que melhorou. Foi a partir de 1982 que a gente começou a pensar no veículo como um jornal para a comunidade, eu não diria um jornal comunitário, a gente nunca teve essa pretensão, mas um jornal para a comunidade. De lá para cá houve uma evolução acentuada", explicou o professor Roberto.

Essa característica de jornal mais de estudantes, veiculando assuntos do IMS, já aparece no n.º 2, de agosto/setembro de 1980 (8), de forma bem acentuada. A edição é praticamente dedicada à comemoração dos 10 anos do Instituto, deixando a impressão de tratar-se mais de um jornal de empresa do que propriamente dirigido à comunidade. Começa na primeira página com o título "IMS Comemora 10 Anos" e uma foto do Instituto. Na página 2, um editorial sobre a data e uma matéria a respeito da criação da Associação dos Docentes do IMS. Na 6, uma matéria ocupando toda a página sobre o aniversário, e a 7 com quatro matérias de competições esportivas promovidas a propósito das comemorações. A página 8 apresentava três matérias, todas voltadas para o Instituto: uma do grupo de teatro formado por alunos do IMS, outra enfocando uma palestra sobre Pó-Graduação no Brasil, como parte das festividades, e a terceira falando da apresentação de corais como parte também das comemorações. A página 9 trazia duas matérias: a respeito de uma solenidade de entrega de medalhas e diplomas a alunos e funcionários do IMS e um debate com a direção do IMS sobre aumento de anuidades e qualidade de ensino. Na página 13, um anúncio sobre os vestibulares de 1981, do IMS.

No n.º 4, de dezembro/janeiro — 1980/1981 (9), a marca desse tipo de matéria continuava: página 2, um texto abordava as finanças no IMS; na página 6, uma matéria sobre um documento reavaliando a prática educativa desenvolvida pelas instituições metodistas, com o título "Um Documento por uma Educação Libertadora". Na 7, outra matéria de página inteira, citando a proposta da Igreja Metodista de fazer com que suas instituições de ensino se voltassem mais para as comunidades nas quais estavam inseridas, com o título "Atendimento aos mais Carentes Exige Pesquisa". Na página 8, uma matéria sobre a Clínica de Psicologia do IMS, com o título "Clínica de Psicologia Beneficia Comunidade".

O n.º 5, de fevereiro/março de 1981 (10), também seguia essa linha de conteúdo, embora na primeira página se destaque um ofício da Câmara Municipal de São Bernardo do Campo congratulando-se com o jornal. O ofício acentuava que o jornal, com excelente apresentação, abordava com muita propriedade os mais apropriados temas de relevante interesse social, principalmente problemas que afligiam a população, caracterizando-se em um periódico sério, voltado para o levantamento e discussão de questões que interessavam de perto à comunidade.

Na página 2, contudo, um editorial falava da participação do IMS na busca da educação como prática de transformação social e, na 3, uma matéria de página inteira enfocava um debate dos professores do Instituto sobre a estrutura do ensino no país. Na 5, outra matéria de página inteira focalizava os vestibulares da Metodista-81. Na página 11, outra matéria sobre o IMS, uma matéria-perfil com um funcionário do IMS, com o título "22 Anos a Serviço da Metodista".

O n.º 6, de abril/agosto de 1981 (11), anunciava com um editorial a primeira modificação que começaria a marcar a evolução do jornal. Lembrava que até aquele momento o órgão circulara de forma mais ou menos incerta com periodicidade irregular e em tamanho que pouco ou quase nada lembrava um jornal. O editorial com o título "Objetivo desta Mudança é o Atendimento à Comunidade" anuncia que passava a circular em forma tablóide, com periodicidade mensal, saindo sempre numa data certa e colocava o veículo à disposição dos moradores do bairro, de São Bernardo do Campo e do ABC.

Essa transformação, entretanto, não mudou o conteúdo do jornal, que continuava destacando notícias do IMS. O n.º 12, de março de 1982 (12), dedicava quase toda a página 2 ao Instituto, com uma matéria sobre a implantação de sua direção acadêmica, outra abordando a entrega de certificados a um grupo de funcionários da Mercedes-Benz do Brasil que fizeram um curso de produção de TV no IMS, e uma terceira sobre a Pastoral Universitária do IMS. Além disso, na página 12, uma palestra do cardeal D. Paulo Evaristo Arns, na Metodista. Nesse número, constava um encarte sobre lazer. Um editorial no n.º 15, de julho de 1982 (1), lembrava que o jornal entrava em seu terceiro ano e dizia que a participação da comunidade era de fundamental importância para o veículo.

Praticamente todas as páginas do n.º 18, de outubro de 1982 (14), veiculavam anúncios, confirmando a proposta nesse sentido apresentada no projeto original de 1979. Das 12 páginas do n.º 20, de dezembro de 1982 (15), pelo menos 2,5 páginas apresentavam anúncios. Mas o jornal não esquecia sua proposta inicial: prestação de serviços à comunidade. Na primeira página do n.º 21, de janeiro de 1983 (16), três matérias confirmavam essa tendência: uma denunciando enchentes em Rudge Ramos, outra sobre a preocupação dos moradores do Bairro Suíço, a respeito da paralisação de uma obra, e a terceira acentuando que terrenos da ELETROPAULO, na Vila Vivaldi, causavam sérios problemas. Aos poucos, o jornal voltava-se mais para a comunidade, diminuindo o número de matérias enfocando o IMS. O n.º 23, de março de 1983 (17), apresentava apenas um artigo, na página 2, sobre o Novo Testamento, escrito por um professor da Faculdade de Teologia da Igreja Metodista.

Um editorial no n.º 27, de julho de 1983 (18), com o título "Instrumento da Comunidade", reafirmava os ideais do jornal: correta formação dos profissionais de imprensa e ser instrumento da comunidade de Rudge Ramos. Na conclusão, coloca o jornal à disposição da comunidade e do comércio, para sugestões, reclamações e críticas. A partir do n.º 29, de setembro de 1983 (19), a participação do IMS no jornal começa a ficar limitada por uma seção com duas colunas sobre Teologia. Um editorial na primeira página do n.º 32, de dezembro de 1983 (20), anunciava novas mudanças a partir de 1984, especificando que o jornal passaria a ser distribuído aos sábados a partir de fevereiro. O objetivo era tornar a presença do veículo mais ativa na comunidade e contribuir para aumentar a interação entre os que a compõem. O editorial destacava também que os comerciantes receberiam mais atenção, pois o jornal passaria a incentivar a população a fazer as compras que necessitavam no próprio bairro. Procurando conseguir mais anúncios, incentivava os comerciantes a veicular pelas páginas do jornal o que tinham a oferecer.

O processo de interação com o leitor foi reforçado com um recado publicado na primeira página do n.º 36, de junho de 1984 (21), dizendo que num contato do jornal com moradores do bairro um dos principais problemas abordados foi a poluição da área. Com o título "Ao Leitor", o recado citava outros problemas do bairro e colocava o telefone da redação e o endereço do IMS à disposição da comunidade para quaisquer colaborações. O n.º 37, de julho de 1984 (22), apresentava um editorial na primeira página, com o título "Leitor: o seu Jornal Entra no Quinto Ano", onde reafirmava novamente os objetivos do veículo: pcssibilitar a prática profissional dos alunos do curso de Jornalismo do IMS e servir à comunidade local. E pedia a colaboração dos leitores para tornar o veículo cada vez mais atuante.

Um editorial na página 2, do n.º 43, de abril de 1985 (23), comunicava que o veículo teria uma nova política pedagógica, com objetivo de descentralizar sua função de órgão de estágio. Isso possibilitaria que os alunos cumprissem suas horas de estágio com mais facilidade. Para alcançar esse objetivo, o jornal passava a contar com uma equipe de orientadores de texto e edição jornalística, professor de diagramação, coordenando o planejamento gráfico, uma secretária administrativa e um supervisor de estágio. A distribuição, que antes era feita pelos alunos, passaria para a responsabilidade do IMS.

Um amplo editorial ocupando mais de meia página do jornal n.º 46, de julho de 1985 (24), com o título "Reflexão do Nosso Aniversário", marcava os seis anos de atividades do veículo e fazia um balanço de sua trajetória, com depoimentos de professores que foram responsáveis pelo órgão. E anunciava a realização de uma pesquisa a respeito do bairro e sobre o que os leitores achavam do *Rudge Ramos Jornal*.

No Estudo e Pesquisa sobre o bairro de Rudge Ramos e o *Rudge Ramos Jornal* (25), com coordenação geral do professor Gino Giacomini Filho, é traçado um histórico e perfil econômico do bairro de Rudge Ramos, as características editoriais e de mercado do jornal de bairro, feito um levantamento de quem lê o jornal de bairro, um histórico sobre a implantação do *Rudge Ramos Jornal*, com seus propósitos e a estrutura atual do veículo. Na segunda parte do trabalho, a pesquisa sobre o jornal.

No capítulo "Características Editoriais e de Mercado do Jornal de Bairro" está destacada a importância desse tipo de veículo dentro da comunidade, seja por influência nos órgãos públicos ou por sua afinidade junto à população. "O jornal de bairro é também um jornalismo vivo, pois conta com um público definido e trabalha com as necessidades informativas de leitores exigentes e ávidos por um noticiário diferenciado. Devido ao fato de este veículo ser o porta-voz do bairro, deve o jornal de bairro utilizar-se de uma linguagem com que os moradores se identifiquem e sintam-se representados. Buscando atingir esses objetivos, o jornal de bairro procura se estruturar: um dos modos é a estruturação em editorias da mesma forma como faz a grande imprensa, porém abrangendo setores que mais interessam aos moradores", esclarece o trabalho.

Em seguida, lembra que ainda que o jornal publique informações sobre acontecimentos estaduais e nacionais, sua linha editorial deverá esta freqüentemente voltada para as prioridades do bairro, tornando-se um órgão denunciante, crítico e que sugere mudanças com o intuito de melhorar as condições de vida do bairro. Depois ressalta que o custo do jornal faz com que ele se torne dependente de publicidade.

Outro artigo sobre "Quem Lê o Jornal de Bairro" acaba não definindo o tipo de leitor, justificando que cada bairro tem suas particularidades. "Num bairro pobre interessa às mulheres onde comprar mais barato, já num bairro de classe média procura-se também informações sobre teatro, cinema, política. Em bairro de classe alta, geralmente são os homens quem olham o título e quem bisbilhota mais o jornal é o empregado", afirma.

Prosseguindo, o levantamento aborda o *"Rudge Ramos Jornal, sua Implantação e Propósitos"*, iniciando com um histórico do veículo, lembrando que sua primeira edição, de formato ofício, com 8 páginas, periodicidade mensal, teve uma tiragem de 3 mil exemplares. (Aqui cabe um reparo: numa releitura nas primeiras edições, verifica-se que até o quinto número o veículo é de formato duplo-ofício e periodicidade bimensal.) A distribuição era feita pelos estagiários em residências particulares, estabelecimentos de ensino e entidades religiosas, e ainda pelo correio a órgãos públicos e a veículos de comunicação. A partir do n.º 6, a tiragem passava para 5 mil exemplares, seu formato para tablóide, aumentando sua capacidade de atendimento a alunos estagiários.

Nessa fase, em 1981, aumentou o número de cartas dos leitores, com sugestões para novas matérias e de apoio à iniciativa da Metodista. Ainda nesse ano, nos meses de novembro e dezembro, a tiragem duplicou para 10 mil exemplares, estabilizando, a partir de janeiro de 1982, em 7 mil exemplares. O trabalho esclarece que, a partir de 1985, o jornal continuava sendo distribuído gratuitamente à população, através de pontos de distribuição (locais de fácil acesso para a população), como bancas de jornais, portarias de edifícios, teatros e bibliotecas espalhados pelo bairro.

No texto sobre "Estrutura Atual do *Rudge Ramos Jornal*" fica acentuado que o veículo passou nesses cinco anos de existência por significativas transformações, em decorrência de sua reestruturação didático-editorial. Destaca que um fator importante foi o aumento no número de professores para atendimento ao aluno, a partir de março de 1985. São quatro professores-orientadores que trabalham em regime de tempo alternado: um orientador gráfico para diagramação, forma de composição etc., mais voltado para o visual do jornal. Um orientador de textos que atende o aluno no texto final, um coordenador de edição e uma coordenadora de redação, que analisam o conteúdo das matérias, sua estrutura e o nível de informação.

O trabalho prossegue esclarecendo que o jornal conta com oito editorias: Educação, Local, Geral, Política, Sindicato, Economia, Variedades e Esportes (essa relação sofre variações em algumas edições que apresentam editorias de Festividades, Abastecimento e Lazer e Cultura) (26). A editoria Educação substitui a Metodista que, segundo explicou a professora Katy Nassar, "para um jornal comunitário é mais interessante abordar assuntos de educação em geral que se restringir à Metodista".

A pesquisa entrevistou 1.564 moradores, dos quais 692 constituíram-se em entrevistados que haviam lido o *Rudge Ramos Jornal* e 872 que, necessariamente, não teriam que ter lido o jornal. Foi convencionado denominar os primeiros de "leitores" e os segundos de "moradores". Na pesquisa sobre moradores, foi investigado seu perfil sócio-econômico e aspectos de seu comportamento. Já os 692 leitores foram submetidos a quatro tipos de pesquisas: sobre o comportamento do leitor do jornal, mercado e produto, opinião sobre o veículo e editorias de interesse.

Na pesquisa de Mercado e Produto ficou definido que o *Rudge Ramos Jornal* é o veículo em que o morador do bairro obtém mais informações sobre Rudge Ramos (62,7%), sucedido pelos outros jornais da região do ABC e rádios locais. Para o leitor, a capa é a página mais importante (54,1%) e as páginas centrais (dupla) vêm a seguir (37,3%). O jornal é lido no mesmo dia em que é pego pelo leitor (62,8%) e o visual do veículo é o primeiro fator observado pelo leitor, pois 47,3% destes dão uma olhada geral na página ao abrir o jornal. Os títulos são muito reparados (36,2%) enquanto 12,5% lêem o início das matérias ao fixar os olhos na página.

A presença da cor não é um fator que aumenta o interesse de leitura, porém o jornal se torna atraente quando traz notícias do bairro (62,5%), o leitor acha que o veículo deve trazer mais notícias do bairro para ser um bom jornal (11,6%). O fator distribuição não se apresenta como fator-problema para o veículo em si. Mas, examinadas as sugestões que os moradores e leitores deram acerca do jornal, sem dúvida alguma a distribuição é um problema que deve ser examinado. A principal crítica: não recebe o jornal ou não recebe com regularidade. Esse problema foi verificado em várias ruas do bairro. Sábado é apontado como o melhor dia para a distribuição (71%) e as bancas de jornais (64%) como o local mais adequado para o órgão ser distribuído, caso esta distribuição não seja domiciliar.

Dos assuntos que mereceriam uma reportagem na opinião dos entrevistados, "Segurança" foi o mais citado (16,4%), vindo a seguir "Enchente" (9,6%). Os dados confirmam estes como os dois principais problemas do bairro. Na opinião dos leitores o jornal deveria ser semanal (59,5%).

Na pesquisa de opinião sobre o *Rudge Ramos Jornal*, as conclusões são que o visual do veículo não se mostra confuso ao leitor que acha que as matérias devem ser acompanhadas por ilustrações.

O veículo tem credibilidade da maioria dos leitores e apenas 4,4% não acreditam em suas informações. O leitor considera-se bem informado sobre o bairro ao ler o jornal, o texto é de boa legibilidade e as matérias têm uma extensão adequada. Dos entrevistados, 57,3% mantêm o hábito de ler o *Rudge Ramos Jornal*. O leitor sente falta de palavras cruzadas e humor no jornal. Sente falta também de anúncios publicitários, talvez porque funcionem mais como fator de informação do veículo. Para os leitores, o jornal deve cobrir a Câmara de Vereadores de São Bernardo do Campo. Deve dar prioridade para assuntos locais, mas também trazer outras matérias. A defesa do consumidor deve receber um tratamento especial, pois este tema recebeu o maior percentual de opinião favorável: 96,8%. O jornal também deve trazer informações sobre o que fazem seus moradores. As notícias sobre a Metodista são lidas habitualmente e o veículo eleva, na opinião do leitor, o prestígio da instituição.

Na pesquisa sobre editorias de interesse, os assuntos que o leitor considerou como muito importantes foram: Política (local), Geral (local e nacional), Cultura e Lazer (local), Sindicato (local e nacional), Economia (local e nacional) e Polícia (local e nacional). De todos estes, os mais importantes (mais de 80% da preferência) foram: Geral (local) com 97,6%, Sindicalismo (local) com 81,4% e Economia (local) com 90,6%.

Segundo o estudo, o objetivo das pesquisas é servir de reflexão para o "corpo jornalístico" do jornal fundamentar suas decisões no âmbito de planejamento e execução de futuras edições, além de estimular pesquisas e teorizações não apenas para o *Rudge Ramos Jornal*, mas também para outros projetos.

## ANÁLISE E AVALIAÇÃO

Se o jornal não possui uma memória documental que registre sua trajetória nos cinco anos de existência, constata-se a preocupação de seus responsáveis em melhorar o produto, com avaliações e análises em determinados períodos de seu funcionamento. Dia 2 de abril de 1981, os professores Antonio Cerveira de Moura, Jorge Luiz Salim e Rogério Bastos Cadengue elaboraram um trabalho com o título *"Rudge Ramos Jornal*: Análise do Trabalho"(27) onde avaliaram o projeto. Iniciavam apresentando uma série de dificuldades ocasionadas pela contenção de recursos, entre elas a periodicidade irregular, decorrente de dois fatores: inexistência de compromisso formal do estagiário com o jornal e inexistência de uma estrutura comercial que permita um fluxo regular de veiculação. Citavam também a distribuição irregular e a quase total ausência de divulgação que dificultava a vinculação do veículo ao público. Apontavam a falta de estrutura e de pessoal com qualificação adequada à área de produção gráfica e a falta de uma estrutura mínima no setor de publicidade, especialmente com relação ao faturamento, equipe de contatos e falta de continuidade nos contatos.

Depois, faziam algumas reivindicações imprescindíveis para a consecução do projeto: dois orientadores, um secretário de redação, equipe de reportagem constituída por estagiários do 6.º, 7.º e 8.º semestres de Jornalismo e equipe de documentação e hemeroteca com estagiários do 7.º semestre de Relações Públicas. Para o setor gráfico e distribuição solicitavam passagem do jornal para o tamanho tablóide (o que aconteceu a partir do n.º 6), impressão e acabamento mais cuidadosos, tiragem efetiva de 5 mil exemplares (também efetivada a partir do n.º 6) e distribuição de casa em casa, aos sábados. Para o setor comercial, pediam um diretor, contratação de contatos e uma secretária para emissão de faturas, controle de anúncios, atendimento a clientes e leitores, atendimento de números atrasados etc. Além disso, apresentavam uma relação de equipamentos necessários, como máquinas de escrever, mesas, cadeiras, armários, pastas, arquivo, ramal telefônico etc. No fim, apresentavam uma tabela de preço para os anúncios.

Dia 16 de dezembro de 1981, os professores responsáveis pelo projeto apresentavam ao Departamento de Jornalismo um relatório sobre a participação dos alunos (28). Depois de dizer que 29 alunos estavam participando do jornal, apresentavam algumas sugestões deles, como a criação de uma seção de variedades, com publicação de informações sobre artes de um modo geral, opções de lazer, como teatro, televisão, cinema e crítica literária. Sugeriam que a distribuição fosse efetuada também em bancas de jornais e que o jornal realizasse promoções junto à comunidade, como festivais de música, teatro, competições esportivas e discussões de temas de interesse geral, em escolas e entidades do bairro. Propunham que a participação do veículo fosse mais efetiva no setor de serviços, com informações sobre plantões de farmácias e primeiros socorros, bem como encampar algumas reivindicações da comunidade e lutar por elas.

Apontavam o pouco espaço na redação do jornal e falta de equipamentos como máquinas fotográficas e de escrever e *flashes*. Reivindicavam a criação de um programa de custeio de despesas, principalmente de condução, e reclamavam da qualidade das fotos publicadas no jornal. E chamavam a atenção para o laboratório fotográfico que atrasava a entrega dos serviços e reclamavam da falta de conhecimento técnico por parte dos alunos que revelavam os filmes.

Dia 2 de agosto de 1982, os professores Antonio Cerveira de Moura, Aparecido Celso Pelosi e Jorge Luiz Salim apresentavam outro relatório de avaliação (29) com um balanço do trabalho realizado desde o início de abril desse ano, sobre a orientação dos estagiários em relação a texto e parte gráfica. Enfatizavam que estavam promovendo uma reformulação estética no jornal, com a participação de estagiários. Ressaltavam que a experiência mostrava que o mínimo desejável de orientação de texto, em termos de contato individualizado, era de uma hora mensal e que, para a média de 36 estagiários, levaria um tempo mínimo de 36 horas mensais, lembrando que, no entanto, o orientador dessa área estava contratado por apenas oito horas mensais. "Além disso, temos que considerar o tempo para reuniões, orientação de pauta, reuniões de avaliação e discussão de fechamento, realizadas em grupo e com a participação do editor", argumentavam.

Em seguida, falavam da melhoria da programação visual, pela dedicação do orientador gráfico e participação dos estagiários. Lembravam que todas as reformulações realizadas no projeto não teriam sido possíveis sem o concurso do editor e da secretária que haviam sido contratados. No segundo semestre de 1983, o editor, professor Aparecido Celso Pelosi, encaminhava à direção do IMS os resultados de uma pesquisa de opinião pública realizada por estagiários no primeiro semestre daquele ano (30). A pesquisa revelou algumas deficiências do jornal, sobretudo da tiragem e distribuição. Os entrevistados sugeriram um maior número de páginas e aumento da periodicidade de mensal para quinzenal. O ofício encaminhando os resultados da pesquisa concluía sugerindo um encontro entre a direção do IMS e os responsáveis pela produção redacional e gráfica do jornal, para discussão dos pontos positivos e negativos apontados no levantamento, com objetivo de reformular o veículo, se fosse julgado conveniente.

## VINCULAÇÃO COM A COMUNIDADE

Além da formação de um Conselho Editorial para o jornal, a preocupação dos professores-orientadores do projeto e da chefe do Departamento de Jornalismo era intensificar a vinculação com a comunidade em 1986. Umas das formas, segundo a professora Euclea Bruno, poderia ser a participação da comunidade nas reuniões de pauta do veículo. Ela também lembrou da importância de o jornal ser comercializado para auferir renda que seria destinada a cobrir despesas dos alunos, como locomoção, lanches, pequenas viagens. "Esse dinheiro formaria um fundo destinado apenas a essas despesas, não seria utilizado para cobrir custos relativos a papel, manutenção do veículo. Atualmente estamos com um espaço de apenas 0,5%

do jornal coberto por anúncios, mas nosso objetivo é chegar a 40%, o máximo que permitimos". Em relação ao Conselho Editorial, explicou que, além de professores e alunos, deveria ter a participação da comunidade, como uma forma também de intensificar o relacionamento com o projeto.

O professor Roberto Elísio dos Santos também achou que é fundamental ampliar essa vinculação com a comunidade, começando a envolver as sociedades de bairro, escolas de samba, clubes de lojistas e sindicatos com o espaço do jornal. Levar esses representantes do bairro para a escola, levar a escola à comunidade para uma convivência maior. Para a professora Katy Nassar, o ideal seria o jornal ser assumido pela comunidade.

## DEPOIMENTOS

No levantamento realizado no Departamento de Jornalismo do Instituto Metodista de Ensino Superior ouvimos professores, estagiários e uma ex-aluna sobre a validade do projeto, principalmente por tratar-se de um jornal com público definido, e pedimos que apontassem suas deficiências.

*Professora Euclea Bruno*: "Em todos os jornais que o aluno participa é justamente no *Rudge Ramos* que mostra mais profissionalismo. Não atrasa a matéria, tem uma participação mais efetiva por tratar-se de um projeto com público dirigido, onde ele tem a responsabilidade maior por saber que sua matéria é lida e muda comportamentos. Ela tem esse compromisso com a comunidade".

*Professor Roberto Elísio dos Santos*: "Realmente, esse tipo de jornal é muito válido porque dá uma postura mais profissional para o aluno, que tem um público que lê, que vai escrever para o jornal reclamando se a entrevista não sair de acordo como foi feita, um público que liga para cá pedindo para fazer matéria na rua dele. Então, o estagiário tem alguma coisa de concreto, tem um retorno, não é uma matéria publicada simplesmente para o puro deleite do repórter. Dos 150 estagiários que a gente tem, pelo menos 70% encaram profissionalmente o jornal, trazem pauta, discutem, vão à cata de matérias".

*Professora Katy Nassar*: "Com as mudanças que fizemos passando de hora-estágio, para atividades cumpridas, em termos de avaliação, os alunos têm encarado o jornal de forma bem profissional. O esquema anterior emperrava um pouco o desempenho do jornal, porque tinha aquela história de dar tantas horas para o aluno de acordo com a atividade. Com a mudança dessa postura, o aluno passou a ter uma participação melhor. Além disso, eles sabem que estão escrevendo para um público, as cartas dos leitores têm sido num número maior, a gente tem percebido soluções das autoridades aos problemas que denunciamos. Tudo isso ajuda a uma postura mais profissional e torna o projeto extremamente válido para a formação do estudante. Fora isso, também temos um sistema de cobranças dos alunos para que a periodicidade não fique prejudicada".

*Marisa Folgato*, aluna do 8.º semestre de Jornalismo: "Olha, o *Rudge* é diferente dos outros projetos, primeiro porque são vários assuntos, os outros giram em torno de um tema só. E depois porque é um jornal de bairro. Mas eu não sei se tem tido muito retorno nesse sentido, quando escrevo não consigo visualizar esse leitor. Eu não sei se a gente continua escrevendo como um jornal acadêmico mesmo que ainda não achou a identidade, ou se os moradores não se interessam mesmo. Mesmo assim, a consciência profissional é maior. Você vai ter maior preocupação na hora de passar os fatos, porque afinal de contas eles estão vivendo os problemas. Você não pode passar uma coisa que não é verdade porque aí, o que você está fazendo? Você não está sendo profissional. Isso tem retorno, nesse aspecto, sim".

*Maria Lúcia Ferreira Pinto*, aluna do 8.º semestre: "Passei pelos jornais *Nossos Textos, Notícias* e *Ensaio*, mas a diferença do *Rudge* é que a gente trabalha junto à comunidade. Eu acho que é a proximidade com o público, a gente tem que buscar os fatos, fazer o melhor nas matérias, embora sinta que não há muito retorno, apesar de ser um jornal que sai para fora da faculdade. O retorno tem que crescer, é coisa mínima".

*Eliana Silva de Souza*, aluna do 8.º semestre: "Em relação aos outros projetos, a maior diferença é ter um público definido. Mas eu também não sei, como eles disseram, o retorno. Acho que aqui deveria haver pesquisas, de você entrar em contato com o público e saber se está havendo retorno ou não. A gente trabalha em cima do vazio. Mas a nível de reportagem acho o projeto válido porque você lida com um público de bairro, que é um jornalismo que está despontando, uma alternativa com relação à grande imprensa".

*Maria dos Santos Pedrosa*, ex-aluna e editora de Educação no jornal *Diário do Grande ABC*: "Para mim o *Rudge Ramos* foi importante em vários aspectos, em vários sentidos. Primeiro porque consegui fazer contatos com gente que estava na área e que posteriormente veio a me dar uma força, ajudar a descolar alguns 'freelas', esse tipo de coisa que me possibilitou entrar efetivamente no meio, conseguir mostrar meu trabalho e me desenvolver um pouco mais. Dentro do projeto tive oportunidade de trabalhar em vários setores.

Fiz buraco de rua, fiz matérias especiais na área de Variedades e fiquei algum tempo na área de Esportes. Isso é importante para você conhecer um pouquinho de todas as áreas. Mas acho que depende muito do interesse do aluno".

"Ele precisa vascullhar um pouco mais, sugerir pautas, que eram coisas bem aceitas. Tem o aspecto de você saber da receptividade do jornal, porque moro no bairro e conheço muito as pessoas que recebiam e ainda recebem o jornal. Então você sabia que ele atendia a um público. Então você tinha um compromisso. Você tinha de trabalhar direitinho, tinha que se empenhar para não fazer matéria de qualquer jeito porque tem um público, tem pessoas que lêem e comentam comigo, no caso porque moro no bairro, porque também recebo o jornal, meus pais recebiam antes de eu fazer estágio. Você sabe que existe um público leitor e você trabalha para que essas pessoas leiam tua matéria. Então você se esforça, dentro das tuas limitações, dos meios que você tem porque não domina muito bem a linguagem direta, técnicas de reportagem, mas aos poucos a gente vai superando esses bloqueios."

"É importante também em termos de desinibição, de você perder o medo da fonte, de entrevistar uma pessoa, cercar a pessoa. Quer dizer, quando eu fui para um jornal diário, já tinha uma certa experiência, não tinha mais aquele bloqueio que em geral a gente cria. Já os outros projetos da Metodista não passavam apenas de trabalhos de faculdade. É aí que entra a questão de você saber que tem um público. Um projeto que tem continuidade, que sai em todos os meses e as pessoas esperam por ele. Embora pareça uma coisa meio pobre em relação à grande imprensa, o jornal de bairro é importante, as pessoas têm grande interesse nele porque têm informações do bairro. Esse interesse faz com que você não encare mais como um trabalho de faculdade que você faz para tirar nota, você trabalha com outro pique. As matérias têm repercussão, ajudam a mudar alguma coisa na comunidade. Eu senti isso no bairro com matérias que fiz e provocaram melhorias para a comunidade."

As deficiências do projeto também foram apontadas pelos professores e alunos, desde a falta de participação dos estagiários, escolha de assuntos inadequados na pauta, falta de uma edição de férias, em fevereiro, para dar continuidade ao projeto, falta de pesquisas (a entrevista foi feita antes da pesquisa realizada no bairro), discussão da pauta, segundo os alunos. A chefe do Departamento de Jornalismo, Euclea Bruno, acrescentou outras deficiências, como a falta de um conhecimento mais profundo do bairro pelos alunos e falhas na distribuição. "Isso acontece apesar de termos 68 postos fixos. Precisamos aprimorar essa distribuição. Sabemos que o essencial é distribuir o jornal mão a mão. Mas vamos estudar melhor como vai ficar isso. Vamos ver os resultados da pesquisa para melhorar a distribuição. O próprio Conselho Editorial que está sendo criado deve cuidar dessa e de outras falhas, principalmente uma maior contribuição no sentido da fundamentação do jornal, porque há muitos tropeços na parte editorial. Muitas vezes a gente dá uma matéria que, depois, na avaliação, chega à conclusão que não tinha muito a ver. Será mais uma atribuição para o Conselho Editorial", acrescentou a professora.

## CONCLUSÃO

Desde o início, o *Rudge Ramos Jornal* tem a marca da ambigüidade: laboratório ou jornal para a comunidade. Isso se manifesta principalmente nos três primeiros anos, com o excessivo número de matérias sobre o Instituto Metodista de Ensino Superior. Fica tão clara essa preocupação de manter viva a imagem do IMS no bairro de Rudge Ramos, que, já no n.º 3, um leitor reclama que as matérias sobre o Instituto ocupam um espaço que poderia ser dedicado a outros assuntos de interesse da comunidade. Embora o editorial de lançamento do veículo explicitasse que seu principal objetivo era ser um jornal a serviço do Rudge Ramos, na realidade tem cumprido quatro funções: servir de estágio aos alunos, laboratório, prestação de serviços ao bairro e venda de imagem do IMS, uma das finalidades de um jornal de empresa.

Essas múltiplas funções, na verdade, têm dificultado uma vinculação mais efetiva com a comunidade, embora as constantes reformulações que atingiram o órgão fossem sempre dirigidas para transformá-lo num autêntico jornal de bairro. Outro ponto que prejudica esse entrosamento com a comunidade está ligado à própria estrutura da instituição. Como precisam cumprir horas de estágio, os alunos, em grande número, são obrigados a trabalhar em três veículos e acabam ficando um bom tempo afastados da comunidade depois que cumprem seu tempo no *Rudge Ramos Jornal* e vão completar as horas de estágio no *Notícias* e *Ensaio*. Nos três meses que ficam fora do jornal de bairro, acabam perdendo o contato com a comunidade.

Mas essa falha não invalida em momento algum o projeto, que tem planos para intensificar sua vinculação com o bairro, especialmente com a participação da comunidade nas reuniões de pauta. Outra demonstração dessa prioridade está na diminuição do número de matérias sobre a Metodista, a partir de 1983, restando apenas uma coluna com esse conteúdo. Outro aspecto que caracteriza bem a preocupação de tornar o veículo realmente um jornal de bairro é a avaliação constante e a evolução que sofreu nestes cinco anos com aumentos de tiragem, ampliação do formato e aumento no número de páginas, além de reformulações no sistema de distribuição. Outro avanço fundamental, desta vez no aspecto pedagógico, foi a contratação de mais professores para o projeto, possibilitando um melhor atendimento e orientação aos alunos, que encontram condições de acompanhar todo o processo, da pauta à impressão, já que a Metodista é uma das poucas faculdades com gráfica própria para rodar o jornal.

Se a primeira e segunda fases foram mais de reflexão, a terceira está marcada pela profissionalização, visando não apenas uma melhor preparação dos alunos para o mercado de trabalho, como também levando-os a uma postura mais profissional, em seu trabalho junto à comunidade. As pesquisas promovidas pelo jornal procuram não apenas fundamentar as transformações necessárias, de acordo com as expectativas dos leitores, mas também servir de reflexão e fornecer subsídios aos estudantes que assim passam a conhecer melhor seu campo de trabalho.

A própria veiculação de publicidade, outra característica que marca o veículo desde a fundação, visa habituar o aluno-repórter com as pressões sofridas pelos meios de comunicação que atuam numa sociedade capitalista. Além disso, há planos para a renda dos anúncios cobrir as despesas dos alunos com locomoção, lanches e mesmo pequenas viagens. Em última instância, a publicidade terá a função também de ampliar o relacionamento com a comunidade através da prestação de serviços no próprio bairro.

## NOTAS E REFERÊNCIAS BIBLIOGRÁFICAS

1. *Rudge Ramos Jornal*, n.º 3, outubro/novembro de 1980, p. 2.
2. Informativo n.º 05 da chefe do Departamento de Jornalismo, Euclea Bruno, de 19 de novembro de 1985, informando aos alunos que, a partir do n.º 50, o jornal reiniciaria sua atividade comercial, voltando a veicular anúncios.
3. *Rudge Ramos Jornal*, n.º 1, julho de 1980, p. 3.
4. ————, editorial sob título "Os Objetivos da Universidade", p. 2.
5. ————, pp. 4-5.
6. Projeto para a criação do jornal da Faculdade de Comunicação Social do IMS, julho de 1979.
7. *Rudge Ramos Jornal*, n.º 1, primeira página.
8. ————, n.º 2, agosto/setembro de 1980, primeira página, pp. 2, 6, 7, 8, 9 e 13.
9. ————, n.º 4, dezembro/janeiro — 1980/1981, pp. 2, 6, 7 e 8.
10. ————, n.º 5, fevereiro/março de 1981, primeira página, pp. 2, 3, 5 e 11.

11. ————, n.º 6, abril/agosto de 1981, p. 2.
12. ————, n.º 12, março de 1982, pp. 2 e 12 e encarte sobre Lazer.
13. ————, n.º 15, julho de 1982, p. 2.
14. ————, n.º 18, outubro de 1982.
15. ————, n.º 20, dezembro de 1982.
16. ————, n.º 21, janeiro de 1983, primeira página.
17. ————, n.º 23, março de 1983, p. 2.
18. ————, n.º 27, julho de 1983, p. 2.
19. ————, n.º 29, setembro de 1983, p. 4.
20. ————, n.º 32, dezembro de 1983, primeira página.
21. ————, n.º 36, junho de 1984, primeira página.
22. ————, n.º 37, julho de 1984, primeira página.
23. ————, n.º 43, abril de 1985, p. 2.
24. ————, n.º 46, julho de 1985, p. 2.
25. "Rudge Ramos Hoje" — Estudo e Pesquisa sobre o bairro Rudge Ramos e o *Rudge Ramos Jornal*, com coordenação do professor Gino Giacomini Filho, Departamento de Jornalismo da Faculdade de Comunicação Social do Instituto Metodista de Ensino Superior, São Bernardo do Campo, 1985.
26. *Rudge Ramos Jornal*, n.º 45, dezembro de 1984, pp. 5, 6 e 11.
27. "*Rudge Ramos Jornal* e Análise do Trabalho", elaborado pelos professores Antonio Cerveira de Moura, José Luís Salim e Rogério Bastos Cadengue, em 2 de abril de 1981.
28. Relatório sobre a participação dos alunos, de 16 de dezembro de 1981.
29. Relatório de avaliação apresentado pelos professores Antonio Cerveira de Moura, Aparecido Celso Pelosi e Jorge Luís Salim, em 2 de agosto de 1982.
30. Pesquisa de opinião pública realizada no primeiro semestre de 1983.

# JORNAL
# Rudge Ramos

IMS - RUDGE RAMOS - ANO I - N.º 5 - FEVEREIRO/MARÇO/81 - DISTRIBUIÇÃO GRATUITA

# Câmara congratula-se com o Rudge Ramos Jornal

pág. 2

CÂMARA MUNICIPAL DE SÃO BERNARDO DO CAMPO

REQUERIMENTO Nº 007/81 - PROTOCOLO GERAL Nº 035/81

CÓPIA AUTÊNTICA

"REQUEREMOS à Presidência, ouvido o Plenário, nos termos regimentais, a inserção na Ata dos trabalhos da presente sessão de um voto de congratulações com a direção do Instituto Metodista de Ensino Superior, pelo lançamento do JORNAL RUDGE RAMOS, jornal experimental editado pela Faculdade de Comunicação Social daquele estabelecimento de ensino superior.

O Jornal Rudge Ramos, com excelente apresentação, impresso nas oficinas gráficas do IMS, e com distribuição gratuita, aborda com muita propriedade temas de relevante interesse social, principalmente problemas que afligem a população, caracterizando-se em um periódico sério,voltado para o levantamento e discussão de questões que interessam de perto à comunidade.

Que se dê ciência do inteiro teor do presente requerimento à direção do Instituto Metodista de Ensino Superior.

Sala das Sessões, 04 de fevereiro de 1981.

(as.) LUIS MASSA
Carlos Beltran Battistini
Lenildo Freitas Magdalena
Neuci da Cunha Gonçalves
Walter José Demarchi
Ivone Soares Quaglia
Hamilcar Paranhos
Paulo Vidal Neto
Álvaro Domingues
Délzio Paschoin
Gilberto Frigo
Eduardo César
Ney Duclos

às março de 1981. ( a. ) Aron Galante - Presidente".
...onal de, São Bernardo do Campo, em 11 de
- Paulo Guilherme Bundfeld,
Nil-

---

| A história dos pioneiros de Rudge Ramos: | Lazer em Rudge Ramos? | Professores se organizam na Metodista |
|---|---|---|
| **Thomé** | | |
| Págs. 6/7 | pág. 4 | pág. 3 |

# SEGUNDA SEMANA EM DEFESA DO MEIO AMBIENTE

Em setembro, de 21 a 26, será realizada a II Semana Ecológica, promovida pelos Diretórios Acadêmicos e Pastoral Universitária do IMS — Instituto Metodista de Ensino Superior e pela Diocese de Santo André. Seu objetivo principal, segundo Ronaldo Sathler Rosa, um dos coordenadores, é desenvolver "um trabalho educativo visando despertar a comunidade para os problemas da natureza e, por consequência, do próprio homem".

Referindo-se ao desequilíbrio ecológico e ao perigo que representa, Ronaldo ressalta que, "no estudo dos problemas que virão à tona com a Semana Ecológica, espera-se que as pessoas possam descobrir meios de mobilização para combater essa forma de destruição da natureza e da própria vida humana" e, a exemplo do ano passado, espera que a receptividade e participação da comunidade seja efetiva.

Para tanto e objetivando atingir um maior número de pessoas, os organizadores da II Semana Ecológica promoverão sua divulgação através de cartazes, comunicados às emissoras de rádio e televisão, bem como jornais, além de cartas a todas as entidades representativas da região (sindicatos, igrejas, clubes, sociedade amigos de bairros, ect.)

## PROGRAMA

Todos os eventos (palestras, projeção de filmes, debates e encerramento serão realizados no campus do IMS às nove horas da manhã e às oito da noite.

Ato público em defesa do meio ambiente e retrospectiva da I Semana Ecológica, realizada em setembro/outubro do ano passado, abrirá a II Semana no dia 21 (segunda feira), às vinte horas na praça interna do Instituto Metodista de Ensino Superior.

Dia 22 (terça-feira), pela manhã, será apresentado um painel sobre "Como Preservar o Meio Ambiente" com a participação do atriz Cacilda Lanuza e do advogado Fábio Feldman, especialista em direito ambiental. À noite, outro painel enfocará os problemas da represa Billings, principal fornecedora de água à região do ABC, mas que vem apresentando graves problemas de poluição. Fernando Victor de Araújo Alves, vereador de Diadema e profundo conhecedor dos problemas da represa, bem como Tito Costa, Prefeito de São Bernardo e também preocupado com os problemas que a Billings vem apresentando, e conservacionistas, participarão dos debates.

Na quarta feira (23) pela manhã Nanuza Luiza de

Menezes, do Instituto de Botânica da USP — Universidade Estadual de São Paulo, especialista em vegetação de montanha, abordará os problemas da poluição em Cubatão e a situação da Serra do Mar. Já à noite e quinta de manhã, haverá projeção do filme Síndrome da China, seguido de debate.

"Energia e Meio Ambiente no Brasil", por sua vez, será o tema da exposição e debate a realizar-se às 20 horas da quinta-feira (24) com José Zatz, físico nuclear e professor do Instituto de Física da USP.

Sexta-feira, penúltimo dia da II Semana Ecológica será abordado, na parte da manhã, o Pantanal do Mato Grosso com as presenças de Astúrio Ferreira dos Santos, presidente do Comitê de Defesa do Pantanal, do jornalista José Hamilton Ribeiro e equipe do Globo Repórter. Já o senador Evandro Carreira, à noite, enfocará e debaterá o tema "Amazônia e Projeto Carajás".

A festa de encerramento acontecerá no sábado (26) com música, danças e comidas típicas, peças teatrais, feira, além de apresentação da Orquestra de Violeiros de Osasco. ●

---EDITORIAL

## OBJETIVO DESTA MUDANÇA É O ATENDIMENTO À COMUNIDADE

Está aí o número 6 do Rudge Ramos Jornal. Nova feição gráfica, algumas modificações quanto ao conteúdo e o mesmo esforço de sempre, buscando solidificar este veículo de comunicação. Até agora estivemos circulando de forma mais ou menos incerta, com periodicidade irregular e em tamanho que pouco ou quase nada lembrava um jornal. Mesmo assim conseguimos despertar o interesse da comunidade e até o reconhecimento por parte da Câmara Municipal de São Bernardo do Campo. Mais que isto, conseguimos despertar em diversos alunos do curso de Jornalismo do IMS — Instituto Metodista de Ensino Superior o conhecimento real do que seja uma redação e um jornal, na tentativa de ser o mais profissional possível.

Com este número estamos começando uma nova fase, que queremos seja marcada pelo sucesso, com aceitação por parte da comunidade, não só do Rudge Ramos, mas de todo o ABC, e como afirmação daqueles que estão esperançosos de fazer um bom jornalismo.

Falhas sabemos que continuaremos a apresentar. Mas, só comete erros quem tenta fazer algo. Assim, continuaremos tentando e incorrendo em falhas. Só que esperamos a opinião e participação dos leitores, para que pouco a pouco as de-

ficiências venham a desaparecer.

As mudanças que hoje ocorrem devem ser creditadas, em grande parte, ao apoio da direção do IMS, que adquiriu máquinas e equipamentos para que pudéssemos não só praticar com os alunos da instituição, mas que também pudéssemos atender à comunidade, função maior de qualquer entidade universitária que não deseje ser apenas uma fábrica de diplomas. Estamos com a pretensão, que iremos transformar em realidade, de circular com data certa e periodicidade mensal. Uma periodicidade que poderá ser modificada mais tarde, de acordo com o desenvolvimento deste projeto e a resposta da comunidade.

Queremos deixar claro, mais uma vez, que as páginas do Rudge Ramos Jornal estão à disposição de todos quantos fazem o bairro, a cidade de São Bernardo e o ABC. Assim, associações de bairros, escolas, clubes de serviço, clubes esportivos, grêmios, sindicatos e entidades públicas, além dos leitores, é claro, podem fazer do Rudge o seu veículo, trazendo-nos suas notícias, suas programações e atividades, pois assim fazendo estarão colaborando para que possamos atingir os nossos objetivos e fortalecendo não só o ensino e a imprensa da Região, mas principalmente a própria comunidade ●

# Congresso Abordará os Problemas da Juventude

De 28 de outubro a 02 de novembro será realizado em Florianópolis no campus da UFSC — Universidade Federal de Santa Catarina, o X Congresso Brasileiro de Comunicação Social, promovido pela UCBC — União Cristã Brasileira de Comunicação Social, abordando o tema Comunicação, Juventude e Participação.

O tema central, por sua vez, será dividido em quatro subtemas: Juventude e Indústria Cultural; O Jovem, o Estado e a Sociedade Civil; A Expressão dos Jovens e Suas Alternativas e A Participação da Juventude no Brasil, que serão discutidos em 28 painéis e 12 mesas redondas.

Mais de cem especialistas em problemas juvenis, a-

lém de coordenadores de comunidades universitárias de base, representantes das pastorais universitárias, bem como dirigentes dos principais movimentos de jovens de orientação cristã, estarão participando dos debates e expondo trabalhos.

A exemplo do IX Congresso, realizado no IMS — Instituto Metodista de Ensino Superior, em Rudge Ramos, no ano passado, espera-se que mais de mil pessoas, sobretudo jovens, participem do X Congresso onde serão debatidos seus problemas e seu posicionamento na sociedade.

Durante a realização do Congresso, serão desenvolvidos eventos paralelos como espetáculos teatrais, danças

folclóricas além de excursão às praias de Santa Catarina.

Os interessados em participar do Congresso poderão fazer suas inscrições pelo correio, enviando dados pessoais (nome, endereço, função) e cheque cruzado e nominal à UCBC — União Cristã Brasileira de Comunicação Social, rua do Sacramento, 230 — sala 1706 — CEP 09720 — Rudge Ramos — São Bernardo do Campo, no valor de Cr$ 1 mil (sócios da UCBC), Cr$ 1.200 (estudantes) e Cr$ 1.600 (outras categorias).

Estes preços são válidos até 30 de setembro, quando passarão para Cr$ 1.500, Cr$ 2.000 e Cr$ 2.500 respectivamente ●

## Rudge Ramos — JORNAL

IMS — ANO II — N° 6 — ABRIL A AGOSTO/81

JORNAL EXPERIMENTAL EDITADO PELA FACULDADE DE COMUNICAÇÃO SOCIAL DO INSTITUTO METODISTA DE ENSINO SUPERIOR.

INSTITUTO METODISTA DE ENSINO SUPERIOR

Presidente do Conselho Diretor: Dr. Aldo Fagundes

Diretor Geral: Dr. B. P. Bittencourt

Diretor da Faculdade de Comunicação Social: Dr. Onésimo Oliveira Cardoso

ORIENTADORES: Rev. Otoniel Luciano Ribeiro
Antonio Cerveira de Moura
Jorge Luiz Salim
Rogério B. Cadengue

EDITOR: Aparecido Celso Pelosi

COMPOSIÇÃO/ARTE-FINAL: José Anselmo Alves

REDAÇÃO E ADMINISTRAÇÃO: Rua do Sacramento, 230 Fone: 457-3733 - Ramal 53 Rudge Ramos – S. B. C. - SP.

Composto e impresso nas Oficinas do Setor Gráfico e Reprográfico do Instituto Metodista de Ensino Superior.

TIRAGEM: 5.000 Exemplares
DISTRIBUIÇÃO GRATUITA

JORNAL

# Rudge Ramos

ANO IV – Nº 28
AGOSTO/83

DISTRIBUIÇÃO GRATUITA

PUBLICAÇÃO DO IMS — INSTITUTO METODISTA DE ENSINO SUPERIOR A SERVIÇO DA COMUNIDADE

*Greve Geral paralisa São Bernardo*

## Polícia Militar ocupa ruas da cidade e invade igreja

Páginas 6 e 7

O BRASIL UNIDO JAMAIS SERÁ VENCIDO!

ELEIÇÕES DIRETAS PARA PRESIDENTE

O POVO NÃO AGUENTA MAIS A FOME, EXPLORAÇÃO ENTREGUISMO E A FALTA DE LIBERDADE.

Mais de 430 delegados de entidades estudantis e 700 participantes sem direito a voto discutiram a realidade brasileira e afixaram diversas faixas nas plenárias e campus do IMS

## No IMS, estudantes de todo o País participam do IV Conselho Nacional de Entidades de Base

Última página

146

# JORNAL Rudge Ramos

ANO IV — Nº 32
DEZEMBRO/83

DISTRIBUIÇÃO
GRATUITA

PUBLICAÇÃO DO IMS – INSTITUTO METODISTA DE ENSINO SUPERIOR A SERVIÇO DA COMUNIDADE

## Editorial

### Nova proposta de ação em 84

Com esta última edição de 1983, encerramos o que pretendemos ser mais uma das fases do Rudge Ramos Jornal. Em 1984, já a partir da edição de fevereiro, ele voltará a ser distribuído no primeiro sábado do mês e com nova roupagem, tanto no aspecto visual quanto no editorial. Intencionamos tornar a sua presença mais ativa na comunidade e contribuir no sentido de aumentar a interação entre as que a compõem.

Essa proposta também envolve os comerciantes, que passarão a receber maior atenção, pois entendemos que a interação só é completa quando a participação se dá em todos os sentidos. Assim, procuraremos incentivar a população a fazer as compras de que necessitam no próprio Bairro e os comerciantes a veicular pelas páginas do Rudge Ramos Jornal o que ele tem a oferecer.

Por outro lado, procuraremos aumentar a penetração do veículo no Bairro e nos órgãos de decisão, sem perder, contudo, a sua característica comunitária, o que, pelo contrário, poderá ser acentuada se aumentar a prestação de serviços à comunidade.

É com essa preocupação que pretendemos iniciar 1984, um ano que se apresenta problemático como esse de 1983, mas que pode ser enfrentado com a cooperação e participação de todos no sentido de tornarmos a vida mais humana. Que essa seja a única ambição! (ACP)

### Correção

Na última edição, na matéria publicada na página 4 com o título A luta contra a poluição, atribuímos a Nilza Generali uma declaração que em momento algum ela proferiu. Quando entrevistada por esse Jornal, Nilza disse: "São Paulo inteira é poluída. Aqui também há enchentes e nós não podemos fazer nada contra elas. O pior cheiro vem do rio. Para que prejudicar uma firma se há tantos desempregados, inclusive eu?" A primeira declaração é de uma pessoa que não quis se identificar. Quando da redação da matéria houve a confusão, pelo que pedimos desculpas.

## Natal

# A esperança renasce

### Desfraldadas as bandeiras das diretas

A campanha pela realização de eleições diretas para Presidente da República deixou de ser apenas uma aspiração de alguns grupos, tornou-se assunto polêmico e vem repercutindo em toda a sociedade, até na Câmara Municipal de São Bernardo e aqui no Bairro. A despeito das dificuldades criadas pelo governo federal, a mobilização ganha as ruas e consegue unificar os partidos de oposição na defesa de sua realização, como no ato promovido por diversas agremiações em frente ao Pacaembu (foto).

*Páginas 12 e 13*

## JORNAL
# Rudge Ramos

PUBLICAÇÃO DO INSTITUTO METODISTA DE ENSINO SUPERIOR A SERVIÇO DA COMUNIDADE
ANO V — Nº 37 — JULHO/84 — DISTRIBUIÇÃO GRATUITA

## Leitor: o seu jornal entra no quinto ano

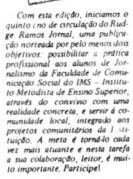

Com esta edição, iniciamos o quinto ano de circulação do Rudge Ramos Jornal, uma publicação norteada por pelo menos dois objetivos: possibilitar a prática profissional aos alunos de Jornalismo da Faculdade de Comunicação Social do IMS – Instituto Metodista de Ensino Superior, através do convívio com uma realidade concreta, e servir à comunidade local, integrado aos projetos comunitários da Instituição. A meta é torná-lo cada vez mais atuante e nesta tarefa a sua colaboração, leitor, é muito importante. Participe!

As crianças se divertem e ajudam a manter viva a tradição

## Nas ruas do Bairro, muitas festas juninas

O objetivo é manter viva a tradição junina e, ao mesmo tempo, aumentar a integração entre os vizinhos, criando novas amizades, como acontece com o garoto Silvio de Melo, morador há dois meses na Rua Pio XII, que em menos de uma hora conseguiu "conhecer todo mundo". O caráter comunitário dessas festas também pode ser verificado nas realizadas nas ruas Votorantim e Itaguassu, na Vivaldi, e na da Vila Uras, preparada pelos moradores das ruas Elias Severo dos Anjos e Rui Capretz, que ocorre há 14 anos. Veja mais detalhes na página 3.

## Diretas: o blefe do Governo

Ao notar que as oposições tinham descoberto mecanismos capazes de aprovar a sua emenda com eleições diretas já, e não em 88, o Governo mais uma vez tirou o time, frustrando a expectativa da Nação, renascida das cinzas após a votação e rejeição da Dante de Oliveira, em abril, por falta de quorum. Aliás, já naquela oportunidade o Governo tinha na falado o jogo com a apresentação de sua emenda, pois muitos deputados do PDS alegaram que não votariam numa emenda da oposição quando havia outra do Governo. Ao que parece, tudo não passou de um blefe.
Página 9

## Crescem os índices da violência

Somente no primeiro trimestre os crimes cresceram em 16 por cento, se comparados com o mesmo período do ano passado. O aumento nos índices da criminalidade tem feito com que as pessoas sintam medo de sair de casa, para trabalhar e até mesmo passear, isto quando não transformam suas residências em prisões, erguendo os muros e colocando grades de ferro. Mas, quais as causas da violência? O que leva um indivíduo à marginalidade? Veja na página 5 o que dizem a polícia, advogados, padres e comerciantes e o relato de moradores do Bairro.

## Dr. Rudge Ramos: uma via perigosa

A Avenida tem sido palco de muitos problemas, como os rachas que vêm sendo verificados nas madrugadas dos finais de semana, envolvendo carros e motocicletas, e protagonizados, em boa parte, por menores.
Se à noite as vítimas mais prováveis são os próprios motoristas que participam dos rachas, durante o dia o risco maior é enfrentado pelos pedestres que têm de atravessá-la, uma vez que, além do canteiro central ser estreito e de apresentar tráfego intenso, possui pouca sinalização. Confira na página 4

# Nova política pedagógica no Rudge Ramos Jornal

Metodista

O Rudge Ramos Jornal, órgão de estágio dos alunos de Jorna-lismo do IMS — Instituto Metodista de Ensino Superior, devido a problemas estruturais e organizacionais, sofreu neste início de ano algumas modificações no seu quadro interno e na sua prática pedagógica.

A mudança ocorreu após várias reuniões e discussões entre os membros do Departamento de Jornalismo, dos quais participaram, principalmente, os professores ligados à área dos impressos, e a Direção da Faculdade de Comunicação Social. A base de toda a reestruturação se deveu ao fato de dar uma melhor orientação ao aluno. Dessa forma, foram determinadas as prioridades e foi dado início às primeiras modificações funcionais.

De acordo com o diretor da Faculdade, professor Miguel Rocha, o que determinou as mudanças no Jornal foi a intenção de descentralizar sua função de órgão de estágio. Anteriormente, era o único veículo a oferecer formação jornalística a nível de estágio curricular, o que levava ao acúmulo de alunos em sua estrutura e à consequente perda da ação pedagógica.

Com a nova estrutura, espera-se que os problemas surgidos nos anos anteriores não mais venham a ocorrer. Para sustentar essa ideia foi reelaborado o Regulamento de Estágio, proporcionando assim maiores facilidades para o cumprimento das horas. Assim, foi estipulado que todos os projetos apresentados ao Departamento poderão ser válidos como horas de estágio, desde que obedeçam os critérios fixados pelo Departamento.

Para Eucléa Bruno, chefe do Departamento de Jornalismo, essa reformulação se deu também em razão de falhas no lado pedagógico da questão. Ou seja, além do órgão não "estar tendo capacidade de absorver todos os alunos, trata-se de uma estrutura existente com a finalidade de profissionalizar mas não relegar a ação pedagógica".

## Mais alterações

Agora o jornal conta com uma equipe de orientadores de texto e edição jornalística, professor de diagramação coordenando o planejamento gráfico, uma secretária administrativa e um supervisor de estágio. Dessa forma os alunos terão maior participação na confecção do Jornal e consequentemente maior chance de cumprir a carga horária estipulada.

Existem também algumas idéias que ainda estão em fase de amadurecimento, como é o caso do replanejamento editorial e gráfico. Mas para que isso ocorra será necessário que se "faça uma pesquisa com fundamentação científica junto à população", diz Eucléa.

Outro ponto que ainda suscitará muitas discussões e análises é a possível adequação do Rudge Ramos Jornal à entrada de publicidade. "O Jornal pode funcionar com anúncios, o que se acontecer, no entanto, não gerará lucros, mas sim amenizará custos garantindo mais recursos para seu aprimoramento", explica Miguel Rocha.

Outro ponto a ser alterado é a forma como é feita a distribuição do jornal, anteriormente a cargo dos alunos. Agora a distribuição passará a ser de responsabilidade da Instituição.

Além de ser o Jornal um órgão laboratorial com poucos recursos financeiros e estruturais o Rudge Ramos Jornal não pode absorver no decorrer de alguns anos o acúmulo de alunos, já formados, em débito com a parte de estágio. Dessa forma, a fim de que esses alunos tenham condição para finalizar o estágio, está sendo realizado um levantamento estatístico junto à Direção Acadêmica para solucionar a questão.

Quanto ao fato de o jornal não ter circulado normalmente no início do ano — a última edição saiu em dezembro — Miguel Rocha esclarece que isso ocorreu exatamente pelo fato de os profissionais orientadores serem professores e como tal desempenharem suas atividades apenas durante o período letivo.

*Eliana Silva de Souza*

# Clínica Odontológica preocupada com a comunidade

Cerca de duas mil pessoas carentes
são atendidas semanalmente
pela COI — Clínica Odontológica Integrada,
que funciona nas dependências do Instituto Metodista.
O atendimento é feito pelos estudantes estagiários
do último ano de Odontologia
e faz parte de um trabalho universidade/comunidade
que visa trazer serviços de boa qualidade
a um preço acessível à população local.

De acordo com o professor Ivon Corrégio de Figueiredo Suscasas, diretor da Faculdade de Odontologia, a Clínica Odontológica faz um trabalho moderno em cada paciente, que tem como etapa inicial o setor de triagem onde as pessoas são submetidas a uma análise sobre sua situação financeira. A partir dese momento, estabelece-se o custo que deverá ser pago, o mesmo variando conforme o tratamento e levando-se em conta preço de custo do material.

Todo esse tratamento conta ainda com a colaboração de uma assistente social que se encarrega de fazer reuniões com a família dos pacientes tornando, dessa forma, mais fácil o desenvolvimento do trabalho do odontólogo. Isto proporciona que se tenha não apenas um resultado técnico satisfário, mas também que se faça com que as pessoas obtenham maior esclarecimento a respeito das diversas etapas que podem ocorrer no desenrolar do tratamento.

## O tratamento

Esta função desenvolvida pela clínica teve seu início em 1978 e sempre manteve esse mesmo ritmo de trabalho. Os estudantes que integram a rotina de serviço

são aqueles que estão no terceiro e quarto anos. Mas para que haja uma segurança total para o paciente, existe uma equipe de professores que fiscaliza o trabalho.

As inscrições para o tratamento ocorrem em janeiro sendo que a clínica funciona todos os dias de segunda a sexta-feira nos períodos da manhã, tarde e noite, e ainda no sábado de manhã. O professor Ivon calcula que cerca de duas mil pessoas sejam atendidas por semana.

Para melhor funcionamento e maior organização do esquema de trabalho está estabelecido em cada dia da semana um determi-

nado tipo de tratamento, que varia de acordo com a matéria ministrada no momento. Dessa forma, as segundas-feiras, os alunos se dedicam a fazer diagnósticos de tumores e ainda tratamento de canal, na terça-feira, realizam obturações e cirurgias, na quarta-feira, o cuidado é com as crianças que necessitam de aparelho e também prótese dentária, na quinta-feira, volta-se a mexer de duas mil pessoas sejam atendidas por semana, na sexta-feira, ocorrem novamente as cirurgias e também prótese dental; finalmente no sábado, é feito o tratamento de gengiva.

*Eliana Silva de Souza*

# Saída para a liberdade

O nome "Páscoa" vem da própria história dos acontecimentos que antecederam a saída do povo hebreu do Egito, há dezenas de séculos atrás. Porque Deus concedeu liberdade definitiva ao povo, eles responderam à essa amorosa gesto com celebrações marcadas pela alegria e gratidão. É porque Deus libertou o povo de uma amarga escravidão, eles quiseram relembrar continuamente esse auspicioso acontecimento.

É difícil perceber as razões dessa comemoração que passou a fazer parte dela. Essa tem sido uma forte luta dentro da igreja Cristã para manter viva a celebração da Páscoa. O sofrimento do nosso povo é tão grande que reduz seu campo visual,

restringe sua capacidade de pensar e elimina a esperança. A dor e a angústia nos leva a colocar em dúvida o sentido da vida. Diante disso, os cristãos são chamados a lembrar e reviver fatos na história do mundo cuja finalidade é ajudar a recuperar a esperança, a alegria de viver.

"Claro que o ato de "lembrar" não é nada passivo e estático. Aqui, o verbo envolve a idéia de dramatizar no dia-a-dia de cada um a importância da fé em meio às angústias e incertezas. Foram tantas as demonstrações de ajuda de Deus, em momentos difíceis, que o povo bíblico e, posteriormente, a Igreja Cristã reconheceram o significado da Páscoa. Por dias de Jesus, o

Império Romano tremia, reforçando sua guarda, diante da comemoração da Páscoa. A tradição, formada pelo sentido da vida, faria com que os cristãos não chamados a lembrar e reviver fatos na história do mundo cuja finalidade é ajudar a recuperar a esperança, a alegria de viver.

A Páscoa é o tempo da manifestação de Deus entre os homens.

No Brasil, a Páscoa acontece no "A Nova República". Seria uma coincidência histórica ou um fato plenamente significativo? É bom lembrar que a Páscoa nunca foi fruto de data. Na verdade, ela teve sua origem num bando de escravos cheios de medo. A saída, isto é a Páscoa, possibilitou-lhes uma nova vida. *Colaboração: Reverendo Tercio M. Siqueira*

**Rudge Ramos** JORNAL

**ANO V — Nº 43 — ABRIL/85**

EDITADO PELA FACULDADE DE COMUNICAÇÃO SOCIAL
DO INSTITUTO METODISTA DE ENSINO SUPERIOR
Os conceitos emitidos nos artigos assinados
são de inteira responsabilidade dos seus autores

**IMS**

Presidente do Conselho Diretor:
Paulo de Tarso Augusto
Diretor Geral: Gerson Soares Veiga
Diretor da Faculdade de Comunicação
Social: Miguel de Abreu Rocha
Diretor Administrativo:
Otoniel Luciano Ribeiro
Chefe do Departamento de Jornalismo:
Eucléa Bruno (MTb 8283)

Orientação de texto:
Gerson Moreira Lima (MTb 10556)
Orientação Gráfica:
Gino Giacomini Filho
Coordenação de Edição:
Roberto Elísio dos Santos
(MTb 15837)
Coordenação de Redação:
Katy Nassar (MTb 15586)
Secretária:
Fátima Ap. da Silva

Supervisor de Estágio: Antônio
Cerveira de Moura (MTb 12256)
Redação e Administração: Rua do
Sacramento, 230 — Edifício Delta —
Sala 410 — Telefone 457 3733 — Ramal 67 — Rudge Ramos — CEP 09720
— São Bernardo do Campo — SP
Composto e impresso nas oficinas do
Setor Gráfico e Reprográfico do IMS
— Instituto Metodista de Ensino
Superior.
Tiragem: 7.000 exemplares
DISTRIBUIÇÃO GRATUITA

# JORNAL
# Rudge Ramos

PUBLICAÇÃO DO INSTITUTO METODISTA DE ENSINO SUPERIOR A SERVIÇO DA COMUNIDADE
ANO VI — Nº 49 — OUTUBRO/85 — DISTRIBUIÇÃO GRATUITA

# Violência!
# Qual a solução?

**E a criança? Ré ou vítima?**

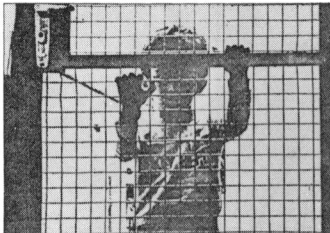

## Câmara contesta diretor de Obras

Ramiro Neves, presidente da Câmara Municipal de São Bernardo do Campo, enviou ao *Rudge Ramos Jornal* ofício referente à matéria "Acidentes assustam moradores" publicada na página 9 da edição de setembro.

A mensagem fala da alegria do vereador em "perceber o interesse desse veículo quanto ao enfoque de assunto realmente importante, como é a falta de iluminação na avenida 31 de Março", além de lamentar em nome da população do bairro Pauliceia, "os equívocos cometidos" pelo diretor de Obras Públicas da Prefeitura, Hélcio Moutinho, na entrevista concedida a este órgão de imprensa.

Na próxima edição, publicaremos a carta de Ramiro Neves contestando as declarações de Hélcio Moutinho e, também, novos esclarecimentos do diretor de Obras, visando acelerar as providências no sentido de iluminar a avenida 31 de Março.

## O Bairro reclama

Apesar da sinalização, vários acidentes continuam acontecendo entre a Avenida Caminho do Mar e Rua Harmonia, ocasionados pela imprudência dos motoristas, que geralmente estão em alta velocidade.

A necessidade de policiamento para autuar os infratores e dar segurança aos pedestres é vital, conforme os moradores do local.

Por sua vez, a Comissão de moradores da Vila Vivaldi, reuniu-se na Igreja Santa Edwiges, no dia 9 de agosto, para discutir os problemas daquele setor do Bairro, a fim de que possam viver em melhores condições. Nesta reunião surgiram propostas que foram encaminhadas para o titular da Sub-Prefeitura de Rudge Ramos, José Avilez. Também José Florentino, morador da Rua Tietê, reclama de um buraco aberto há mais de seis anos na esquina desta rua com a Rua Pirapitingui. Outros moradores já foram várias vezes reclamar na Prefeitura, que até agora não solucionou o problema. Na página 3.

## Constituinte

A Câmara Municipal de São Bernardo realizará uma semana de discussões e debates, onde será formada uma comissão cujo objetivo será o de fazer com que o ABCD entenda e conheça melhor a Constituinte. Anteriormente, no dia 12 de setembro, alunos de segundo grau discutiram, sob a coordenação do professor Luiz Roberto Alves, as leis da nova Constituição, no Colégio Estadual Lauro Gomes, em Rudge Ramos.
Na página 8

## Sindicatos

Duas categorias conquistaram melhores condições de trabalho. Os metalúrgicos conseguiram, nas grandes montadoras, a redução das horas trabalhadas, fato que aconteceu, segundo o Sinfaves, devido ao reaquecimento do setor automobilístico. Os bancários, por sua vez, conseguiram um reajuste salarial de 90,7 por cento, após dois dias de paralisação. Já os comerciários do ABC não se sentem motivados na campanha salarial que começa a ser desenvolvida. Na página 9.

## AINDA NESTA EDIÇÃO

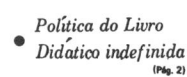

- *Política do Livro Didático indefinida* (Pág. 2)

- *Festa dos Carroceiros no dia da padroeira* (Pág. 11)

- *Horta comunitária dá resultados* (Pág. 5)

- *Santo André sedia Jogos Abertos* (Pág. 12)

# CAPÍTULO III

# 1. PERFIL COMPARATIVO DOS JORNAIS PESQUISADOS

Para estabelecer um perfil comparativo entre os projetos *Marco*, *Campus* e *Rudge Ramos Jornal* é necessário, inicialmente, definir algumas semelhanças e diferenças que caracterizam esses veículos ao longo de suas trajetórias. Pelo menos em dois pontos essas experiências convergem: a) são dirigidos para públicos específicos; b) procuraram sempre aperfeiçoar seus conteúdos e formas visando a uma maior integração com os receptores. Mas acabaram pecando em alguns pontos essenciais para atingir esses objetivos: não são publicados nas férias escolares, dificultando uma ação permanente junto às respectivas comunidades, quebrando o hábito do leitor receber o veículo na data certa. Apresentaram, durante parte do processo, conteúdos diversificados, dando ênfase a temas que não interessavam diretamente às comunidades. E o fundamental: levavam a marca da ambigüidade editorial, entre jornal-laboratório ou jornal para a comunidade.

Se a ausência de publicidade difere o *Marco* dos outros dois projetos e o apoio logístico é um ponto positivo no *Rudge Ramos Jornal* em relação às outras experiências, a diferença mais marcante está justamente nas formas de ação para minimizar a ambigüidade editorial e atingir as suas finalidades, considerando-se, evidentemente, o tempo de existência de cada projeto. Enquanto o *Marco* superou, de certa forma, a etapa de jornal-laboratório e caminha para passar de veículo dirigido à comunidade para jornal comunitário, os outros ainda lutam para atingir o estágio de órgão para a comunidade, caracterizando bem o conflito: laboratório ou jornal profissional.

Na realidade, o *Marco* não sofreu alterações fundamentais em seus 14 anos de existência, como aconteceu com os outros dois jornais. Desde o início vem perseguindo os objetivos para os quais foi criado e praticamente conseguiu atingi-los: não é um jornal com temas acadêmicos, com raras exceções, levou o estudante a um contato direto com o público, proporcionou o exercício do jornalismo aos candidatos e presta serviços às comunidades. Só falta agora ser feito pelos próprios receptores.

Já o *Campus* viveu 12 anos com periodicidade irregular, prejudicando tanto o aspecto pedagógico, pela falta de motivação dos alunos, quanto o profissional, pelo desinteresse do leitor que não dispunha do veículo em datas determinadas. Somente a partir de 1982, com uma nova direção e outra filosofia editorial, partiu para ser um jornal mais crítico, saindo na data certa, com características predominantemente profissionais, relegando a segundo plano o aspecto meramente laboratorial. A criação da editoria da UnB firmou o jornal junto à comunidade que passou a ter um conteúdo mais de seu interesse. Outro fator fundamental para melhorar a imagem do veículo foi sua participação em greves e outros eventos de grande interesse para a comunidade universitária.

O *Rudge Ramos Jornal* também pagou o preço de ter nascido mais para um veículo laboratorial, embora registrasse desde o início a preocupação da prestação de serviços ao bairro. Mas, apesar de sua curta existência, está marcado por múltiplas funções, entre elas, uma extremamente negativa para um órgão que pretende ser dirigido a uma comunidade: a de jornal de empresa. Isso fica caracterizado logo no primeiro número e provocou uma carta de um leitor no número 3, reclamando da excessiva quantidade de matérias dirigidas ao Instituto Metodista de Ensino Superior em detrimento a um conteúdo mais voltado para os interesses do bairro.

Somente três anos depois de sua criação, em 1983, o veículo começou a abandonar essa função mais empresarial, partindo para a prestação de serviços. Mesmo assim, ainda marcado pelo estigma de laboratório. As mudanças provocadas pelos resultados das pesquisas realizadas junto ao receptor acabaram por transformá-lo num órgão mais profissional, embora ainda continue lutando para ser um autêntico jornal de bairro.

Embora sejam convergentes em alguns pontos, são três experiências distintas que apresentam fatores positivos e negativos, de acordo com os dados obtidos nas pesquisas, reforçados por uma releitura nos jornais. Apesar de veicularem um conteúdo predominantemente de interesse das comunidades, os jornais também apresentam matérias diversificadas, dificultando a integração com seus públicos, já que uma das características básicas da notícia é a proximidade do assunto com seus receptores. Isso acontece principalmente no *Rudge Ramos Jornal*, com os temas de interesse do IMS, mas também fica caracterizado em assuntos abordados pelos outros projetos. Uma forma encontrada para sanar essa deficiência foi a edição de cadernos e suplementos especiais, monográficos, sem prejudicar a periodicidade dos jornais.

Um aspecto, contudo, é extremamente positivo nas três experiências: a prestação de serviços, destacando assuntos de interesse direto das comunidades que dificilmente encontrariam espaço na chamada grande imprensa, pouco preocupada com temas essencialmente regionais. A passarela conseguida com as seguidas denúncias do *Marco*, as reivindicações veiculadas pelo *Rudge Ramos Jornal* e a posição crítica e independente do *Campus* nos eventos ocorridos na Universidade de Brasília reforçam suas posições junto aos receptores como verdadeiros porta-vozes dessas comunidades.

Mas a condição de porta-voz não basta para conquistar um espaço, é fundamental que os projetos evoluam de acordo com a própria transformação da comunidade. Esse é outro ponto positivo nos três órgãos que sempre demonstraram a preocupação de aperfeiçoamento, seja em relação a uma periodicidade mais regular, ampliação do formato para ter mais espaço, ou aumento no número de páginas. A preocupação com a forma também fica evidenciada com a melhoria dos processos gráficos. Mas o ponto que pode ser considerado de fundamental importância para a evolução dos projetos é a contínua avaliação, com elaboração de novas propostas para sanar velhas falhas, elaboração de relatórios e principalmente pesquisas. Isso vem demonstrar que as experiências não permaneceram estáticas, sofreram transformações constantes, visando sempre prestar um melhor serviço para a comunidade.

Criado para atender ao bairro Dom Cabral, o *Marco* foi ampliado já na fase inicial para outras comunidades vizinhas à universidade, embora sua preocupação inicial fosse apenas o treinamento dos estudantes. Não apenas um treinamento meramente laboratorial, mas levando o aluno a se posicionar de forma crítica e refletir sobre a sociedade, suas expectativas e problemas. Assim, o *Marco* foi crescendo, criando instrumentos para se aproximar mais dos bairros, como a colocação de urnas para recebimento de cartas, críticas e sugestões. Mas não ficou apenas nessa experiência: partiu para dar fala ao próprio bairro, quando uma repórter fez o papel de professora, questionando os alunos do bairro sobre os problemas de sua comunidade. Ou mesmo quando tentou a experiência de criar repórteres no próprio bairro, ou principalmente dedicar um espaço específico para as crianças.

Em cada avaliação do veículo, era criado um novo atrativo para aproximar mais a universidade da comunidade. Foi assim com as novas seções e com a constante preocupação em identificar o projeto com a comunidade. Em cada editorial, um apelo, mostrando que o veículo pertencia à comunidade. Mas apesar de todos esses fatores, o *Marco* ainda continua sendo um jornal feito por um emissor (universidade) para um receptor (comunidade). A proposta de transferência da redação para o bairro, se efetivada, certamente vai colaborar para torná-lo mais ainda um porta-voz da comunidade, mas dificilmente conseguirá transformá-lo num jornal comunitário. Por mais que se esforcem, os alunos, em sua maioria, não vivem os problemas dessas comunidades, têm seus próprios mundos. Apenas um pequeno espaço de seu cotidiano é dedicado às expectativas dos bairros atingidos pelo jornal, o resto do tempo está mais voltado para suas origens, que envolvem família, trabalho, lazer e outros fatores inerentes às suas condições sociais.

Seu próprio desinteresse pela distribuição do jornal, que possibilitaria uma maior integração com os bairros, demonstra isso. Para a maioria deles, o trabalho jornalístico fica limitado pela elaboração da pauta, coleta das informações e redação da matéria. O que pensa a comunidade sobre tudo isso está relegado a um segundo plano, embora as pesquisas respondam a muitas questões dessa ordem. A criação de outras formas de comunicação de apoio ao jornal certamente ajudará a melhorar a integração, mas não será suficiente para que as comunidades assumam o *Marco*. Isso não invalida o projeto, que em nenhum instante estacionou, pelo contrário, evoluiu a cada ano de existência, perseguindo sempre seu quinto e último objetivo: empregar os meios disponíveis para que essa comunidade possa assumir o jornal, transformando-o num órgão autônomo e próprio e, no futuro, desvinculado da própria Universidade Católica.

Dois anos mais velho do que o *Marco*, o *Campus* permaneceu durante seus primeiros 12 anos praticamente indefinido, sem periodicidade regular, sem uma memória documental e até sem opinião pela ausência de editoriais. Ou como foi definido: o velho e heróico *Campus* com periodicidade episódica. Nesse espaço de tempo, sempre foi mais um jornal-laboratório do que propriamente um veículo voltado para a comunidade, embora já demonstrasse, pelo tipo de conteúdo, que seu destino seria mesmo de porta-voz das reivindicações dos públicos da Universidade de Brasília.

O que não aconteceu em 12 anos, foi recuperado a partir de 1982, quando o jornal assumiu uma nova postura editorial e passou a ser mais crítico, deixando de ser apenas um laboratório para se transformar num veículo profissional com espaço garantido na opinião pública da universidade. A primeira e mais importante medida foi regularizar a periodicidade que passou a ser quinzenal e, o que é mais relevante, saindo sempre no dia certo. A resposta da comunidade foi imediata, embora a tiragem de apenas 2 mil exemplares dificultasse uma penetração maior, levando seus responsáveis a um artifício incomum no Jornalismo: um forte apelo pedindo que o jornal não fosse rasgado depois de lido, mas passado para outro leitor.

Habituada a receber o jornal na data certa, a comunidade universitária passou a criticar, sugerir e principalmente cobrar melhorias. Além da regularização da periodicidade, a criação da editoria da

UnB foi fundamental para a integração do veículo, que passou a participar de todos os momentos significativos da universidade. Essa característica do *Campus*, em sua segunda fase, é extremamente positiva, apesar de não ser acompanhada por um aumento da tiragem, indispensável para ampliar sua área de atuação. Sentindo que o veículo tornava-se cada vez mais crítico e independente, a comunidade acabou por elegê-lo seu porta-voz.

Essa postura obrigou o projeto a crescer, embora ainda mantivesse a marca do conflito entre laboratório ou veículo mais profissional. Esse aspecto, no entanto, só serviu para ampliar mais o confronto de idéias a respeito da verdadeira natureza do veículo. Apesar de ser considerado algumas vezes mais laboratório, outras mais profissional, essa discussão não prejudicou a trajetória do jornal em sua fase decisiva. Foi justamente nesse momento que atingiu um ponto dificilmente alcançado por um órgão laboratorial: tornou-se semanal, depois de ter nascido bimensal e evoluído para quinzenal.

O engajamento na comunidade, em decorrência de sua periodicidade regular e criação de novos instrumentos de integração, como seções dirigidas ao público universitário, incentivou os responsáveis que cada vez mais direcionavam o veículo para um objetivo profissional. Mesmo os alunos, que questionam o uso de publicidade nos órgãos laboratoriais, apresentaram projeto para a veiculação de anúncios. O objetivo era tornar o jornal mais independente da direção da universidade que pagava suas edições. Outro ponto positivo foi o convite aos leitores para enviar artigos, procurando caracterizar o veículo como da universidade, envolvendo cada vez mais os receptores.

Essas transformações, na realidade, tiveram o mérito de transformar o indefinido *Campus* num jornal forte, crítico, com opinião explícita, ultrapassando os limites de um simples jornal-laboratório para um fórum de debates do cotidiano da UnB. Um jornal como instrumento de ação política. Mas todos esses esforços esbarravam em dois aspectos fundamentais para a evolução de jornais que se propõem prestar serviços a comunidades: a falta de pesquisas durante boa parte da sua trajetória, mesmo na fase de maior evolução, e a pequena tiragem, insuficiente para atingir pelo menos a maioria da comunidade universitária.

Com apenas cinco anos de existência, o mais jovem dos três projetos, o *Rudge Ramos Jornal*, é também o mais ambíguo em termos de definição editorial, embora tenha a marca da avaliação e da evolução constantes, com mudanças na forma e conteúdo. Criado para servir como estágio, o veículo já funcionou como laboratório e até jornal de empresa, embora seja dirigido a uma comunidade específica. Vivendo as duas primeiras etapas mais voltado para a reflexão, o jornal, apesar do crescimento, principalmente na tiragem, não conseguiu superar o conflito laboratório-profissional, embora fosse abandonando aos poucos sua função empresarial. Conscientes desse conflito, os professores responsáveis, em várias avaliações críticas e pesquisas, procuraram encaminhar o projeto a seu objetivo principal: prestação de serviços ao bairro de Rudge Ramos.

Isso fica caracterizado com o conteúdo mais voltado para a comunidade a partir de sua segunda fase quando deixou de veicular matérias de interesse do IMS, ficando com apenas uma pequena coluna que não pesa no conteúdo. Um fator positivo no projeto é a preocupação constante de sentir um retorno com pesquisas no bairro para fundamentar as transformações do veículo. Outro dado importante no órgão é o apoio logístico de que dispõe, principalmente gráfica própria, o que possibilita a manutenção da periodicidade; o mesmo não acontece com a maioria dos jornais-laboratórios que não são considerados prioritários nas gráficas das universidades, ou são compostos e impressos em gráficas externas.

Apesar das múltiplas funções, que confundem seus objetivos, a veiculação de publicidade desde que o jornal foi criado contribui para integrá-lo mais no bairro, na medida em que os anúncios servem também como prestação de serviços aos moradores. A importância da publicidade foi destacada na terceira fase com a proposta de ocupar um espaço de pelo menos 40% com anúncios do bairro. E o que é mais importante: a renda auferida seria destinada às despesas dos próprios alunos em seu trabalho profissional de coleta de dados, principalmente para locomoção, lanches e até pequenas viagens.

Assim, apesar de ser o mais jovem, o *Rudge Ramos Jornal* leva a marca da evolução, só faltando definir realmente qual sua função prioritária para se transformar num autêntico jornal de bairro. Tem toda a estrutura necessária para isso, principalmente equipamentos e professores suficientes para um atendimento mais eficaz aos alunos. Só falta conscientizar os alunos e a própria comunidade disso. Mas não será com os alunos alternando sua participação nos três projetos destinados ao estágio, ficando afastados três meses do *Rudge Ramos Jornal*, que o último objetivo do projeto inicial será atingido: contato maior do estudante com a comunidade local. Desempenhando a função de setorista de uma determinada editoria no próprio bairro, o estudante não pode ficar afastado de suas fontes sob pena de perder contatos preciosos para seu trabalho jornalístico. E o que é pior: perde o vínculo com os problemas da comunidade, perde a vivência fundamental do repórter que pretende interpretar as expectativas de seu público.

Se esse aspecto é negativo, a proposta de a comunidade participar das reuniões de pauta do jornal é extremamente positiva, não apenas para integrar mais o projeto no bairro, como também democratizar seu conteúdo. Normalmente, jornais-laboratório dirigidos a comunidades tomam decisões sem consultá-las, embora elas sejam as maiores interessadas no processo. A pauta é feita na redação das escolas sem qualquer preocupação em ouvir os moradores sobre suas prioridades, sem consultá-los do que é mais adequado para ser publicado em determinada edição. No fim, acabam recebendo o jornal como um pacote pronto, onde, na maioria das vezes, suas prioridades nem são abordadas, porque cabe apenas a professores e alunos definir o conteúdo e forma dos jornais. Os receptores são os últimos a tomar conhecimento de decisões que interessam diretamente a eles.

# 2. O PROCESSO ENSINO-APRENDIZAGEM

Ao contrário do jornal-cobaia implantado pelo professor Luiz Beltrão no curso de Jornalismo da Universidade Católica de Pernambuco (1961), por não dispor de equipamento próprio para treinamento profissional, os alunos contam com o *Marco, Campus* e *Rudge Ramos Jornal* para desenvolver esse trabalho, amparados por um apoio logístico que vai desde gráfica própria, caso do jornal da Metodista, até redações, máquinas de escrever e outros apetrechos utilizados para esse fim. Isso atende a uma das funções primordiais das escolas apontadas pelo próprio Beltrão: formar profissionais administrando-lhes conhecimentos de coleta, redação, interpretação, seleção e apresentação gráfica da notícia.

A própria pesquisa realizada pela Casper Líbero, em 1967, sob a coordenação do professor José Marques de Melo, para analisar a experiência de 20 anos dos cursos de Jornalismo, cujas conclusões estão no capítulo "O Curso da Fundação Casper Líbero", no livro *Contribuições para uma Pedagogia da Comunicação*, demonstra em suas conclusões que o ensino era falho por falta de prática. Ex-alunos da Casper Líbero reclamavam na pesquisa que se sentiam despreparados para enfrentar tarefas profissionais, em decorrência de um treinamento ineficaz durante o curso. Queixavam-se da falta de aulas práticas e das matérias técnicas ministradas de modo teórico. Não sabiam fazer entrevistas, tinham dificuldades de redigir e condensar matérias. Tudo pela falta de prática em laboratórios. Essas dificuldades não são enfrentadas pelos alunos que desenvolvem esses projetos laboratoriais e participam de todas as etapas dos jornais, com exceção do *Campus*, onde a diagramação é feita por um profissional e uma professora.

Na década de 60, os cursos de Jornalismo eram, de modo geral, mais teóricos, com poucos exercícios práticos por falta de equipamentos para a elaboração de jornais-laboratório, conforme concluiu a pesquisa realizada pela Casper Líbero. Com a regulamentação da profissão de jornalista, em 1969, e mais tarde o fim do estágio nos meios de comunicação, surgiram os órgãos laboratoriais iniciando a articulação teórico-prática, mas deixando um ponto como essencial: não apenas fazer, mas refletir sobre o fazer. Ou seja, análise crítica e reflexão teórica sobre o que foi produzido.

Mas não basta fazer jornais-laboratório que se preocupam apenas com a expectativa dos participantes, sem se preocupar com a recepção, provocando uma autêntica lacuna no processo de aprendizagem jornalística. Jornais-laboratório como espaço pedagógico devem ser vinculados a uma comunidade à qual se dirigem, com sua própria política, sem absorver a política da universidade. No "Seminário sobre la Formación Profesional Del Comunicador", realizado em 1973, na Costa Rica (Ed. CIESPAL, Quito, 1974), com participação de diretores das Escolas de Jornalismo da América Latina, já eram criticados os conteúdos dos meios de comunicação desvinculados da realidade social.

À luz desses fundamentos vamos analisar os processos de ensino-aprendizagem desenvolvidos por esses projetos. Na verdade, um veículo que pretende ser o porta-voz de uma determinada comunidade precisa, inicialmente, conhecer a realidade econômica, social e política desse grupo, ou, pelo menos, ter um perfil de seus futuros receptores. Na memória documental desses projetos, constata-se que apenas o *Marco* demonstrou preocupação em fazer uma pesquisa no bairro Dom Cabral antes de começar a circular, embora tenha falhado ao estender o projeto para outros bairros sem realizar o mesmo trabalho. Nota-se que essa preocupação não foi a mesma do *Campus* e *Rudge Ramos Jornal*, embora os três estejam fundamentados em projetos pedagógicos, avaliações constantes, pesquisas (com exceção do *Campus*) e até relatórios, além de projetos e propostas para melhorias em seus conteúdos e formas.

Outro aspecto importante diz respeito ao próprio jornal-laboratório como espaço pedagógico que deve ser vinculado a uma determinada comunidade, mas com política própria, sem absorver a política da universidade. Tanto o *Marco* quanto o Campus atendem a esse aspecto. Já o *Rudge Ramos Jornal*, durante três de seus cinco anos de existência, absorveu a política do Instituto Metodista de Ensino Superior, que acabou transformando-o num veículo dividido entre seus objetivos de prestar serviços ao bairro de Rudge Ramos e vender a imagem do próprio Instituto. Para compensar, nas três experiências os alunos desempenham um papel de transformadores do real.

Desde que foi implantado o *Marco*, alunos e professores debatem o processo pedagógico, visando aperfeiçoar o projeto e melhorar a formação profissional. Além da elaboração do veículo em todas as suas etapas, da pauta à distribuição, avaliação constante, discussões e apresentação de novas propostas fazem parte da prática pedagógica do jornal. Isso, paralelamente à preocupação em manter uma memória documental para comparação do ensino-aprendizagem durante a trajetória do veículo, medindo sua evolução e mesmo retrocessos. Todo esse trabalho está embasado numa ampla documentação que vai desde avaliações até novas propostas para o jornal, além de pesquisas constantes.

Mesmo assim, apesar de toda essa preocupação em aperfeiçoar o projeto, visando integrá-lo cada vez mais nos bairros, há lacunas no processo ensino-aprendizagem, boa parte delas apontadas pelos próprios alunos. Uma das questões que os responsáveis se preocupavam constantemente em resolver era a mudança que o jornal sofria a cada nova turma. Como disseram os próprios estudantes: a cada semestre é como se o jornal começasse do zero. Essas transformações em termos gráficos e mesmo no conteúdo das matérias prejudicavam a consolidação de uma imagem do jornal junto à comunidade. A própria falta de bibliografia no aspecto conceitual de comunidade sempre foi apontada como uma falha da experiência. Mas o mais importante é o desconhecimento da realidade sócio-político-econômica das comunidades pelos alunos, a partir do momento em que o projeto voltou-se mais para os próprios bairros, deixando o aspecto laboratorial em segundo plano. Para compensar esse hiato, foram promovidas pesquisas junto aos moradores, o que serviu de bengala para os alunos, mas não substituiu a vivência proporcionada pelo conhecimento dos hábitos e costumes das comunidades em que o jornal atua.

Outro aspecto importante no processo ensino-aprendizagem era a utilização da própria distribuição, considerando-se que comunicação é um processo global, um processo de produção, circulação e consumo de mensagens. Por isso, era extremamente importante que o aluno, embora dificilmente fosse atuar como profissional em todos os níveis, tivesse uma noção da totalidade do processo, que se envolvesse nele como um todo. No projeto pedagógico que originou o jornal, fazia parte a participação do aluno em todas as etapas, começando no planejamento, elaboração de pautas, coleta de dados, redação, diagramação, edição, acompanhamento gráfico e distribuição. Durante essa fase, o aluno-repórter poderia fazer uma avaliação do produto no contato direto com o leitor. Certamente no momento em que estivesse entregando uma edição, ouviria comentários, críticas e até sugestões em relação à edição anterior. Teria condições de discutir experiência com o próprio leitor, de forma direta, mais coloquial, sem a distância fria das pesquisas, que têm validade como complemento a esse processo.

Essa participação dos alunos na distribuição apresentou resultados logo na entrega do número 1 do *Marco,* quando sentiram que o jornal encontrava grande receptividade junto às crianças que, no entanto, não faziam parte da pesquisa realizada para conhecer o perfil do morador do bairro e iniciar o projeto. Com base nesse interesse, os editores decidiram incluir a partir dos números seguintes uma parte infantil. Isso demonstra que, se o jornal quiser estar realmente dentro do processo dinâmico da comunicação com a comunidade, é necessário que aqueles que o produzem e editam estejam permanentemente em contato com essa comunidade, não apenas na coleta de informações, mas principalmente trocando idéias sobre a experiência, considerando-se que a comunidade é a maior interessada no projeto e deve ser ouvida sempre. É fundamental que exponha seus pontos de vista, suas críticas e apresente sugestões que melhor atendam suas expectativas. No fim de tudo, a distribuição funciona como uma autêntica aula de Jornalismo.

No entanto, apesar de essa experiência ter dado resultado durante um bom período do projeto, em 1985, os alunos começaram a reclamar da falta de tempo e outras dificuldades para fazer a distribuição, levando o chefe do Departamento de Comunicação, José Milton Santos, a iniciar estudos para mudar o sistema, a fim de evitar que o jornal ficasse encalhado na redação, como aconteceu com algumas edições em novembro desse ano.

Outro aspecto muito criticado pelos alunos era a ausência de discussão das matérias, na maioria das edições. Eles se queixavam que a falta de acompanhamento individual por parte dos professores dificultava a análise da evolução de cada um. Além disso, os prazos não eram respeitados, os cronogramas ficavam esquecidos, a pauta não era cumprida em várias edições e os alunos eram obrigados a aprender imitando o modelo existente sem saber o porquê. É fundamental que o aluno aprenda fazendo, contanto que tenha uma orientação adequada. Uma das maiores críticas apresentadas pelos alunos num trabalho, em 1976, dizia respeito à falta de transmissão das técnicas de redação, deixando-os sem saber ao menos quais eram os termos usados dentro de uma redação.

Apesar dessas falhas, repensadas nas avaliações e propostas para o projeto, o *Marco* realmente em momento algum de sua trajetória foi um jornal de temas acadêmicos, voltados apenas aos problemas universitários que proporcionam uma prática limitada por sua própria natureza, no conteúdo, na forma e nos enfoques, como previa o primeiro objetivo de sua implantação. Pelo contrário, levou os estudantes a um contato direto e freqüente com setores representativos do povo, cujos interesses e aspirações em suas manifestações imediatas e aparentes não são os mesmos da vida diária de um ambiente escolar. Isso não só cumpre o segundo objetivo, como é fundamental para a formação dos alunos, embora existissem deficiências no processo ensino-aprendizagem. Deficiências conhecidas, constantemente discutidas, sempre na pauta para serem sanadas.

A irregularidade na periodicidade nos 12 primeiros anos, com a publicação, em média, de três edições apenas por ano, prejudicou sensivelmente o projeto pedagógico do jornal *Campus*, mais voltado para a prática laboratorial do que um veículo com características profissionais. Ainda assim, havia preocupação com o processo ensino-aprendizagem representada, principalmente, por um trabalho apresentado em 1975 pelo professor Luiz Gonzaga Motta, um dos criadores do veículo. Ele relatava a experiência implantada em 1971 no curso de Jornalismo da Universidade de Brasília, denominada Curso em Bloco de Jornalismo, baseada na integração de quatro disciplinas, sendo três obrigatórias (Técnica de Jornal e Periódico I, Paginação e Revisão, Edição Jornalística) e uma optativa (Técnica de Jornal e Periódico II), visando dar um treinamento mais adequado ao aluno. Toda a filosofia do projeto estava voltada para a motivação do aluno, transformando o professor apenas num orientador.

Essa integração de disciplinas possibilitava que o aluno participasse de todas as fases do jornal. Na realidade, durante o desenvolvimento do curso, a divisão em quatro disciplinas desaparecia, havendo apenas prática de Jornalismo. Um fator importante no projeto: a presença integral do aluno, diariamente das 8 às 11 horas, durante todo o semestre. Quando se matriculava era orientado para inscrever-se nas quatro disciplinas e apenas nelas, durante aquele semestre. Quer dizer: ficava totalmente disponível para o jornal. Nesse Curso em Bloco, o aluno se transformava em repórter com tarefa não de ouvir, receber informações, mas buscar essas informações, manipulá-las e passá-las adiante de forma jornalística. O estudante se envolvia ativamente no processo de aprendizagem, tornando-se determinante ativo daquilo que aprendia, em vez de ser apenas um passivo recipiente. Passava a ser um participante, no lugar de um espectador, como acontecia nos cursos tradicionais.

No método de Ensino em Bloco, a tarefa de aprendizagem era transformada em um problema a ser resolvido ou em um objetivo a ser alcançado. Sob orientação do professor, o estudante tornava-se responsável pela solução dos problemas e descoberta de meios que o levassem ao objetivo. Todo o trabalho do Curso em Bloco era estimulado pela elaboração de um jornal mural semanal (*O Muro*) e um tablóide bimensal, o *Campus*. Eles funcionavam como estímulo a um trabalho diário, motivando os alunos a procurar sempre o melhor ângulo da notícia, o melhor estilo de redação, o melhor corte para uma fotografia, o melhor *lay-out* de uma página. O projeto contava com a participação de quatro professores: dois para redação, um na diagramação e outro para fotografia.

Como apoio logístico, uma sala de redação com 20 máquinas de escrever, uma para cada aluno, mesa grande para reunião e entrevistas coletivas, armário para arquivo, estante com coleção de jornais, inclusive os do dia, e telefone. Uma sala ao lado com 10 pranchetas para diagramação, outra pequena para aparelho de telex e um laboratório fotográfico com 10 máquinas profissionais, 7 ampliadores, filmes, papel fotográfico e outros equipamentos necessários à revelação e ampliação de fotografias. Bem no estilo de uma redação de jornal, reproduzindo o futuro ambiente de trabalho. O papel do professor seria de um secretário de redação ou chefe de reportagem, interferindo apenas para orientar e estimular a participação e criatividade do aluno. Nesse processo, o aluno era agente e o professor orientador, ao contrário do método expositivo, onde o professor é o agente e o aluno um paciente. Na mecânica do curso, professores e alunos passavam a ser um só na redação, voltados para o desempenho da mesma função.

O ensino em bloco permitia um acompanhamento individual do aluno, possibilitando que cada um desenvolvesse seu trabalho de acordo com sua capacidade e os professores acompanhassem diretamente a todos. A avaliação de cada aluno era feita de maneira muito mais profunda e segura, já que o professor conhecia cada um deles. Esse tipo de ensino ativava os sentidos, percepções e contribuía para motivar o aluno a tomar parte totalmente no processo, já que ele assumia, na medida do possível, a responsabilidade pelo próprio aprendizado. Isso começava em sua participação efetiva no planejamento do próprio curso. Não recebia um pacote pronto como acontece na maioria das escolas. O aluno passava da atitude meramente contemplativa à reflexão. Estava completamente ocupado durante o período de trabalho, entrevistando, elaborando pautas, fotografando, diagramando, reescrevendo textos, fazendo títulos e legendas.

As deficiências do *Campus*, principalmente de periodicidade, anotadas na primeira fase, foram consertadas na segunda, a partir de 1982, quando o jornal tornou-se mais profissional e menos laboratório, mas essa transformação acabou provocando outros problemas no processo pedagógico. Ao contrário do que previa o projeto de Ensino em Bloco, com todas as disciplinas do semestre voltadas para o jornal, os alunos enfrentavam um excesso de matérias, dificultando sua participação na própria manutenção da periodicidade por ficarem sobrecarregados de trabalhos. Outro problema: essa falta de tempo impedia a avaliação do produto final, rompendo um elo importante do processo de comunicação.

O próprio número excessivo de alunos, em contraposição ao pequeno número de professores, dificultava um acompanhamento mais individual. Mesmo a proposta do professor Murilo Ramos de unir a prática com a teoria, promovendo discussões teóricas, não só de prática de redação, mas também reflexões sobre Jornalismo, conceito de objetividade, liberdade de imprensa, notícia e outros temas, com participação de profissionais dos meios de comunicação, era dificultada e acabou esquecida por falta de tempo dos alunos. Isso ocorreu principalmente quando o jornal passou de quinzenal para semanal.

No entanto, a principal falha do processo ensino-aprendizagem do *Campus* não estava na falta de tempo, muitos alunos ou poucos professores, mas no pequeno período dedicado à prática do Jornalismo. Pela falta de outros projetos nos primeiros semestres, o aluno só começava a praticar no *Campus* no último ano do curso. Até lá só teoria e aulas expositivas. Resultado: quando chegavam no jornal, apresentavam várias deficiências, principalmente de texto e desconhecimento das técnicas de Jornalismo. Outro problema que dificultava a participação global do aluno no processo jornalístico era a falta de prática de diagramação, que era feita por um profissional contratado e uma professora da área. Os alunos apenas acompanhavam, mas não diagramavam. Essas deficiências pedagógicas eram ampliadas pela falta de pesquisas, impossibilitando que o aluno tivesse um retorno de seu trabalho, já que não dispunha de tempo para uma avaliação do produto final.

Independente desses fatores, alguns sem solução a curto prazo, caso específico da falta de prática em diagramação, outros em vias de solução, casos do número excessivo de alunos, poucos professores e prática só no último ano, o projeto pedagógico do jornal passou por várias etapas de evolução a partir de 1982. A própria mudança para periodicidade semanal, com divisão por editorias e criação da editoria da UnB, deu base mais profissional para o jornal. A falta de pesquisas passou a ser sanada com debates e reflexões sobre o projeto, além de críticas e apresentação de novas propostas. Isso motivava os alunos, que apresentavam críticas e sugestões, enquanto os professores procuravam estratégias para melhorar a participação dos estudantes não apenas na pauta, como também no fechamento do jornal e nos eventos previstos no calendário, como palestras e debates. O próprio Gonzaga Motta apresentou novo projeto em 1985, propondo profissionalizar a produção do veículo, tornando-o mais ágil e mais atualizado, sem prejuízos do processo didático.

A ordem, a partir da segunda fase, foi sempre repensar o jornal dentro de suas funções de laboratório, transformando-o num órgão mais profissional.

Os principais problemas enfrentados no processo didático do *Rudge Ramos Jornal* estão ligados à ambigüidade marcada por suas funções: laboratório, veículo de estágio, jornal de bairro e até resquícios de publicação empresarial, em seu curto tempo de existência. Se a primeira e segunda fases caracterizadas mais pela reflexão e discussão da relação emissor-receptor não conseguiram definir o verdadeiro objetivo do veículo, a terceira procurou, por meio principalmente de pesquisas, torná-lo mais profissional, mais jornal de bairro. E, o que é mais importante, deixando praticamente de lado sua função de jornal de empresa, com a manutenção apenas de uma pequena coluna da Metodista.

As questões primordiais de difícil solução no processo ensino-aprendizagem sempre estiveram mais ligadas ao excessivo número de alunos que só podiam se formar após ter completado 144 horas de estágio. O que fazer então com 174 alunos, que chegaram a atingir o número de 300, todos trabalhando no mesmo jornal? A solução encontrada, através da contratação de mais professores e criação de mais dois veículos para estágio, apresentou vantagens e desvantagens. Não há qualquer dúvida que contar com um orientador de texto, coordenador de edição, coordenador de redação, coordenador de diagramação e planejamento gráfico, secretária e supervisor de estágio é um luxo que poucos alunos conseguiram.

Essa vantagem, no entanto, acaba prejudicada pelo próprio esquema de cumprimento do estágio no curso. Dos 174 alunos, cada um faz três *Rudge Ramos Jornal*, três *Notícias* e três *Ensaios*, num sistema de rodízio. Se há uma diversificação de experiências, o que é extremamente válido, há também o prejuízo no processo didático do *Rudge Ramos Jornal*, cujos alunos ficam três meses afastados do projeto, ou seja, todo esse tempo longe do público receptor do veículo. Isso se agrava mais ainda com o pouco conhecimento dos alunos sobre o bairro atingido pelo jornal.

Como fazer um bom jornal para uma comunidade que o aluno-repórter desconhece, só mantém contato para coletar dados, não tem a mínima idéia de seus valores e expectativas dos moradores? O problema é ampliado ainda mais pelo fato de alguns professores do projeto também não conhecerem bem o bairro. Além disso, o aluno ainda fica afastado 90 dias de sua realidade de trabalho. É como um setorista da grande imprensa que perde o contato com suas fontes durante um tempo. Certamente, quando voltar à cobertura do setor, precisará recuperar os fatos acontecidos nesse período, sob pena de ser ultrapassado por seu concorrente.

Essa questão, contudo, não impediu que o órgão procurasse sempre se aperfeiçoar, principalmente com pesquisas, relatórios críticos e novas propostas. A própria veiculação de anúncios é parte do processo pedagógico, pois habitua o futuro profissional a conviver com as pressões naturais de uma imprensa que sobrevive às custas de publicidade. Quer dizer: o aluno se preparava para enfrentar as pressões dos anunciantes do bairro, no momento em que precisava publicar uma denúncia que os envolvesse.

O projeto didático do jornal encontra apoio nos equipamentos, principalmente a gráfica própria, que possibilita ao estudante participar, de fato, de todas as etapas do processo, o que não acontece com os outros veículos que não dispõem dessa vantagem. A gráfica própria proporciona, por outro lado, redução de custos operacionais, facilitando aumentos de tiragem quando necessário, mudanças no formato e até uma periodicidade mais dinâmica. A última pesquisa mostrou exatamente o que os leitores esperam do *Rudge Ramos Jornal*, só falta agora atingir de uma vez a verdadeira função prevista no editorial que anunciou a fundação: prestação de serviços ao bairro.

# 3. NA PRESTAÇÃO DE SERVIÇOS, UMA OPÇÃO CONSCIENTE

Logo que foram criados, tanto o *Marco*, quanto o *Campus* e o *Rudge Ramos Jornal* se definiram como espaços pedagógicos vinculados às comunidades, dentro da premissa defendida pelo professor José Marques de Melo, em seu artigo "Por uma Política Pedagógica para os Órgãos Laboratoriais dos Cursos de Jornalismo". Como espaço livre de criação, procuraram também ter sua própria política, embora só o *Marco* se preocupasse em fazer uma pesquisa para definir o perfil de seus futuros leitores, nascendo de um consenso entre editores e a própria comunidade. É fundamental que os veículos ouçam as comunidades às quais se dirigem para fixar suas diretrizes editoriais, ou seja, levar em consideração a participação dos receptores. Os outros dois jornais nasceram de cima para baixo, sem definição de seus públicos, que também não tiveram qualquer participação no planejamento. Isso ocasionou durante boa parte de suas trajetórias uma indefinição na linha editorial entre laboratório propriamente dito e um veículo mais profissional voltado para a prestação de serviços à comunidade.

O próprio sistema de cobertura do *Rudge Ramos Jornal* acabou privilegiando, pelo menos nos três primeiros anos, mais a administração do Instituto Metodista de Ensino Superior, em detrimento aos assuntos de mais interesse para o bairro, acentuando mais ainda essa tendência de jornal meramente laboratorial no lugar de um veículo de prestação de serviços. Essa manipulação dos jornais-laboratório também foi destacada por Marques de Melo durante palestra no II ENOL-CJ, em Uberaba, sobre o tema "A Questão da Manipulação dos Órgãos Laboratoriais de Jornalismo", alertando para o perigo de esses veículos defenderem interesses das comunidades docente e discente e mesmo das administrações universitárias. O *Campus*, especialmente na segunda fase, a partir de 1982, primou pela independência editorial, chegando a provocar atritos entre seus editores e a direção da Universidade de Brasília pelo seu conteúdo crítico e engajado com a comunidade universitária. Apesar de ser financiado pela universidade, como acontece com os outros dois órgãos. Um ponto positivo nesses projetos é que nunca deixaram de ouvir suas respectivas comunidades, procurando sempre atuar como porta-vozes de suas reivindicações, ansiedades e expectativas. Isso se encaixa perfeitamente na crítica feita à grande imprensa pelo jornalista José Hamilton Ribeiro, ex-repórter da revista *Realidade*, durante conferência realizada no IV Encontro de Jornalismo Regional, promovido pela Faculdade de Comunicação de Santos, de 8 a 12 de outubro de 1979. Ele achava que os jornais deveriam ter uma editoria de povo, já que é a população que enfrenta problemas de transporte, custo de vida, educação, saúde e muitos outros.

Na pesquisa realizada junto a professores e alunos, em nenhum momento ficou caracterizada a utilização dos filtros citados por Clóvis Rossi no livro *O que é Jornalismo*, na produção e edição desses jornais. Todas as decisões eram tomadas pelos próprios alunos e professores que editavam os órgãos, decidiam suas formas e conteúdos e tinham objetivos definidos, embora ainda houvesse uma certa ambigüidade na linha editorial do *Campus* e do *Rudge Ramos Jornal*. A pauta normalmente nascia de um consenso entre os editores, embora a principal falha estivesse em não contar com a participação da comunidade, a mais interessada no processo. O *Rudge Ramos Jornal*, contudo, já planejava incluir os moradores do bairro em suas discussões de pauta. Qualquer interferência no processo jornalístico surgia em decorrência de fatores pedagógicos e nunca políticos, ou seja, qualquer alteração nos textos, destaque para determinado título ou mesmo para uma matéria durante a diagramação obedeciam a técnicas jornalísticas e ao processo ensino-aprendizagem. Isso quer dizer que os jornais não passavam por uma censura prévia, pelo menos isso não foi constatado nas pesquisas, entrevistas e nos próprios depoimentos dos alunos. Bem ao contrário do que acontece na grande imprensa, que Marques de Melo considera indústria de consciência que influencia pessoas e principalmente se move na direção que lhe é dada pelas forças sociais que a controlam. Essa citação está no capítulo IV, com o título "Expressão Opinativa: Mecanismos", em sua tese de livre-docência sobre Gêneros Opinativos no Jornalismo Brasileiro, ECA/USP, 1984.

Apesar da ambigüidade nas linhas editoriais, constatamos sempre a preocupação dos editores desses órgãos em aproximá-los cada vez mais das comunidades, procurando sempre ganhar novos espaços e criar atrações que possibilitassem uma integração firme e decisiva com seus leitores. Não é por falta de discussões, avaliações, pesquisas e até projetos que os veículos não conseguiram ainda ser assumidos totalmente pelas comunidades (caso do *Marco*, que persegue essa meta desde que foi criado). A realidade é que os três jornais enfrentam problemas próprios de suas estruturas, especialmente a interrupção durante as férias escolares. Os editores do *Rudge Ramos*

*Jornal* tentam minimizar essa deficiência com a antecipação de uma edição que normalmente é distribuída em janeiro ou feverɛiro, mas essa medida funciona apenas como um paliativo que acaba não satisfazendo as expectativas da comunidade em vista da publicação acabar veiculando material frio, com problemas de atualidade.

Outra deficiência na linha editorial é a própria mudança de turmas no fim de cada semestre, levando o veículo a mudar sua forma e muitas vezes o conteúdo, quebrando um pouco o hábito do leitor de receber um jornal com uma identidade definida. Essa questão, contudo, já está na pauta dos editores, principalmente do *Marco*, que receberam várias propostas dos alunos para evitar esse hiato.

Um dos objetivos da pesquisa era checar se esses jornais-laboratório veiculavam publicidade e qual sua influência na linha editorial. Antes de entrarmos nos órgãos laboratoriais, vamos estabelecer um parênteses para lembrar que o anunciante é um dos principais filtros externos na grande imprensa, com influência decisiva em sua linha política e editorial. Qualquer discussão sobre a independência desse tipo de jornal fica limitada pela própria natureza da empresa jornalística que, como qualquer outra, no regime capitalista, está condicionada ao lucro para sobreviver, ficando sujeita, em conseqüência, a vários tipos de pressão, principalmente dos anunciantes.

A situação dos jornais-laboratório é diferente, já que as universidades não visam qualquer tipo de lucro comercial, embora visem a vantagens institucionais, principalmente melhoria na imagem. Isso fica confirmado tanto no *Rudge Ramos Jornal*, que sempre veiculou publicidade, quanto nas propostas do *Campus* e *Marco*, que incluirão anúncios em suas futuras edições. Embora saibamos que os jornais-laboratório que veiculam publicidade de pequenos e grandes comerciantes dos respectivos bairros também estão sujeitos a pressões, a situação é bem diferente da grande imprensa, pois os anúncios publicados valem mais como serviços para os próprios moradores. É o caso de uma liquidação numa loja, da promoção de determinados produtos por pequenos espaços de tempo ou mesmo de um artigo novo que precisa ser divulgado. Esse tipo de anúncio servirá para integrar mais a comunidade e contribuirá para uma das metas do jornal, a prestação de serviços. Outro ponto interessante é a própria proposta do *Rudge Ramos Jornal*, que pretende utilizar a verba obtida com publicidade para ajudar os gastos dos alunos com condução, lanches e mesmo pequenas viagens.

Um aspecto que não pode ser esquecido na veiculação de anúncios é o espaço que ocuparão no jornal. Se na grande imprensa a matéria jornalística serve apenas para preencher o espaço deixado pela publicidade, no jornal-laboratório deve acontecer justamente o oposto: prioridade sempre para o texto em detrimento do anúncio. Entre tirar uma matéria ou um anúncio, por falta de espaço, cabe ao editor usar a segunda opção.

Um ponto fundamental na questão editorial dos jornais-laboratório está ligado à postura de alunos e professores durante o processo de edição dessas publicações, outro ângulo que propusemos investigar em nossos objetivos. Os próprios depoimentos de alunos e ex-alunos que participam ou participaram desses veículos confirmam que um jornal com público dirigido leva o estudante a ter mais responsabilidade na elaboração de suas tarefas. Os alunos que faziam o *Marco*, por exemplo, elogiaram o jornal, não apenas como prática profissional, mas também pela vivência adquirida pelo fato de terem um público próprio. Destacaram que o veículo possibilitava conhecer e viver todo o processo jornalístico e que o consideravam fundamental para suas formações. Também lembraram que, por ter um público definido, o órgão proporcionava uma postura mais profissional, na medida em que o profissional não é só aquele que sabe tecnicamente elaborar uma pauta, coletar dados ou mesmo redigir uma matéria, mas também o que tem compromisso com seu público.

Os alunos e ex-alunos do *Campus* também caracterizaram a importância de ter um veículo com público próprio para sua formação profissional. Destacaram que isso traz mais responsabilidade do que se estivessem fazendo um mero exercício escolar ou jornal sem receptores definidos. Garantiram que faziam o jornal a nível profissional e que sentiam a responsabilidade coletiva do veículo. O mesmo aconteceu com os depoimentos a respeito do *Rudge Ramos Jornal*. Uma aluna, que passou como estagiária pelos três jornais oferecidos no curso, enfatizou as vantagens do *Rudge Ramos Jornal* pelo fato de trabalhar junto com a comunidade. De modo geral, os alunos acharam que o veículo contribuiu de forma decisiva para sua formação, destacando a importância de encarar as tarefas não apenas como mais um trabalho da faculdade para obter nota ou presença.

Outro objetivo das pesquisas que ficou bem definido foi a constatação de mudanças estruturais que esses órgãos sofreram ao longo de sua existência. Durante a releitura dos jornais e consulta nos documentos, constatamos que desde o início passaram por transformações não apenas no conteúdo, com o acréscimo de novas seções para firmar o vínculo com as comunidades, mas também na forma, especialmente nos formatos, aumento do número de páginas e, o que é mais importante, na dinamização de suas periodicidades. Essas mudanças eram fruto do resultado das pesquisas, realizadas nas comunidades, mas principalmente das avaliações, críticas e sugestões constantes de alunos e professores. Aliás, esse sempre foi um dos pontos altos dos jornais, embora o trabalho não tenha sofrido continuidade, em alguns casos. O *Marco*, por exemplo, que obteve um ponto positivo com a pesquisa para conhecer o perfil do leitor do bairro Dom Cabral, não repetiu a mesma medida quando ampliou sua atuação para outros bairros, deixando os alunos sem conhecer a realidade sócio-econômico-política dessas novas comunidades.

Para compensar essa deficiência, o jornal sempre instigou a comunidade a criticá-lo, sugerir mudanças, novas seções, alterações gráficas, seja por meio de pesquisas, ou mesmo por recados diretos publicados em suas edições. Os próprios alunos, por diversas vezes, criticaram abertamente, em editoriais ou mesmo avaliações, a falta de equipamentos, periodicidade irregular, problemas na distribuição etc. Mas, se criticavam, também apresentavam soluções que eram levadas em consideração pelos professores, como a elaboração de relatórios para serem debatidos com alunos novos no final de cada semestre, visando transmitir-lhes a filosofia política e editorial do projeto.

Essa democratização das decisões é uma marca registrada também dos outros dois veículos. O *Campus* não apenas debatia seu conteúdo e forma com os leitores, como também demonstrava em sua postura toda uma independência editorial que incluía críticas à própria administração universitária. Um dos momentos importantes dessa postura está registrado numa ampla matéria publicada em 1984 criticando a falta de recursos do departamento. Em outra edição, espaços em branco substituíram as fotos, como protesto pela direção da universidade não ter comprado filmes a tempo de publicar as fotos. Além disso, um editorial criticava a burocratização da universidade. Dessa forma, o jornal acabou transformando-se no porta-voz da comunidade universitária.

A situação do *Rudge Ramos Jornal*, apesar de mais atrelado ao IMS, não era muito diferente. Em várias oportunidades, professores e alunos criticaram a falta de recursos, cobraram melhorias exigidas depois de avaliações e pesquisas. Esse posicionamento acabou firmando o jornal junto à comunidade. A pesquisa realizada em 1985 revelou que o veículo era onde os moradores mais obtinham informações do bairro, embora também reivindicassem a publicação de mais notícias sobre a área. A estruturação do jornal em editorias, nos moldes da grande imprensa, facilitava a leitura dos moradores que sabiam exatamente onde encontrar informações sobre determinados setores no veículo. E o que é mais importante: as editorias procuravam abranger setores que mais interessassem ao bairro. As deficiências editoriais e mesmo as constatadas em outros setores ligados ao jornal seriam resolvidas pelo Conselho Editorial em fase de formação. Um conselho representativo, na medida em que também daria voz à comunidade.

Esse processo de democratização editorial, registrado na trajetória dos jornais, está, aos poucos, tornando-se mais abrangente, com uma participação mais efetiva da comunidade em seus destinos. O *Campus* firma seu prestígio dia-a-dia junto à comunidade universitária, por sua participação efetiva nos movimentos que marcaram a história da Universidade de Brasília, transformando-se no grande fórum de debates da própria Universidade. O *Rudge Ramos Jornal* pretende levar a comunidade às reuniões de pauta e está atingindo a maturidade necessária para ser o veículo prestador de serviços ao bairro, como anunciava seu editorial de fundação. Já o *Marco* continua na luta para ser assumido pelas comunidades, a ambição maior de seus objetivos. A mudança da redação para o bairro Dom Cabral, se realmente for concretizada, certamente será um ponto importante para atingir essa meta.

# CONCLUSÃO

Na recuperação das experiências historicamente significativas que ocorreram ou permanecem em várias universidades brasileiras, servindo como referencial para o treinamento de profissionais (casos do *Marco, Campus* e *Rudge Ramos Jornal*), é fundamental definir a integração dos aspectos profissional e pedagógico, possibilitando que o estudante tenha condições de enfrentar o mercado de trabalho, sem desestimular sua criatividade. Precisamos considerar que o jornal--laboratório é uma prática jornalística, mas não esquecer que é um laboratório de aprendizagem fundamentado em diretrizes pedagógicas e didáticas. É imprescindível que o jornal-laboratório atenda a três aspectos para atingir seus objetivos, libertando-se do mero exercício escolar: definição do âmbito de cobertura, público definido e periodicidade. Os laboratórios de generalidades, assuntos absolutamente desenraizados de uma área geo-social, correm o risco de vir a ser muito mais exercícios de crônicas do que reportagens. O aluno só trabalha num contexto real se tiver um público definido.

No momento em que professores e alunos responsáveis pela produção, edição e distribuição de um jornal-laboratório se definem por uma determinada comunidade, é fundamental que o público tenha participação no planejamento, forma e conteúdo da publicação, traçando a linha editorial em cima de suas necessidades e expectativas e não transformando o órgão em simples repetidor de fórmulas que deram certo na grande imprensa. Nesse novo conceito de jornal-laboratório, deixando de fazer Jornalismo como mais um exercício escolar, elaborando um veículo com identidade, compromissos e responsabilidades, sempre com objetivos determinados pelo interesse do receptor, impõe-se a criação de fórmulas alternativas para evitar imitações mal feitas de empresas.

Para isso, é necessário que o lançamento do veículo seja precedido de uma pesquisa para conhecer o perfil do leitor, identificando seus problemas, prioridades e reivindicações, assim como o tipo de veículo que gostaria de ter no bairro. Independente desse levantamento, é importante que o próprio leitor seja presença atuante no planejamento, opinando sobre a forma e conteúdo do jornal, tipos de seções, linhas política e editorial. Essa participação da comunidade na criação do projeto, ampliada pela presença nas futuras reuniões de pauta, estabelecerá o vínculo tão perseguido pelos jornais que pretendem ser comunitários.

Sabendo quem faz o que, com que objetivos, tendo condições de opinar no produto final, o receptor certamente valorizará mais o jornal, reforçando-o como um canal de comunicação de sua comunidade. Isso motivará professores e alunos, que terão uma postura mais profissional, sabendo que o veículo faz parte do próprio ciclo da comunicação, tendo condições de influenciar, denunciar, mudar comportamentos. Embora haja um longo caminho do jornal destinado a uma comunidade para o jornal comunitário, assumido por seu público, como atesta a própria trajetória do *Marco*, torna-se imperativo estabelecer diretrizes que facilitem esse objetivo ou mesmo criar atalhos para abreviar esse caminho, possibilitando a criação de novos projetos para outras comunidades.

Tudo isso, no entanto, será praticamente impossível de ser alcançado se o jornal não tiver um mínimo de infra-estrutura, como redação, máquinas de escrever, máquinas fotográficas, departamento de pesquisa, distribuição bem planejada, periodicidade certa, pesquisas para se conhecer a opinião do leitor, discussão do produto final entre alunos, professores e a própria comunidade. Um ponto que não pode ser esquecido é a paralisação do jornal durante as férias escolares, uma das deficiências enfrentadas pelos veículos que optaram por fugir de generalidades e definiram um público. Habituados a receber o veículo numa determinada periodicidade, os leitores dificilmente aceitarão o fato de ficar sem a publicação nos meses de férias, criando-se um hiato que pode abalar a própria integração escola-comunidade. A solução seria a manutenção de monitores e mesmo voluntários que se dispusessem a tirar as edições que cumprirão a periodicidade nesses intervalos escolares, com matérias quentes, atuais, não um jornal frio, feito com uma certa antecipação. Ao fazermos uma opção por determinada comunidade, precisamos estar conscientes da responsabilidade que assumimos com esse público, estabelecendo um esquema que permita evitar uma ruptura na periodicidade. Do contrário, corre-se o perigo de continuar fazendo um arremedo de jornal-laboratório: o jornal de generalidades apenas para avaliação e presença, limitado ao âmbito da própria classe ou, quando muito, da escola. E, desta maneira, fugindo às obrigações e responsabilidades inerentes a um jornal com público dirigido, porque todos, professores e alunos, estaremos fora da universidade nas férias.

## PROJETOS AMPLIAM CONCEITOS

Desde que foram criados, tanto o *Marco* quanto o *Campus* e o *Rudge Ramos Jornal*, possibilitam aos alunos um treinamento adequado na própria escola, dando condições para colocar em execução o acervo de conhecimentos teóricos adquiridos nas diversas disciplinas de natureza técnico-profissionalizante, de acordo com o conceito de jornal-laboratório proposto pelo professor José Marques de Melo, em seu texto "Diretrizes para um Jornal-Laboratório", editado na ECA/USP, em 1968. Da mesma forma, esses órgãos são feitos a partir de um conjunto de técnicas específicas, para um público também específico, com base em pesquisas sistemáticas, atendendo à diretriz formulada pela Comissão de Conceituação, durante o VII Encontro de Jornalismo Regional sobre Órgãos Laboratoriais Impressos, realizado na Faculdade de Comunicação de Santos, em 1982.

Seu próprio esquema de produção, edição e distribuição, procurando sempre ampliar a integração com a comunidade, motivando uma participação mais efetiva tanto dos receptores quanto dos próprios alunos, que assumem uma postura mais profissional do que propriamente de meros estudantes, acaba ampliando esses conceitos, estabelecendo um nível profissional, sem deixar de lado o aspecto pedagógico. Os alunos procuram aperfeiçoar cada vez mais sua atividade, fazendo com que o jornal se identifique mais com a comunidade do que com eles. Ou seja, evitam elaborar um veículo mais voltado para seus próprios umbigos. O acabamento profissional verificado nas edições desses órgãos atesta isso. Embora procurem a experimentação de outras formas gráficas e elaborem conteúdos diversificados, às vezes, até fora do âmbito das próprias comunidades, têm o cuidado de evitar que os jornais percam suas identidades e principalmente o vínculo com seus públicos. A preocupação do *Marco*, em vir a ser assumido pelas comunidades onde circula, demonstra uma ampliação desses propósitos, evoluindo de um "jornal para a comunidade" a tornar-se um "jornal comunitário".

Se o conceito delineado na Faculdade de Comunicação de Santos ressalta a importância de pesquisas sistemáticas em todos os âmbitos, norma cumprida principalmente pelo *Marco* e *Rudge Ramos Jornal*, os editores desses veículos vão mais além, com reavaliações constantes, críticas e novas propostas visando ampliar a integração com a comunidade, possibilitar um treinamento mais sistematizado aos alunos e que tenham uma postura profissional, a exemplo do que acontecerá em sua atuação no futuro mercado de trabalho, seja na grande imprensa ou em veículos **alternativos**.

## OPÇÃO PELA COMUNIDADE

Diversamente da maioria dos jornais-laboratório (que pesquisamos em momentos distintos: I e II ENOL-CJ e Curso de Aperfeiçoamento da ECA/USP), cuja linha editorial revela-se *indefinida* ou *generalista*, os jornais *Campus*, *Marco* e *Rudge Ramos* já nasceram com uma fisionomia editorial própria. Os três fizeram opção por comunidades, sendo que os dois últimos preferiram trabalhar com bairros vizinhos às respectivas universidades, enquanto o *Campus* optou pela comunidade universitária.

À exceção de algumas diversificações durante suas trajetórias, com matérias voltadas também para as próprias cidades ou mesmo a criação de suplementos especiais, os jornais procuraram direcionar seus conteúdos para as comunidades, transformando-se em canais de integração de seus públicos, paralelamente à função de órgãos de cobrança das autoridades constituídas. Por sua atuação independente e participação nos principais eventos da Universidade de Brasília, o *Campus* transformou-se num verdadeiro fórum de debates, um canal aberto às críticas e sugestões da comunidade universitária. Essa opção pela comunidade, apesar dos altos e baixos em suas trajetórias, vem sendo mantida e aperfeiçoada, com o objetivo de integrar cada vez mais os veículos com seus receptores.

## ESTRUTURA DEMOCRÁTICA

Dos três veículos, só o *Marco* teve a participação de estudantes em sua criação, os outros dois foram projetados apenas por professores. Contudo, seu histórico é marcado pela participação efetiva dos dois segmentos, cabendo aos alunos a elaboração dos jornais sob orientação dos professores. Da pauta à distribuição, tanto o *Marco* quanto o *Rudge Ramos Jornal* têm a participação direta de professores e alunos. Já o *Campus* não contava com os alunos na diagramação, que era feita por um professor e um profissional. O importante na estrutura desses veículos é a discussão democrática que os caracteriza através dos tempos.

Se os professores sempre estiveram preocupados com reavaliações dos projetos e apresentação de novas propostas, além de críticas às deficiências, os alunos também aproveitaram o espaço para propor mudanças estruturais, criticar as falhas tanto de caráter pedagógico quanto no próprio processo, sendo levados em consideração. A elaboração da pauta nesses órgãos era efetivada durante debates e sugestões entre alunos e professores, com base na vivência adquirida junto às comunidades. De posse das pautas de suas respectivas editorias, os alunos saíam a campo para coletar os dados que depois eram transformados em textos jornalísticos sob orientação dos professores. Essa participação dos dois segmentos se dava até a distribuição. No entanto, por deficiências estruturais e o próprio desinteresse dos alunos, a direção da Metodista acabou assumindo a distribuição do *Rudge Ramos Jornal* e os professores responsáveis pelo *Marco* já viabilizavam um sistema alternativo para melhorar a entrega dos jornais nos bairros, já que os alunos alegavam não dispor de tempo e condições para isso. A pequena tiragem do *Campus*, apenas 2 mil exemplares, e mesmo as facilidades geográficas, por dirigir-se ao próprio âmbito universitário, possibilitam que os alunos assumam essa função.

## POLÍTICA EDITORIAL: PAPÉIS DEFINIDOS

Embora apenas o *Marco* tivesse definido sua política editorial com a participação de estudantes, desde o início ficou claro quem decidia o que nos três projetos. Em nenhum momento da existência dos veículos, os alunos deixaram de questionar o produto final e sempre foram eles, juntamente com os professores, que decidiram a linha ideológica dos jornais. Mesmo as mudanças sofridas pelo *Campus*, a partir de 1982, foram debatidas com os alunos. A opção foi sempre por um projeto real com públicos definidos e não a simples simulação em sala de aula de processos profissionais ou imitação do real.

Embora fossem concebidos democraticamente por professores e alunos, os projetos careciam de uma participação mais efetiva da comunidade em seu planejamento, produção, edição e distribuição. Apesar das constantes pesquisas e da preocupação contínua em ampliar o vínculo com seus públicos, todas as etapas sempre foram decididas por esses dois segmentos, deixando de lado a participação dos leitores. Com exceção da criação de instrumentos para maior aproximação escola-comunidade, como seções novas e urnas para críticas, cartas e sugestões, a comunidade não tinha participação efetiva na elaboração da pauta e nem nos conselhos editoriais. No final de 1985, depois de cinco anos de existência, os editores do *Rudge Ramos Jornal* estudavam a participação dos leitores nas reuniões de pauta e mesmo no Conselho Editorial, em fase de formação. E a direção do *Marco* fazia planos para instalar uma redação no bairro Dom Cabral. Normalmente, os leitores recebiam o pacote pronto e sua participação, num jornal que tinha pretensões de ser seu, era limitada pelas cartas à redação (instrumentos também utilizados na grande imprensa) e nas pesquisas.

# A BATALHA DA INTEGRAÇÃO

Apesar das falhas, de um certo desinteresse dos alunos em alguns momentos, do hiato provocado pelas férias escolares e mesmo das mudanças nos projetos com a chegada de novas turmas, em todos os momentos de sua existência, com ou sem periodicidade e distribuição deficiente, os jornais buscaram a integração com a comunidade. Procuraram sempre transformar-se em instrumentos a serviço da mobilização e organização das comunidades. Manter a população informada, divulgando fatos que contribuíam para que conhecesse sua situação e passasse, a partir daí, a atuar sobre ela. Tentaram estreitar as relações entre os moradores, assumindo a feição de veículos educativos, procurando propiciar uma reflexão mais profunda sobre os problemas, através de editoriais que reforçavam determinadas matérias, evitando ficar apenas nas aparências dos fatos. As transformações visavam colaborar para o crescimento da consciência crítica da comunidade e de seus agentes culturais.

Contudo, sentimos em nossos estudos e reflexões sobre esses projetos que os respectivos dirigentes enfrentaram muitas dificuldades para levar os públicos a assumi-los como canais de reivindicação, porque foram criados de cima para baixo, ou seja, da universidade para a comunidade. Os próprios alunos-repórteres, com exceção do *Campus*, pertencem, em sua maioria, a grupos sociais diferentes dessas comunidades e, portanto, têm outros valores, não vivem os problemas e expectativas de seus públicos. Outra questão que dificultou essa integração foi o desconhecimento dos alunos que fazem o *Marco* e o *Rudge Ramos Jornal* da realidade sócio-político-econômica das comunidades. Se fez uma pesquisa para definir o perfil do leitor do bairro Dom Cabral, o *Marco* não repetiu a mesma medida com os demais bairros, dificultando um conhecimento mais profundo de suas realidades. O mesmo aconteceu com o *Rudge Ramos Jornal*, onde professores e alunos não mantêm um contato mais estreito com o bairro e têm dificuldades em conhecer as expectativas, necessidades e problemas de seus moradores. Isso não ocorre no *Campus*, cujos alunos e professores fazem parte da comunidade universitária atingida pelo jornal, quer dizer, vivem o cotidiano de seus problemas, sentem na própria pele suas expectativas, em suma, fazem parte do público-receptor. Esses alunos participam do desenvolvimento comunitário *in loco*, num contato diário com as críticas e sugestões da comunidade. No fim de tudo, acabam até virando objetos de pautas para o veículo.

No caso do *Campus* e mesmo do *Rudge Ramos Jornal*, as escolas estão integradas no meio social. O Instituto Metodista de Ensino

Superior está situado no bairro de Rudge Ramos e o Departamento de Comunicação, que produz o *Campus*, é parte integrante da Universidade de Brasília.

## POSTURA MAIS PROFISSIONAL

Apesar das críticas, que vão desde o desinteresse dos colegas em determinadas fases dos projetos até deficiências na distribuição, indefinição editorial e periodicidade irregular, de modo geral os estudantes asseguram em seus depoimentos que o fato de trabalharem em jornais com público definido dá mais postura profissional. Durante as entrevistas, num contato direto com alunos, ex-alunos e professores, sentimos que conseguem vivenciar a realidade profissional durante a elaboração dos jornais. Sentem nas experiências laboratoriais o processo todo de feitura de um veículo, principalmente por terem um retorno no contato com os moradores, seja por meio da distribuição ou mesmo das pesquisas.

Os estudantes demonstraram enfaticamente que esse tipo de jornal traz experiência, que o consideram fundamental para sua formação. Deixaram claro, principalmente no caso do *Rudge Ramos Jornal*, que se sentem mais responsáveis e são mais cuidadosos na elaboração das matérias quando trabalham num jornal dirigido a uma determinada comunidade. Num veículo desse tipo a dedicação é maior, desaparecendo a postura amadorística própria de jornais que circulam apenas na escola ou mesmo aqueles que veiculam generalidades, sem objetivos definidos. Os alunos sentem que sua mensagem muda comportamentos, influencia os poderes constituídos a atender as reivindicações das comunidades. Desempenha o papel de quarto poder. Os alunos demonstravam empolgação quando falavam dos projetos, destacando a importância de os jornais serem feitos em nível profissional, servindo como uma alternativa à grande imprensa. Demonstravam preocupação em bem informar, elaborar pautas que realmente atendessem às expectativas dos moradores, fazer levantamentos sérios, corretos, porque sabiam que sua produção seria observada, analisada, criticada, não apenas na escola, mas principalmente pelas comunidades. Sentiam o que é a responsabilidade coletiva de fazer um jornal.

Num veículo dirigido, as vantagens vão desde o cumprimento de cronogramas e prazos até os compromissos que os alunos têm com as próprias comunidades que alimentam expectativas de contar sempre com um produto melhor, mais bem elaborado, crítico, um canal real de expressão de suas ansiedades. Os leitores sabem que podem contar com um veículo alternativo em condições de refutar, contestar e até colocar em xeque a ideologia dominante. Isso motiva o estudante, que adquire espírito crítico, começa a se preocupar com as coisas que ocorrem em torno dele, sente que está contribuindo para transformar a sociedade.

## EQUIPAMENTOS DE APOIO

Num levantamento realizado durante o III Encontro Nacional dos Órgãos Laboratoriais em Curso de Jornalismo (III ENOL-CJ), realizado em Goiás, em março de 1986, para avaliar as condições dos equipamentos utilizados nos jornais-laboratório de 19 cursos, ficou constatado que a maioria dispunha de infra-estrutura deficiente. Faltavam máquinas fotográficas, o número de máquinas de escrever era bem inferior ao exigido no Parecer n.º 480/83 do MEC, poucas escolas dispunham de gráfica própria, não tinham mesa de diagramação, entre outras deficiências.

Os três projetos analisados, no entanto, de modo geral, satisfazem às exigências, principalmente o *Rudge Ramos Jornal* que, além de redação completa, laboratório fotográfico, máquinas fotográficas, tem à sua disposição todo o equipamento gráfico com máquinas de composição, fotolitos e impressoras, além do setor para diagramação totalmente equipado. Já o *Campus*, embora não possua gráfica própria, tem um teletipo da Empresa Brasileira de Notícias (EBN) e um ramal telefônico que facilita o contato com as fontes, além de uma redação bem montada. O *Marco* conta com uma pequena redação, máquinas fotográficas e xerox. Embora não contassem com todos os equipamentos exigidos pelo MEC, os jornais tinham infra-estrutura, com possibilidade de ampliação caso fosse necessário.

## INTEGRAÇÃO CURRICULAR

Independente das falhas apontadas por alunos e professores no decorrer do processo, uma das deficiências mais evidentes nos projetos é justamente a falta de articulação teórico-prática, ou seja, a distância existente entre a elaboração dos jornais e a formação humanística. Não apenas fazer, mas pensar sobre o que é feito de forma crítica. Se essa falta de integração do Profissionalizante com o Básico é uma marca negativa, a interdisciplinaridade é um fator positivo. Os projetos, em geral, estão interligados a disciplinas como Diagramação e Fotografia, indispensáveis para a complementação do processo.

Um exemplo típico disso foi o Curso em Bloco de Jornalismo, projetado em 1971 na Universidade de Brasília, com a integração de quatro disciplinas com o objetivo de possibilitar um treinamento mais adequado ao estudante. Mesmo o *Rudge Ramos Jornal* passou a contar, a partir de 1985, com professores de texto, edição, diagramação e planejamento gráfico que trabalhavam integrados em suas várias etapas.

No *Marco*, foi proposto, em 1980, a figura do repórter como eixo de inspiração de todo o curso. O repórter, seu método de trabalho, de conhecimento real, sua observação participante da realidade e seu papel na sociedade constituem elementos suficientes à unificação das disciplinas da área de Jornalismo. Seria uma forma de integrar as disciplinas das áreas impressa e eletrônica. Funcionaria como um elemento unificador das diversas disciplinas profissionalizantes, principalmente as que envolvessem projetos impressos e eletrônicos. O repórter como fonte propulsora do Jornalismo, transformado em eixo do curso, uma espécie de linha mestra a ser recuperada nos conteúdos das disciplinas.

## FUNDAMENTAÇÃO TEÓRICA

Como se pôde observar nos projetos, toda a fundamentação teórica de apoio à sua elaboração estava voltada para o próprio processo jornalístico desenvolvido pela grande imprensa e por outros veículos alternativos. De forma sistematizada, os meios de comunicação impressos começam com a pauta, seguindo as etapas de coleta de dados, redação, copidescagem, diagramação e impressão que engloba setores como composição, fotolito, gravação etc. Os projetos pedagógicos que originaram esses veículos se preocuparam mais em definir quem fazia, o que, para quem, sem compartimentar o saber, com aplicação de teoria de suporte.

No entanto, houve algumas tentativas para fundamentar a prática laboratorial, possibilitando que o aluno se posicionasse criticamente frente ao processo. Foi o caso do *Campus*, quando o chefe do Departamento de Comunicação tentou fazer teoria e prática simultaneamente, intercalando discussões teóricas com a participação de profissionais nas várias etapas do processo. Mas ficou apenas na tentativa, devido à periodicidade semanal do veículo que tomava todo o tempo de alunos e professores envolvidos no projeto. Outra professora vinculada ao mesmo projeto chegou a elaborar uma apostila sobre pauta dirigida ao jornal, onde enfocava a necessidade de preparação dos repórteres e editores para as reuniões de pauta, abordava seu processo de criação, compartimentava as reuniões de pauta por editorias, além do acompanhamento e avaliação da pauta pelo editor.

Esse trabalho procurava fundamentar teoricamente uma das etapas importantes do processo. Trata-se, contudo, de uma proposta em processo de aplicação e merece análise mais detida para permitir extrapolações.

De qualquer maneira, é preciso convir que a fundamentação teórica persiste como um problema insolúvel nos jornais-laboratório, inclusive nas três experiências estudadas, ocorrendo na verdade uma predominância da aplicação prática e eventualmente ensejando aos participantes — alunos e professores — ilações teóricas difusas, ocasionais.

# BIBLIOGRAFIA

*Agência Facos*, n.º 28, "Em Debate o Jornal-Laboratório", órgão laboratorial do Departamento de Jornalismo da Faculdade de Comunicação de Santos, outubro de 1982.

————, Especial, "I Encontro Nacional de Órgãos Laboratoriais — II Encontro Regional de Órgãos Laboratoriais", órgão laboratorial do Departamento de Jornalismo, da Faculdade de Comunicação de Santos, maio de 1984.

————, Especial, n.º 1, "A Formação do Jornalista Diante das Novas Tecnologias", Encontro Regional de Jornalismo, outubro de 1985.

Beltrão, Luiz. *Métodos en la Enseñanza de la Tecnica del Periodismo*, Quito, CIESPAL, 1963.

————. *A Imprensa Informativa*, São Paulo, Coleção Mass-Media, vol. 1, Editor Folco Masucci, 1969.

————. "Situação e Perspectiva do Ensino e da Pesquisa em Comunicação" (comunicação apresentada ao I Congresso Brasileiro de Informação Rural), Brasília, Universidade de Brasília, 1970.

————. "Teoria e Prática do Ensino de Jornalismo — Panorama Histórico", *in Teoria e Prática no Ensino de Jornalismo*, Documentos da VI Semana de Estudos de Jornalismo, São Paulo, COM-ARTE, ECA/USP, 1974.

Beneyto, Juan. "La Enseñanza del Periodismo", *in Enciclopedia del Periodismo*, 4.ª ed., Barcelona, Editora Noguer, rev. 1966.

Benito, Angel. *La Enseñanza del Periodismo y la Federación Internacional de Faculdades y Escuelas de Periodismo*, Roma, Ucip, 1965.

————. "Evolución de los Estudios del Periodismo en el Mundo", *in Ciencia y Enseñanza del Periodismo*, Pamplona, Ediciones Universidad de Navarra, 1967.

————. *La Enseñanza del Periodismo y el Progreso Político*, Barcelona, Instituto de Ciências Sociais, 1967.

Benito, Angel e Clemente, Elvo. *O Ensino de Jornalismo*, Porto Alegre, PUC, Faculdade dos Meios de Comunicação Social, 1968.

Brum, Eron e Fonseca, Ouhydes. "Jornal-Laboratório — Uma Experiência", Departamento de Jornalismo da Faculdade de Comunicação de Santos, junho de 1974.

Brum, Eron, Fonseca, Ouhydes e Lopes, Dirceu Fernandes. "Experiência Pedagógica com Órgãos Laboratoriais Impressos da FACOS" (trabalho apresentado para a disciplina Pedagogia do Jornalismo — "Repensando a Formação do Jornalista no Brasil"), curso de pós-graduação, doutorado, ECA/USP, 1983,

Cadengue, Rogério Bastos, Lima, Gerson, Moura, Antonio Cerveira de, Salim, Jorge Luiz e Soares, Ismar de Oliveira. "Projeto para a Criação do Jornal da Faculdade de Comunicação Social", São Bernardo do Campo, Instituto Metodista de Ensino Superior, julho de 1979.

*Cadernos de Jornalismo e Editoração*, n.º 3, São Paulo, ECA/USP, 1971.

————, n.º 13, São Paulo, ECA/USP, 1984.

————, n.º 14, São Paulo, ECA/USP, 1984.

Cardoso, Onésimo de Oliveira. "Didática Emancipatória da Comunicação. Reflexões sobre as Novas Técnicas de Ensino", *Cadernos Intercom*, São Paulo, Cortez, 1982.

Dines, Alberto. *O Papel do Jornal*, 4.ª ed., São Paulo, Summus Editorial, 1986.

Douglas, Joaquim. *Jornalismo: a Técnica do Título*, Rio de Janeiro, Agir, 1966.

Emery, Edwin, Ault, Philip e Agee, Warren K. "La Enseñanza del Periodismo, como Profesión", *in Las Comunicaciones en el Mundo Actual*, Cali/Colômbia, Editorial Norma, 1967.

"O Ensino de Jornalismo", *in Relatório Final da IV Semana de Estudos de Jornalismo*, São Paulo, Departamento de Jornalismo e Editoração, ECA/USP, 1972.

"O Ensino em Questão", *in Cadernos de Jornalismo*, n.º 3, Sindicato dos Jornalistas Profissionais de Porto Alegre, 1978.

*Entrevista* — Jornal-laboratório da Faculdade de Comunicação de Santos, n.º 7, novembro de 1982.

Fadul, Anamaria. "Dilema no Ensino de Comunicação — o Laço Prático-Teórico, *in Comunicação e Sociedade*, n.º 2, São Paulo, Cortez, IMS, 1979.

————. "A Ação Pedagógica na Escola de Comunicação", *in Ideologia e Poder no Ensino de Comunicação*, São Paulo, Cortez/Intercom, 1979.

Filho, Gino Giacomini. "Rudge Ramos Hoje — Estudo e Pesquisa sobre o Bairro Rudge Ramos e o *Rudge Ramos Jornal*", São Bernardo do Campo, Departamento de Jornalismo da Faculdade de Comunicação Social do Instituto Metodista de Ensino Superior, 1985.

Fonseca, Ouhydes. "Questões Operacionais", *in Cadernos de Jornalismo e Editoração*, n.º 14, São Paulo, ECA/USP, 1984.

Freinet, Célestin. *Técnicas de Educação — O Jornal Escolar*, Editorial Estampa, s/d.

Garcia, Clélia Maria. "Jornal-Laboratório", trabalho de conclusão de curso apresentado ao Departamento de Jornalismo da Faculdade de Comunicação de Santos, novembro de 1983.

Guerra, José Augusto. "Didática do Jornalismo", *in Comunicações & Problemas*, vol. IV, n.º 2/3. Brasília, 1969.

"A Guerra Silenciosa do Jornal Estudantil", *Visão*, São Paulo, junho de 1974.

Hennart, Robert. "Princípios y Métodos de la Enseñanza del Periodismo, *in Ciencia y Enseñanza del Periodismo*, Pamplona, Ediciones Universidad de Navarra, 1967.

Horta, Dirceu Mesquita. "*Marco* — Edição Semanal", Departamento de Comunicação, Pontifícia Universidade Católica de Minas Gerais, 1979.

————. "Definição de Prioridades — Introdução", Departamento de Comunicação, Pontifícia Universidade Católica de Minas Gerais, julho de 1980.

————. "Experiências Comunitárias nos Jornais-Laboratórios — Jornal-Laboratório *Marco*", São Bernardo do Campo, Congresso da UCBC, 1980.

184

—————. "O Jornal *Marco* e a Comunicação Integrada", monografia apresentada ao Departamento de Comunicação da Pontifícia Universidade Católica de Minas Gerais, em outubro de 1985.

*Imprensa* — órgão laboratorial da Faculdade de Comunicação Social Casper Líbero, n.º 254, São Paulo, maio de 1985.

Jobim, Danton. *Pedagogia del Periodismo — Métodos de Enseñanza Orientados para la Prensa Escrita*, Quito, CIESPAL, 1964.

*Jornal* — órgão laboratorial do Departamento de Jornalismo e Editoração da ECA/USP, n.º 1, 1.º semestre de 1978.

*Jornal do II ENOL* — edição especial do *Jornal do Campus*, órgão laboratorial do Departamento de Jornalismo e Editoração da ECA/USP, maio de 1985.

Kelly, Celso. *As Novas Dimensões do Jornalismo*, Rio de Janeiro, Agir, 1966.

Lima, Gerson Moreira. *Releasemania — Uma Contribuição para o Estudo do Press-Release no Brasil*, São Paulo, Summus, 1985.

Lins da Silva, Carlos Eduardo. "A Experiência de Implantação do *Jornal do Campus*", São Paulo, Documentos CJE, ECA/USP, 1985.

Marcelino, Gileno Fernandes. *Papel da Empresa na Economia e na Sociedade. Características Especiais de uma Empresa Jornalística*, São Paulo, ECA/USP, s/d.

Medina, Cremilda de Araújo. *Notícia: um Produto à Venda*, 2.ª ed., São Paulo, Summus Editorial, 1988.

—————. *Profissão Jornalista: Responsabilidade Social*, Rio de Janeiro, Forense Universitária, 1982.

Medina, Cremilda e Leandro, Paulo Roberto. "Um Tema em Ensaio Há 15 Anos", in *Teoria e Prática no Ensino de Jornalismo*, Documentos da VI Semana de Estudos de Jornalismo, Série Jornalismo, São Paulo, Editora Comunicações e Artes (COM-ARTE), 1974.

Melo, José Marques. "20 Anos de Ensino de Jornalismo", in *Comunicações & Problemas*, vol. 3, n.º 2/3, Recife, 1968.

—————. *Diretrizes para um Jornal-Laboratório*, São Paulo, Escola de Comunicações Culturais/USP, 1968.

—————. "O Ensino de Jornalismo", in *Documento da IV Semana de Estudos de Jornalismo*, São Paulo, ECA/USP, 1972.

—————. *Contribuições para uma Pedagogia da Comunicação*, São Paulo, Paulinas, 1974.

—————. "Por uma Política Pedagógica para os Órgãos Laboratoriais nos Cursos de Jornalismo", in *Cadernos de Jornalismo e Editoração*, n.º 13, São Paulo, ECA/USP, 1984.

—————. "Laboratórios de Jornalismo, Conceitos, Preconceitos", in *Cadernos de Jornalismo e Editoração*, n.º 14, São Paulo, ECA/USP, 1984.

—————. "Gêneros Opinativos no Jornalismo Brasileiro", tese de livre-docência, São Paulo, ECA/USP, 1984.

—————. *Comunicação: Teoria e Política*, São Paulo, Summus, 1985.

Melo, José Marques de, Fadul, Anamaria e Lins da Silva, Carlos Eduardo. *Ideologia e Poder no Ensino de Comunicação*, São Paulo, Cortez/Intercom, 1979.

Mello, Alcyr Correa. "Pelo Menos, sem Exagero de Matérias", artigo publicado no jornal *A Tribuna* de Santos, de 24 de junho de 1974.

Menandro, Patrícia Mollo. "Laboratórios de Jornalismo: Questões Didáticas", in *Cadernos de Jornalismo e Editoração*, n.º 14, São Paulo, ECA/USP, 1984.

Miranda, Orlando. *Tio Patinhas e os Mitos da Comunicação*, São Paulo, Summus, 1976.

Mostaza, Bartolomé. *El Periodismo, Carrera de Nível Docente Superior*, Madri, Escola Oficial de Periodismo, 1966.

Motta, Luiz Gonzaga. *Ensino de Jornalismo: A Experiência na Universidade de Brasília*, Universidade de Brasília, 1975.

Nixon, Raymond B. "Métodos de la Enseñanza del Periodismo", *in Análisis sobre Periodismo*, Periodismo y Opinión Pública, Quito, CIESPAL, 1963.

————. "O Ensino de Jornalismo na América Latina", *in Cadernos de Jornalismo e Editoração*, n.º 3, São Paulo, ECA/USP, 1971.

"Órgãos Laboratoriais Impressos", *in Documento Final do VII Encontro de Jornalismo Regional*, Faculdade de Comunicação de Santos, 1982.

Ponce, Ramón Cortez. *Pedagogia del Periodismo*, Quito, CIESPAL, 1964.

Rego, Francisco Gaudêncio Torquato. "Formação do Jornalista", *in Ideologia e Poder no Ensino de Comunicação*, São Paulo, Cortez/Intercom, 1979.

Rizzini, Carlos. *O Ensino de Jornalismo*, Rio de Janeiro, MEC, 1953.

Rossi, Clóvis. *O que é Jornalismo*, São Paulo, Brasiliense, 1980.

Sampaio, Walter. *Teoria e Prática no Ensino de Jornalismo*, Documentos da VI Semana de Estudos de Jornalismo, São Paulo, COM-ARTE, 1974.

Schramm, Wilbur. "Education for Journalism: Vocational. General or Professional?", *in Journalism Quarterly*, vol. 24, pp. 9-18, Minneapolis, 47.

Sindicato dos Jornalistas Profissionais no Estado de São Paulo — *Estatuto e a Legislação Profissional*, São Paulo, 1981.

Sodré, Nélson Werneck. *História da Imprensa no Brasil*, 2.ª ed., Rio de Janeiro, Graal, 1977.

Sommerland, Lloyd. "La Formation des Journalistes dans le Monde Moderne", *in La Formation Professionelle en Matière d'Information*, Paris, UNESCO.

Topuz, Higzi. "A UNESCO e a Formação dos Jornalistas", *in Cadernos de Jornalismo e Editoração*, n.º 2, São Paulo, USP, Escola de Comunicações e Artes, 1970.

Universidad. de Navarra — Instituto de Periodismo. *Ciência y Enseñanza del Periodismo*, Pamplona, Ediciones Universidad de Navarra, 1967.

# SOBRE O AUTOR

Nascido em Santos em 1940, Dirceu Fernandes Lopes é jornalista e doutor em Ciências da Comunicação pela Universidade de São Paulo. É professor da Faculdade de Comunicação da Universidade Católica de Santos e da Escola de Comunicações e Artes da Universidade de São Paulo.

# NOVAS BUSCAS EM COMUNICAÇÃO
## VOLUMES PUBLICADOS

**summus editorial**

## CADASTRO PARA MALA-DIRETA

Recorte ou reproduza esta ficha de cadastro, envie completamente preenchida por correio ou fax,
e receba informações atualizadas sobre nossos livros.

Nome:_____ Empresa:_____

Endereço:☐ Res. ☐ Coml. _____ Bairro:_____

CEP: _____-_____ Cidade: _____ Estado: _____ Tel.: ( ) _____

Fax: ( ) _____ E-mail: _____ Data de nascimento: _____

Profissão:_____ Professor? ☐ Sim ☐ Não Disciplina: _____

**1. Você compra livros:**

☐ Livrarias      ☐ Feiras

☐ Telefone      ☐ Correios

☐ Internet      ☐ Outros. Especificar:_____

**2. Onde você comprou este livro?**

_____

**3. Você busca informações para adquirir livros:**

☐ Jornais      ☐ Amigos

☐ Revistas      ☐ Internet

☐ Professores      ☐ Outros. Especificar:_____

**4. Áreas de interesse:**

☐ Educação      ☐ Administração, RH

☐ Psicologia      ☐ Comunicação

☐ Corpo, Movimento, Saúde      ☐ Literatura, Poesia, Ensaios

☐ Comportamento      ☐ Viagens, *Hobby*, Lazer

☐ PNL (Programação Neurolingüística)

**5. Nestas áreas, alguma sugestão para novos títulos?**

_____

**6. Gostaria de receber o catálogo da editora?** ☐ Sim ☐ Não

**7. Gostaria de receber o Informativo Summus?** ☐ Sim ☐ Não

### Indique um amigo que gostaria de receber a nossa mala-direta

Nome:_____ Empresa:_____

Endereço: ☐ Res. ☐ Coml. _____ Bairro:_____

CEP: _____-_____ Cidade: _____ Estado: _____ Tel.: ( ) _____

Fax: ( ) _____ E-mail: _____ Data de nascimento: _____

Profissão:_____ Professor? ☐ Sim ☐ Não Disciplina: _____

cole aqui

**summus editorial**

Rua Itapicuru, 613 – 7º andar   05006-000   São Paulo - SP   Brasil   Tel.: (11) 3872 3322   Fax: (11) 3872 7476
Internet: http://www.summus.com.br     e-mail: summus@summus.com.br